ECUPL
1952-2022

中华法系与中国法研究
丁元普法学论著选

丁元普 著
史志强 编校

商务印书馆
The Commercial Press

编委会

主　任

郭为禄　叶　青　何勤华

副主任

张明军　王　迁

委　员

（以姓氏笔画为序）

马长山	朱应平	刘　伟	刘宪权	孙万怀
杜　涛	杜志淳	李　峰	李秀清	杨忠孝
肖国兴	何益忠	冷　静	沈福俊	张　栋
陆宇峰	陈金钊	陈晶莹	范玉吉	林燕萍
金可可	屈文生	胡玉鸿	贺小勇	徐家林
高　汉	高奇琦	高富平	唐　波	

本书受上海市高水平地方高校建设项目资助；
系日本りそなアジア・オセアニア财团调查研究助成项目，
中国博士后科学基金会第69批面上资助项目(2021M691048)，
上海市浦江人才计划项目(21PJC044)，
华东政法大学科学研究项目的研究成果

总　序

以心血和智慧服务法治中国建设

华东政法大学成立70周年了！70年来，我国社会主义法治建设取得了一系列伟大成就；70年来，华政缘法而行，尚法而为，秉承着"笃行致知，明德崇法"的校训精神，与共和国法治同频共振，与改革开放辉煌同行，用心血和智慧服务共和国法治建设。

执政兴国，离不开法治支撑；社会发展，离不开法治护航。习近平总书记强调，没有正确的法治理论引领，就不可能有正确的法治实践。高校作为法治人才培养的第一阵地，要充分利用学科齐全、人才密集的优势，加强法治及其相关领域基础性问题的研究，对复杂现实进行深入分析、作出科学总结，提炼规律性认识，为完善中国特色社会主义法治体系、建设社会主义法治国家提供理论支撑。

厚积薄发70载，华政坚定承担起培养法治人才、创新学术价值、服务经济社会发展的重要职责，为构建具有中国特色的法学学科体系、学术体系、话语体系，推进国家治理体系和治理能力现代化提供学理支撑、智力支持和人才保障。砥砺前行新时代，华政坚定扎根中国大地，发挥学科专业独特优势，向世界讲好"中国之治"背后的法治故事，推进中国特色法治文明与世界优秀法治文明成果交流互鉴。

"宛如初升的太阳，闪耀着绮丽的光芒"——1952年11月15日，华东政法学院成立之日，魏文伯院长深情赋诗——"在这美好的园地上,让我们做一个善良的园工,勤劳地耕作培养,用美满的收获来酬答人民的期望"。1956年6月,以"创造性地提出我们的政治和法律科学上的成就"为创刊词,第一本法学专业理论性刊物——《华东政法学报》创刊,并以独到的思想观点和扎实的理论功力,成为当时中国法学研究领域最重要的刊物之一。1957年2月,《学报》更名为《法学》,坚持"解放思想、不断进步"的治学宗旨,紧贴时代发展脉搏,跟踪社会发展前沿,及时回应热点难点问题,不断提升法学研究在我国政治体制改革中的贡献度,发表了一大批高水平的作品,对我国立法、执法和司法实践形成了重要理论支持,在学术界乃至全社会产生了巨大影响。

1978年12月,党的十一届三中全会确定了社会主义法制建设基本方针,法学教育、法学研究重新启航。1979年3月,华东政法学院复校。华政人勇立改革开放的潮头,积极投身到社会主义法制建设的伟大实践中。围绕"八二宪法"制定修订、土地出租问题等积极建言献策;为确立社会主义市场经济体制、加入世界贸易组织等提供重要理论支撑;第一位走入中南海讲课的法学家,第一位世界贸易组织争端解决机构专家组中国成员,联合国预防犯罪和控制犯罪委员会委员等,都闪耀着华政人的身影。

进入新世纪,在老一辈华政学人奠定的深厚基础上,新一代华政人砥砺深耕,传承中华优秀传统法律文化,积极借鉴国外法治有益成果,为中国特色社会主义法治建设贡献智慧。16卷本《法律文明史》陆续问世,推动了中华优秀传统法律文化在新时代的创造性转化和创新性发展,在中国人民代表大会制度、互联网法治理论、社会治理法治化、自贸区法治建设,以及公共管理、新闻传播等领域持续发力,华政的学术影响力、社会影响力持续提升。

党的十八大以来,学校坚持以习近平新时代中国特色社会主义思想为指导,全面贯彻党的教育方针,落实立德树人的根本任务,推进习近平法治思想的学习、研究、宣传、阐释,抓住上海市高水平地方高校建设契机,强化"法科一流、多科融合"办学格局,提升对国家和上海发展战略的服务能级和贡献水平。在理论法学和实践法学等方面形成了一批"立足中国经验,构建中国理论,形成中国学派"的原创性、引领性成果,为全面推进依法治国、建设社会主义法治国家贡献华政智慧。

建校70周年,是华政在"十四五"时期全面推进一流政法大学建设、对接国家重大战略、助力经济社会高质量发展的历史新起点。今年,学校将以"勇担时代使命,繁荣法治文化"为主题举办"学术校庆"系列活动,出版"校庆丛书"即是其重要组成部分。学校将携手商务印书馆、法律出版社、上海人民出版社、北京大学出版社等,出版70余部著作。这些著作包括法学、政治学、经济学、新闻学、管理学、文学等多学科的高质量科研成果,有的深入发掘中国传统法治文化、当代法学基础理论,有的创新开拓国家安全法学、人工智能法学、教育法治等前沿交叉领域,有的全面关注"人类命运共同体",有的重点聚焦青少年、老年人、城市外来人口等特殊群体。

这些著作记录了几代华政人的心路历程,既是对华政70年来的学术成就、华政"创新、务实、开放"的学术文化的总结和展示;也是对更多后学以更高政治站位、更强政治自觉、更大实务作为,服务国家发展大局的激励;更是对华政这所大学应有的胸怀、气度、眼界和格局的展现。我们串珠成链,把一颗颗学术成果,汇编成一部华政70年的学术鸿篇巨作,讲述华政自己的"一千零一夜学术故事",更富特色地打造社会主义法治文化引领、传承、发展的思想智库、育人平台和传播高地,更高水准地持续服务国家治理体系和治理能力现代化进程,更加鲜明地展现一流政法大学在服务国际一流大都市发展、服务长三角一体化、服务法治中国建设过程中的新作为、新担当、新气象,向学校70年筚路蓝缕的风雨征程献礼,向所有关心支持华政发展的师生、校友和社会贤达致敬!

七秩薪传,续谱新篇。70年来,华政人矢志不渝地捍卫法治精神,无怨无悔地厚植家国情怀,在共和国法治历史长卷中留下了浓墨重彩。值此校庆之际,诚祝华政在建设一流政法大学的进程中,在建设法治中国、实现中华民族伟大复兴中国梦的征途中,乘风而上,再谱新章!

郭为禄 叶 青

2022年5月4日

目 录

前 言 ·· 1

第一编
中华法系研究

中华法系成立之经过及其将来 ····································· 7
中华法系与民族之复兴 ··· 22
中国法制史 ·· 40
    序 ·· 40
    目 录 ··· 41
    绪 言 ··· 46
    第一章　法律之起源及其沿革 ································· 50
    第二章　古代宪政之创始 ·· 53
    第三章　地方自治制度 ··· 61
    第四章　家族社会制度 ··· 73
    第五章　经济制度之变迁 ·· 75
    第六章　法典之编纂及刑法之变迁 ·························· 111

第二编
中国法研究

关于救济金融之抵押权问题 ······································· 149

中国币制之变迁 … 155
对于《强制执行法》之意见 … 160
现代法律与民生主义 … 176
所得税与各种赋税之比较 … 188
战时经济问题 … 206
《非常时期评定物价及取缔投机操纵办法》要论 … 217

第三编
比较法研究

比较宪法 … 231
 序 … 231
 目　录 … 232
 绪　论 … 234
 第一章　立宪政体之各种形式 … 244
 第二章　宪法之种类及范围 … 252
 第三章　立法部之构造及组织 … 260
 第四章　行政制度之比较 … 307
 第五章　领土及人民 … 345
 结　论　各国新宪法与三民五权之比较 … 354
法律上之婚姻问题 … 368
法律基于权利之问题 … 375
独任制与合议制之审判问题 … 379
法学思潮之展望 … 383

代后记：中华法系的起源与生成 … 391

前　言

丁元普(1888—1957),号餮盦①,浙江萧山人。清末举人,毕业于上海徐汇公学(现徐汇中学),后赴日本早稻田大学政治法律科留学。回国后,曾任江苏吴县地方审判厅民庭庭长、代理浙江杭县地方法院嘉兴分院推事、浙江嘉兴地方法院代理院长、上海第二特区地方法院主任推事,并曾任教于中国公学、上海法政学院、震旦大学及大夏大学等处。此外,20世纪三四十年代,丁元普还在上海从事律师业务,为上海市律师公会会员②。中华人民共和国成立后,丁元普于1953年6月任上海市文史馆馆员③。

工作与授课之余,丁元普亦笔耕不辍,先后著有《中国法制史》(上海法学编译社,1930年)、《比较宪法》(上海法学编译社,1930年)、《法律思想史》(上海法学编译社,1933年)、《法院组织法要义》(上海法学书局,1934年)、《强制执行法要义》(上海法学书局,1934年)、《民事诉

---

① 据丁氏《中国法制史》所收楼桐荪之序。除下述所列书目外,民国年间以"餮盦"或"丁餮盦"之名编著的书籍还包括《学界风潮纪》(中华书局1919年版)、《新编普通教育法令》(中华书局1924年版)、《现行法令全书》(中华书局1924年版)、《初级世界地理》(中华书局1926年版)、《中外地名辞典》(中华书局1924年版)、《初级本国地理》(中华书局1923年版)、《中华民国统合地图》(上海会文堂新记书局1937年版)。

② 参见中国征信所:《上海工商人民录》,中国征信所1936年版,附录第2页;另参见许晚成:《上海人名录》,龙文书店1941年版,第2页。

③ 据上海市文史研究馆网站介绍,丁元普还曾任浙江高等学堂教授、湖州两淮中学教师、中华书局编辑等职,参见《丁元普》,上海文史研究馆,https://wsyjg.sh.gov.cn/detailpage/gyml-1150.html,2021年5月6日访问。

讼法讲义》(上海会文堂书局,1934年)、《民事诉讼实习》(上海法学编译社,1934年)、《法院组织法要义》(上海法学书局,1934年)、《刑事诉讼法讲义》(上海会文堂书局,1935年)、《刑事诉讼实习》(上海法学编译社编辑,会文堂新记书局发行,1935年)、《破产法释义》(上海法学编译社,1937年)、《法院组织法》(大东书局,年代不详)、《法律思想史讲义》(上海法政学校,年代不详)等书。

可以说,幼年接受过的较为系统的传统教育,与青年时期留学日本早稻田大学专攻法律的经历,使得丁元普不仅熟悉中国传统文化,对现代西方的社会科学亦有相当深入的认识。而回国之后,他在法律实务界以及学术界都有比较长的工作经历,亦进一步磨炼了其实务与学术的双重能力,终成为我国近代学贯中西的法学大家,不仅写下了《比较宪法》《中国法制史》等理论性较强的著作,在破产法、诉讼法等实务性色彩较为浓厚的领域也有不少著述。①

晚清以降,知识分子意识到中国已成为帝国主义侵略瓜分的目标,救亡图存迫在眉睫。李泽厚指出,"反帝救国成了整个近代中国思想的压倒一切的首要主题"②。民族主义思想也就应运而起,长久不衰,成为中国近代史的底色与基调。其中不少人认为封建王朝的腐朽与落后是导致中国近代受制于人的主要原因,所以抨击旧的制度,否定一切传统文化。与之相对,也有学者怀着对于传统文化的"温情"与"敬

---

① 关于丁元普的传记文字,目前可见于周川主编《中国近现代高等教育人物辞典》(福建教育出版社2018年版,第2页),何勤华著《中国法学史(第三卷)》(法律出版社2006年版,第661—662页),林吕建主编《浙江民国人物大辞典》(浙江大学出版社2013年版,第4页),江平主编《20世纪中国知名科学家学术成就概览——法学卷(第1分册)》(科学出版社2014年版,第185—194页),興亜院政務部編『日本留学支那要人錄』(興亜院政務部、1942、163頁),橋川時雄編『中國文化界人物總鑑』(中華法令編印館、1940、第2頁)。

② 李泽厚:《中国近代思想史论》,人民出版社1979年版,第309页。

意",从中挖掘阐述现代性的因素,力图彰显传统文化在现代社会的生命力。丁元普的著作也有这样的时代烙印,例如在《中国法制史》一书中,他以《周礼》的记载为据,试图说明中国的宪政传统源远流长,可以上溯至先秦时期。

同时,丁元普也是法学界比较早提倡"中华法系"概念的学者,在他看来,中国传统的法律文化自成一体,独具特色,足以与其他法系并列。这是民族主义思潮的产物,也成为民国时期建构国家认同、民族想象叙事的一个片段。

只是由于丁元普过世较早,并且长期从事实务工作,门人弟子较少,所以在学术界声名不彰。希望本书的出版能有助于学术界了解、认识这位民国时期法学家的思想与学识。

在此,编者还想对本书的具体编校情况作如下说明:

一、丁氏论著浩繁,由于篇幅所限,这本文集主要侧重于收录丁氏著作中有一定理论深度,并且能够反映民国时期法学家如何思考世界秩序与中国文化的作品,对于丁元普一些以介绍为主的法学教材则只能割爱。

二、丁氏所著《中国法制史》共有九章,其中第七章教育制度、第八章职官制度以及第九章兵制与法制史关系不大,且其内容本身亦无新意,因此在正文中予以略去。此处概言之:第七章介绍古代国家的教育思想、教育机构以及教育内容;第八章关注传统社会中央与地方的官僚制度;第九章论述周代以降的军队编制与兵役制度。

三、依据所收录丁氏论著的内容与性质,编者将其有关中华传统法律文明的论著作为第一编,对民国时期部门法的研究成果作为第二编,第三编则以比较法研究为主。

四、本书收录的部分文章著作或仅是用圈点的方式进行了断句，或标点方式与现行语言习惯不同，编者在尊重原文句读的基础上，按照现代汉语的语言习惯一并加以现代标点。所收录各篇论著篇章布局存在差异，为了排版的美观以及阅读的方便，适当予以调整。

五、丁氏著作中引用的典籍，有些尽管是直接引语，实际上并非照搬原文，丁氏往往有意无意地对原文有所改动。考虑到保留原书风貌亦可体现民国时期学术风格与丁氏思想，故对于原文中的直接引语，编者仅加以句读，对于较为明显的脱漏、改动，可能对于原文理解产生歧义的，则予以保留并加编者注说明。故其所引典籍与目前通行的版本或有歧异之处。

六、原文中专名（人名、地名、术语）及译名与今不统一者，不作改动，仅第一次出现时以编者注的形式加以说明。如确系作者笔误、排印舛误、数据计算与外文拼写错误等，则予径改。

七、编者对于原文中部分较为生僻难解的词汇、术语及较为重要的背景，尽可能以编者注的形式加以解释。

本书原本计划收入高全喜教授主编的"民国法政文丛"，虽因故未能成行，但仍旧非常感谢高全喜教授的关照与帮助。同样需要感谢在本书点校整理过程中给予帮助与指导的屈文生、陆宇峰、于明、陈婧祾、赵强、朱悦、李柯、孙靖洲、戎恒颖等师友。特别感谢商务印书馆的阎高阳先生，没有他的耐心催促与悉心编校，本书不可能如期付梓。感谢华东政法大学提供科研资助。此外，本书系日本りそなアジア・オセアニア财团调查研究助成项目、中国博士后科学基金会第69批面上资助项目（2021M691048）以及上海市浦江人才计划项目（21PJC044）研究成果，在此谨对相关各方一并致以谢意。

第一编

中华法系研究

中华法系成立之经过及其将来①

一般法学家称世界各国之法系，其重要者有五：一、中国法系；二、罗马法系；三、印度法系；四、回回法系；五、英吉利法系。惟英国学者魏穆尔（John H. Wigmore）著有《世界法律系统大全》②，从世界历史中追寻出来，约有十六个系统。此十六个系统，就中八种，已成过去之时代，如埃及法系、美索波达米亚法系、希伯来法系、希腊法系、罗马法系、色勒特法系③、海上法系④、教会法系，至现代均已不复存在。就现今世界各国之法系，无论为纯粹系统、混合系统、集合系统，其存在者则有八种：

（一）中国法系

（二）印度法系

（三）日本法系

（四）德意志法系

---

① 本文由《中华法系成立之经过及其将来》《中华法系成立之经过及其将来（续）》两文合并而成，分别载于《现代法学》1931年第1卷第4期（1—10页）、第5期（11—24页）。此文与《中华法系与民族之复兴》一文有所重复。本书脚注皆为编者所加，下文不再注明。

② 即约翰·亨利·威格摩尔（John Henry Wigmore，1863—1943），曾任教于日本庆应义塾、美国西北大学，著有《世界法系概览》。威格摩尔生于美国，长于美国，作者认为是英国学者，应当有误。此处提到的《世界法律系统大全》为 A Panorama of the World's Legal Systems（West Publishing Company, 1928），中译本《世界法系概览》由上海人民出版社于2004年出版。

③ 即凯尔特法系。

④ 即海事法系。

（五）斯拉夫法系（即苏俄法系）

（六）回教法系（即摩罕默德法系）

（七）罗马式法系（即大陆法系）

（八）英国法系

魏穆尔承认上列八种为纯粹系统，惟以世界法律思潮之变化错综，或因宗教、种族之混一，或因邦国之联合。如印度法系与回回法系，已成为集合系统。斯拉夫法系与罗马式法系，多少仍旧属于历史上之混合，故苏俄法系不能视为一种新起之独立系统。德意志与罗马式两法系，虽各有独异之点，然学者以法兰西法系与德国法系，往往合称为大陆法系，故德与罗马式之法系亦成为混合系统（所谓罗马式法系者，盖原来之罗马法系业已中断，现代法系上仅存罗马法之形式而已）。而中国与日本，从古代言，实为同一法系，至现代而分离。但中国法系及日本法系，在现代法制上，其所取之罗马式的元素，亦已多所混合矣。

上魏穆尔之论列，其辨别法系之精详，殊有研究之价值。惟吾中华法系，依现代之法制考察之，果为纯粹之系统，抑为混合之系统，自属另一问题，当于结论述之。

总之，中华法系在现代无论为纯粹或混合，然以吾国历史之古、开化之早，由人治而进为礼治，由礼治而进为法治，其间法律哲学家之学说与夫历代法典之制定，蔚然可观。在东亚方面，要自成为独立之法系，可断言也。兹就诸子学派关于法学思想之变迁，及古今法典之因革，其成立之经过及其将来，以科学之方法分析而解剖之，此则吾人研究之任务也。

欲明法学之系统，当从法律哲学，以研究法律现象之最高原理或根本原则。盖学者虽依沿革的研究，而知古今法律变迁之所自；依比较的研究，而知东西洋法律异同之所在；依分析的研究，而知现行法律所认之原则。然此仅足以知法律之为何物（过去）、法律之成为何物（现在），仍无以明了法学之系统，完成研究之目的。故必综合沿革的、比较的、分析的研究之结果，进而研究法律现象之最高原理，以理解法律之可成为何物（将来），夫而后法学之系统，乃能穷源竟委矣。依上述研究之方法，故研究中华法系，不外下列二种：

第一，法律哲学之原理、原则

自来法学之派别，应以研究科学方法——为演绎的研究与归纳的研究。从演绎上研究法学，乃因理性而说明法学之本体。在欧洲上古时代，政治与宗教合一，故法学派之最古者，为宗教法学派，又简称为神学派或神意派。我国古代法系虽不若欧洲法学含有宗教性质，然法律进化之阶级，在上古时要不免神权思想之意味。次则理想法学派，此派学者依哲学上之理论，以研求原则、原理，在欧洲分为自然法学派、纯理法学派、人性法学派。我国法系之起源，实由于自然法及理性法之递嬗而成。

我国上古法系虽未完成，然唐虞时代制定五刑，实为中华法系之权舆。当洪荒初辟，故其时法律思想，泰半含有神权思想之意味。《皋陶谟》曰："天工，人其代之……天命有德，五服五章哉。天讨有罪，五刑五用哉……天聪明，自我民聪明。天明畏，自我民明威。"其明刑弼教，莫不称天以作则，犹宗教家之称上帝。《吕刑》篇亦曰："朕敬于刑，有德惟刑。今天相民，作配在下。"古时君主，自称曰"天子"，其征伐有罪也，则称曰"天讨"。又战国时唯墨子崇尚宗教，信仰鬼神，故其《天志上》篇曰:"杀一不辜者必有不祥。杀不辜者谁也?则人也。予之不祥者谁也?则天也。"又曰:"顺天意者,兼相利,必得赏。反天意者,别相恶,交相贼,则得祸。"

故墨子虽非法家者流,然其法学思想则注重尊天,殆不脱神权之观念。至孔子之论政也,则主张人治。其论法也,则主张礼治。其言曰:

君子……修己以敬……修己以安人……修己以安百姓。

上好礼,则民莫敢不敬。上好义,则民莫敢不服。上好信,则民莫敢不用情。

道之以政,齐之以刑,民免而无耻。道之以德,齐之以礼,有耻且格。

观其持论,实已抉发政治法律之精神,专在以身作则。又其法律思想,以德礼为本,以政刑为末,注重感化主义,而不取惩罚主义,实与现代法治之精神相合。不特此也,其主张杜息争端,则曰"听讼,吾犹人也,必也使无讼乎","片言可以折狱者,其由也与"。其主张废除死刑也,则曰:"善人为邦百年,亦可以胜残去杀矣。"

吾国法系,当春秋时已渐次组成。上述法律上之最高原理及根本原则,在孔子已阐发无遗。而儒家如曾子、孟子,则继承其系统者也。《论语》所载曾子之言曰:"孟氏使阳肤为士师(即法官)。问于曾子,曾子曰:'上失其道,民散久矣。如得其情,则哀矜而勿喜。'"其言实可为后世之听讼者法。汉唐以后之酷吏,动以严刑取供,则曾子之罪人也。

孟子固儒家者流也,而其论法,则不仅注重礼义,而又兼注于社会政策之救济,其言曰:

无恒产而有恒心者,惟士为能。若民,则无恒产,因无恒心。苟无恒心,放辟邪侈,无不为已。及陷于罪,然后从而刑之,是罔民也。焉有仁人在位,罔民而可为也?是故明君制民之产,必使仰足以事父母,俯足以畜妻子;乐岁终身饱,凶年免于死亡,然后驱而之善,故民之从也轻。今也制民之产,仰不足以事父母,俯不足以畜妻子;乐岁终身苦,凶年不免于死亡,此惟救死而恐不赡,奚暇治礼义哉?

孟子之目光,盖以人不幸而罹于罪恶,皆由经济压迫所致。故从根本施以救济之方法,以期减少犯罪之人,实为刑事政策之必要,而又合于民生主义之精神。于二千年前,已有发明。在中华法系上,可谓独树一帜者矣。

要之,儒家之论法也,皆以道德为体,以法律为用。在法学派中,属于"自然法学派"(即理性法),而与"道""墨"二家之学说颇有相同之点。试取二家之说以证明之。老子之言曰:"人法地,地法天,天法道,道法自然。"亦以自然为法之模范也。墨子之言曰:"效也者,为之法也。所效者,所以为之法也。故中效,则是也;不中效,则非也。"质言之,即以自然法为标准,以示人为之模范也。法家之所谓法,其根本观念,要不外此。

我国法治主义之产生,起源甚早。而法家成为一有系统之学派,则在儒道墨三家之后。其学理上之根据,即以儒道墨三家为其先河。故法家者,承儒道墨三家之末流,嬗变汇合而成者也。中华法系之进化,划分两大鸿沟:在公法上则由自然法而进于人为法,在私法上则由宗法而衍为国法。法学思想之蜕变,皆有系统之可寻。吾人研究中华法系成立之经过,不可不探索其源流之所自也。

法家之巨子,当首推管仲、子产,次则为慎到、尹文、韩非,又次则为商鞅、李悝。其学理要皆于儒道墨三家有所师承,而又各成一学派。惟儒家不喜言法,道家不欲拘于法,墨家则直以法本于天,其立说要不无异同耳。慎子之言曰(见《意林》):"有权衡者,不可欺以轻重;有尺寸者,不可差以长短;有法度者,不可诬以诈伪。"与儒家荀子之言,其性质极相逼近。观《荀子·礼论》篇曰:

> 礼岂不至矣哉!立隆以为极,而天下莫之能损益也……故绳墨诚陈矣,可欺以曲直;衡诚县矣,则不可欺以轻重;规矩诚设矣,则不可欺以方圆;君子审于礼,则不可欺以诈伪。故绳者直之至,衡者平之至,规矩者方圆之至,礼者人道之极也。

两文之语意,皆若合符节。惟一则主张法治,一则主张礼治,则不相同。而其整齐划一之制度,若度量衡然,则礼治实同于法治。盖礼借社会力之制裁,法则借国家力之制裁也。

法治者,纯以客观的准驭事变,其性质恰如权衡规矩。故管子曰:

> 根天地之气,寒暑之和,水土之性,人民鸟兽草木之生物,虽不甚多,皆均有焉而未尝变也,谓之则。义也、名也、时也、似也、类也、比也、状也,谓之象。尺寸也、绳墨也、规矩也、衡石也、斗斛也、角量也,谓之法。

法家者流,持干涉主义。道家则纯取放任主义,深信自然法为万能。观老子之言曰:

> 我无为而民自化,我好静而民自正,我无事而民自富,我无欲而民自朴。
>
> 绝圣弃知,大盗乃止;摘玉毁珠,小盗不起;焚符破玺,民乃朴鄙;掊斗折衡,而民不争。

自其精神上言之,道家以"自然法"为绝对之原则。法家则以"自然法"为相对之原理,故进一步必要求以"人为法"为之体现,此当然之理也。《史记》列老庄申韩为同传,盖谓道德之穷,流为法律,殆有相因而至之理。韩非子①曰:

> 法者,宪令著于官府,刑罚必于民心,赏存乎慎法,而罚加乎奸令者也。
>
> 法者,编著之图籍,设之于官府,而布之于百姓者也。

由此观之,其主张宪令刑罚为治民之工具,而必编之图籍,设于官府,为成文法之公布,其以"人为法"为原则,自无待言。

又法家之标准,皆取其整齐划一。尹文子曰:"万事皆归于一,百度皆准于法,归一者简之至,准法者易之极。"与墨家以"尚同"为教,其主义相同。墨子之言曰:

> 古者民始生未有刑政之时,盖其语,人异义,是以一人则一义,二人则二义,十人则十义,其人兹众,其所谓义者亦兹众。是以人是其义以非人之义,故交相非也。是以内者父子兄弟作怨恶,离散

---

① 此后接续《中华法系成立之经过及其将来(续)》。

> 不能相和合，天下之百姓，皆以水火毒药相亏害。至有余力不能以相劳，腐朽余财不以相分，隐匿良道不以相教。天下之乱，若禽兽焉……
>
> 明乎民之无正长以一同天下之义，而天下乱也。是故选择天下贤良、圣知、辩慧之人，立以为天子，使从事乎一同天下之义……
>
> 凡国之万民，上同于天子，而不敢下比。天子之所是，必亦是之，天子之所非，必亦非之。

彼盖主张全国之思想言论，必归于统一，以从事于一同。而其绝对干涉主义，则又与法家持严峻的干涉主义，隐相吻合焉。

法家起战国中叶，逮其末叶而大成。韩非为荀子之弟子，故其法学与儒家之系统相接近。又其书有《解老》《喻老》等篇，与道家系统相合一。尹文与宋钘同学风，故所受墨家之思想，而归本于任法。李悝、商鞅之徒，直接间接卓然成为一种有系统的学派。今欲知其概要，当先述法之意义。法本作"灋"，《说文》云："灋，刑也，平之如水，从水，廌所以触不直者去之，从廌去。""刑"即型字，谓模型也。故于"型"字下云：铸器之法也。"式"字、"范"字、"模"字下皆云：法也。型为铸器模范，法为行为模范，灋含有平、直两意，即其模范之标准也。故法之意义，实为人类行为之模范，以示物之准则。《易·系辞传》云"见乃谓之象，形乃谓之器，制而用之谓之法"，即此意也。

道法二家之相合，可从其立脚点观之。道家认宇宙之自然，人类与万物等夷同受制于一定因果律之下，其结果与法家之法治主义相契合。管子曰："因也者，舍己而以物为法也。"故法治主义，实则物治主义，与老子所谓"善者因之"，其义相同。又尹文子曰："名定则物不竞，分明则私不行。"盖以道家之无私无欲之理论，使其现于实际而归宿于法。

故法家即以道家之人生观为其人生观,太史公以老庄申韩合传,诚有见乎此也。《汉书·艺文志》,别名家与法家,而实则名与法殊不可离。尹文子曰:"名者,名形者也;形者,应名者也……万物具存,不以名正之则乱。万名具列,不以形应之则乖。"与儒家孔子主张"必也正名"之旨相合,亦即法家所谓综名核实也。

其后李悝著《法经》六篇,殿以"具法"(即后世之"名例")。萧何作律九章,则称为"具律"。魏晋以后,则总称为"刑名"。隋唐以后,则又称为"名例律"焉,实为现代刑法总则所由昉。

社会之起源,人类之演进,生活自由之相接触,争端以起,故其争也必起于权利。治国者,乃谋所以处理之。孔子说"富之教之",孟子说"恒产恒心",皆从社会生活立论,而其所以治之之道,在儒家之所谓礼治,与法家之所谓法治,殆异曲而同工也。管子之言曰:

> 古者未有君臣上下之别,未有夫妇妃匹之合,兽处群居,以力相征。于是知者诈愚,强者凌弱,老幼孤弱,不得其所。故智者假众力以禁强虐,而暴人止。

此言法治也。而与儒家之言礼治则同一焉。荀子之言曰:

> 礼起于何也?曰:人生而有欲,欲而不得,则不能无求,求而无度量分界,则不能不争。争则乱,乱则穷。先王恶其乱也,故制礼义以分之,以养人之欲,给人之求,使欲必不穷乎物,物必不屈于欲。两者相持而长,是礼之所起也。

惟儒家则以礼治为工具外,兼主张人治,与法家绝对主张法治,殆不相容。孔子之言"人存则政举,人亡则政息",孟子言"徒法不能以自行",荀子言"有治人无治法",而法家则非难之,故《管子·明法》篇曰:"使法择人,不自举也,使法量功,不自度也。"又慎子曰(《慎子·佚文》):"君人者,舍法而以身治,则诛赏予夺,从君心出……"彼其意谓人治主义,不得人则根本破坏,即得人亦难遽认为成立也。故《商君书》曰(见《修权》篇):

> 先王悬权衡、立尺寸,而至今法之,其分明也。夫释权衡而断轻重,废尺寸意断长短……不以法论智、能、贤、不肖者,惟尧;而世不尽为尧。是故先王知自议誉私之不可任也,故立法明分,中程者赏之,毁公者诛之。

观商鞅治秦,首下徙木予金之令,以明不欺。其后太子犯法则刑其傅公子虔,黥其师公孙贾。明知敛怨,不肯市恩,虽在储贰,不可屈法,使百司不敢贪欺,亿兆勇于奉令,故能行之十年,秦民大悦,道不拾遗,山无盗贼,家给户足,乡邑大治,则执法不挠之效也。

综上论列,我国自上古以至春秋战国,其间法系之相承,厘然井然,各有其渊源,各立其统绪。吾人研究而整理之,可知礼法分化之途径,法律哲学思想之变迁,由自然法(即理性法)而进于人为法,绵绵延延,历五十年而弗替。中华法系之成立,殆非偶然也。

第二,历代法典之因革

以法治国之观念,至战国而始发达。古代所谓法,即为刑罚之意义,所谓"出于礼即入于刑"。此种观念,实为道德制裁与法律制裁合而为一。故自汉唐以迄明清之法典,民刑不分,违法者即处以刑。虽按之现代法制,不免谓其混合,然证诸我国法系上之因袭,要自有其固有之精神也。

刑法之发达最早者,并非无故。盖古代初民社会,所有权制度未确立,婚姻从其习惯,所谓民事诉讼殆甚稀。所有讼狱,皆刑事也。故对于破坏社会秩序者,用威力加以制裁,即为刑法之所由起。

我国刑法之起源,实创自苗族。据《尚书·吕刑》篇云:"苗民弗用灵,制以刑。惟作五虐之刑,曰法。"舜时制定之五刑,殆沿袭于有苗,而亦专为对待异族而设,所谓"报虐以威"(《吕刑》)也。刑官最古者首推皋陶,舜命皋陶有云(《书·尧典》):"蛮夷猾夏,寇贼奸宄,汝作士,五刑有服……"当时之刑法,不仅施之于寇贼奸宄,而为制裁蛮夷之作用。故春秋时仓葛之言曰:"德以柔中国,刑以威四夷。"古代兵刑不分,至周时刑官之掌,犹名曰司寇。《国语》载臧文仲之言曰:"大刑用甲兵,中刑用刀锯,薄刑用鞭朴。"可知甲兵为刑罚之一种,即"刑威四夷"之确证。降及后世,种族、阶级之界限渐混,法律之应用日广,前此制裁特种人所用之工具,乃适用于一般人,遂成为普通刑法矣。

论者谓尧舜时代制定之"墨、劓、剕、宫、辟"之五刑,其法殊伤残人道,非文明国家所宜有。殊不知尧舜时所用之五刑,沿于有苗,专为制服蛮夷之作用。且《尧典》所称"流宥五刑",盖视五刑之可宥者,改为流刑,故五刑并不常用。如"流共工,放驩兜……而天下咸服",凡认其人为妨害社会秩序者,则屏诸社会以外。所谓"投诸四裔,以御魑魅"(见《左传》),"屏诸四夷,不与同中国"(见《大学》),即属此意。

我国法典之成立,究起于何时乎?《尧典》虽有五刑之文,不过就施罚方法分类,不足为成文法典也。至夏商周三代,虽典籍无征,然各有制定之刑法。观《左传》晋叔向云:"夏有乱政而作禹刑,商有乱政而作汤刑,周有乱政而作九刑。"周代九刑之制,其刑名不详。但证以《逸周书》云:"维四年夏……太史策刑书九篇,以升授大正。"又征诸《左传》所载鲁太史克云:"先君周公作誓命曰:'毁则(训法)为贼,掩贼为藏,窃贿为盗,窃器为奸……有常无赦,在九刑而弗忘。'"则知周代之有九刑,实信而有征,惟书阙有间耳。且周代除参用尧舜时所制之五刑外,尚有刵刑(谓割去其耳)之一种。观《康诰》所载成王对康叔封之言曰:"非汝封劓刵人,无或劓刵人。"而《费誓》一篇中"汝则有常刑,有大刑,有无余刑",其文凡五见,足见周时刑律甚严。后世儒家,盛称文武周公以礼治国,衡诸往故,未必尽然也。

惟我国古代法系上之精神,要为礼刑一致的观念。故刑罚实寓有教化主义,以助成伦理的义务之实践为目的。是以禹命皋陶"明于五刑,以弼五教"。《周官·司救》云:"掌万民之衺恶过失而诛让之,以礼防禁而救之……凡民之有衺恶者,三让而三罚……耻诸嘉石,役诸司空。"《大司寇》云:"凡万民之有罪恶而未丽于法……桎梏而坐诸嘉石,役诸司空。"其刑罚之动机,皆在教化,此实法律观念之一大进步也。

此后刑律之见于经传者,如周穆王有吕刑,晋有被庐之法,楚有茅门之法、仆区之法,除周穆之吕刑外,今仅传其名,要不能谓为法典。自郑子产铸刑书、晋赵鞅铸刑鼎,始渐有成文法之公布。而郑、晋之刑书、刑鼎,类皆铸于金属,以为刊布,与罗马法之刊于十二铜标者①,其制定之手续相同。惟罗马法于兵燹之余,犹能散见于书籍中,得法人歌多弗

---

① 即古罗马时期的第一部成文法典《十二铜表法》,本书中所出现的"十二铜表法""十二铜标法""十二标法"等表述皆指此法典。

勒杜斯氏①搜集而保存之，尚得举其标题及法条，为后人研究之资料；而我国春秋时各国之法规，迄今已湮没无存，为可惜也。

罗马自《十二铜标法》后，继之者为市民法及万民法。至优斯体尼亚鲁士（Justinianus）②编集法典，罗马法于以告成。惟夷考《十二铜标法》中，除第八标之《私犯法》、第九标《公法》属于刑事性质外，其第一标为《提传》、第二标为《审问》，属于诉讼法规；自第三标至第七标之规定，有《责偿》《家长权》《遗产继承及监护》《所有权及占有》《家屋及土地》，其大部分皆属于民法也。而我国自唐虞以迄夏商周三代，国家所制定之法律皆为刑法。又自汉唐以逮明清，凡户口、婚姻、钱债、田地等民事，复参列于刑律之中。与罗马法比较，适得其反，此其故何欤？

盖我国古代之法律，绝对取国家干涉主义，以伸张其国家科刑权。又本于礼刑一致的观念为其传统政策。《唐律疏议》所谓"德礼为政教之本，刑罚为政教之用，犹昏晓阳秋相须而成"，此即民刑不分之由来。自民国以前之法系，大率本此种观念所构成。若罗马时代之制定法律，最初则出于人民之要求，而编纂法典之委员中，平民占大多数，故法典关于人民之私权非常伸张，此其特异之点也。

我国成文法典，当春秋至战国前，俱不足征。其著者，要自李悝之《法经》始。其六篇分为《盗法》《贼法》《囚法》《捕法》《杂法》《具法》。至其命意，据杜氏《通典》云："魏文侯师李悝，悝撰次诸国法，著《法经》，以为王者之政，莫急于盗贼，故其律始于《盗》《贼》。盗贼须劾捕，故著《囚》《捕》二篇。其轻狡、不廉、淫侈、逾制③等，以为《杂律》篇。

---

① 指法国法学家丹尼斯·高第弗洛（Dionysius Gothofredus，1549—1622）。
② 东罗马帝国皇帝，今译为查士丁尼一世。
③ 应为"轻狡、越城、博戏、借假不廉、淫侈、逾制"。

又以《具律》具其加减,是故所著六篇而已。"汉兴,萧何取李悝之《法经》六篇,增益《户法》《擅兴法》《厩法》三篇,名为"九章律"。其《户法》《擅兴法》,则属于民法,遂为民刑合一之动机。至曹魏则增为十篇。晋宋齐梁,凡为二十篇,其中又加增《断狱》《告劾》《击讯》诸篇,则凡诉讼法规,亦混合于实体法中矣。隋唐时又改为《断狱》《斗讼》,亦即诉讼法之规定也。其后宋元明清,虽代各定律,互有损益,然皆陈陈相因,其关于户婚钱债之条文,寥寥无几,且无不与刑律相参杂。论者或引为法律幼稚之缺憾。然一按之罗马《十二铜标法》,彼邦所谓最古之法典,凡诉讼法、民法、刑法,亦皆混合杂列。其后所行之市民法及万民法,则又偏重于民法。至今相传之罗马式之民法,由于罗马法学家格爱士①之著作,分为三编:"一、人法,二、物法,三、诉讼法。"迨优斯体尼亚鲁士,依其编次而成为法典,则民法与诉讼法,亦复杂糅焉。

要之,吾中华法系传统之精神,固由于礼刑一致之观念,而其进化之途径,实由宗法而扩大为国法(观《刑律·服制图》及《婚姻》《户役》诸篇可见)。而我国之刑法独臻发达,与罗马式之法典注重于民法,各有其历史与环境之关系,正不足为诟病也。

且征之法学之阶梯,凡社会幼稚,民智懵昧,则先助法(即诉讼法);文化进步,人民法律知识完备,则先主法(即实证法),而助法次之。观罗马之《十二标法》,首载诉讼,而主法之规定列后。至优帝法典,先人法、物法而后诉讼,此其进化之阶梯,殊属明显。而我国刑律,俱为主法,若《捕亡》《断狱》之关于诉讼法规,则皆附于篇末焉,足证中华法系之精神。良由吾民族开化最早、文明最古,不特为东亚首屈一指,且为世界之先导也。

---

① 即罗马著名法学家盖尤斯(Gaius,约 130—180)。

自是厥后,中华法系之进化,孟晋不已。国民政府成立,依据中国国民党之义及党纲所定原则,次第编成法典。其立法之旨趣,不惟中国前此法典所无,即各国法律,亦多未及此。此则新中华法系之改造,其进步殆未可限量。

英人魏穆尔之论中华法系也,谓其多取罗马式的元素,称之为混合系统。此种论列,实不免"见垣一方"之谈。试考诸我国现行之新《民法》,其立法上具有特殊之异彩,而不与罗马式相同。由此观之,即可知魏氏之言之偏谬矣。

中华法系与民族之复兴[1]

一、绪论

一般法学家称世界各国之法系,其重要者有五:一、中华法系;二、大陆法系;三、印度法系;四、回回法系;五、英美法系。惟英国学者魏穆尔(John H. Wigmore)著有《世界法律系统大全》,从世界历史中,追寻出来,约有十六个系统,此十六个系统,就中八种,已成过去之时代。如:埃及法系、美索波达米亚法系、希伯来法系、希腊法系、罗马法系、色勒特法系、海上法系、教会法系,至现代均已不复存在。就现今世界各国之法系,无论为纯粹系统、混合系统、集合系统,其存在者则有八种:

(1) 中华法系

(2) 印度法系

(3) 日本法系

(4) 德意志法系

(5) 斯拉夫法系

(6) 回教法系

(7) 大陆法系

---

[1] 原载于《中华法学杂志》1937年第7期,第35—45页。

(8) 英美法系

魏穆尔承认上列八种为纯粹系统,惟以世界法律思潮之变化错综,或因宗教种族之混一,或因邦国之联合。如印度法系与回回法系,已成为集合系统。斯拉夫法系,以苏俄为代表,然与罗马式法系(即大陆法系),多少仍旧属于历史上之混合。德意志法系,虽独树一帜,惟学者以法兰西法系与德意志法系,往往合称为大陆法系,成为混合系统。英国法系,以殖民地之广远,"阳乌所照,必值英旗",其法系之广播,及于大西洋以西,而美利坚民族,与英国民族(Anglo-Saxon)相同之故,遂合称为英美法系,殆成为集合系统。独我中华法系,翘然卓立于远东,其历史之悠久、民族之广大,在世界任何法系之发展,必首屈一指。所谓日本法系,在明治维新以前,大都取资于《唐律》及《明律》,故就过去言之,实为同一法系,惟至现代而分离。据魏穆尔之论列,以为现代法系,除英美法系外,如日本法系在现代已与大陆法系相混合,即中华法系亦多少与大陆法系相接近。故世界法系存在者虽有八种,然以印度、回回两法系日即衰微外,其他因系统之混合,惟英美与大陆两大法系,成为并驾齐驱之势。

就魏穆尔之论述,其辩别法系之精详,自有其研究之价值。虽然,斯言也,吾思之,吾重思之,窃期期以为不然也。

国于大地,必有与立,与立者何?民族之精神结合而已。民族之精神表现,则在固有之文化与道德,而法律为"形而上学",则运用民族固有之文化与道德,充分发挥之,以维持国家之治安、社会之秩序于不敝。换言之,法律之运用既基于民族固有之文化与道德,故法律系统,亦即本此种精神而成立,绵绵延延以迄于今日也。德之萨维尼(Savigny)、英之梅因(Maine)皆主张法律为民族发达之渐进结果。而《德国法典》编纂之成功,不特研究罗马法,且注重于德之固有法,而不为罗马法所拘。当十九世纪初期,"国民法律论"勃兴,其主张法之基础,为民族之意识与民族之确信,此种法律观念非常有力,故一时德意志系之法学,有风靡世界之观。吾中华法系,虽时至今日,有若存若亡之势,然以民族立场而论,社会生活不绝进化,生存状态亦不绝推移,法律之进化,与社会之进化成为正比例。胡汉民先生有言,"法的基础,置于全民族之上"。由是言之,中华民族之复兴,与中华法系之复兴,实为一贯而不可分,而其复兴之基础,当本其固有之文化道德,发扬而光大之,以祈达于昌盛之境域,可断言之。

二、中华法系之原始

(甲)创立时期

中华法系之权舆,肇于何时,以吾国历史之悠远,殊未易断定。惟"刑""法"二字,则发明颇早。《说文》"法"作为"灋",廌为神羊,古代决讼,令触不直者,故从廌;去,所以触不直者去之;从水,如水之平直也。又云:"灋,刑也",刑即型字,谓模型也。故于"型"字下云:"铸器之法也","式"字、"范"字、"模"字,皆言法也。盖型为铸器之模范,法为行为之模范,故"刑""法"二字之意义,在古代初无所区别。我国原始社会所有权制度未确立,婚姻继承从其习惯,故民事诉讼殆甚稀少。凡有讼狱,大半属于刑事,国家为维持其生存之目的,对于破坏社会秩序者,不得不用威力加以制裁,即法之所由起也。《尚书·吕刑》篇云:"苗民弗用灵,制以刑,惟作五虐之刑,曰法。"而《尚书·尧典》所载:舜命皋陶则曰,"蛮夷猾夏,寇贼奸宄,汝作士,五刑有服"。是我国古代五刑之制，专为对惩治异族侵略中国而设。故《左传》所载仓葛之言曰："德以柔中国，刑以威四夷。"盖古代兵刑不分，观《国语》记臧文仲之言曰："大刑用甲兵，中刑为刀锯，薄刑用鞭扑。"以用甲兵为刑罚之大者，亦即为"刑威四夷"之确诂。皋陶为士，其职在制裁蛮夷，含有以武力抵御强暴之义；至周代刑官之职，犹名曰"司寇"。而行师旅者必有纪律，故《易·爻辞》云"师出以律"，亦即军事上法律之创始。《史记·律志》①《汉书·刑法志》，开端皆言兵事，而归本于刑，可知兵刑二事，在古代固为同一之观念也。

中华民族肇自黄炎，史称黄帝以兵定天下，即为用刑之大者，南胜蚩尤，北逐獯鬻，奠都涿鹿，实为吾民族奠基之始。唐虞继起，尤致力于蛮夷之蹂躏华夏，而以五刑制服之，其结果乃能感格有苗，敷以文德。此足证先民缔造之艰难、吾民族创造之不易，亦即中华法系之曙光也。其中有可纪述者，五刑——初虽专对异族而设，然非常用之法制，或以流刑代之，故《尧典》所称"流宥五刑，鞭作官刑，扑作教刑，金作赎刑，眚灾肆赦，怙终贼刑，钦哉钦哉，惟刑之恤哉。流共工于幽州，放驩兜于崇山，窜三苗于三危，殛鲧于羽山，四罪而天下服"。所谓"流"者，即屏之远方，不与同中国之谓。而"放""窜"等刑，殆与流刑制度相同。至于鲧因九载治水无功，使人民荡析离居，乃不得不加以诛戮耳。其次则"鞭""扑"诸刑，为后世笞杖制度所由昉。而"金作赎刑"，则与现代刑法之易科罚金之制，殆相吻合矣。又"眚灾肆赦"，即现刑制之过失减轻、未遂减轻及正当防卫不罚之规定也。"怙终贼刑"即累犯加重之规定也。当时洪荒初辟，法典未备，其创立法制之精神，即以"恤刑"为本务，则中华法系之肇端，即谓其权舆于唐虞时

---

① 应为《史记·律书》。

代,亦殊可征信。

周之时去古未远,尚沿用五刑之制,然其刑事政策,则注重于"罪疑惟轻"。《书·吕刑》篇所载:

> 五刑之疑有赦,五罚之疑有赦……墨辟疑赦,其罚百锾,阅实其罪;劓辟疑赦,其罚惟倍,阅实其罪;剕辟疑赦,其罚倍差,阅实其罪;宫辟疑赦,其罚六百锾,阅实其罪;大辟疑赦,其罚千锾,阅实其罪。墨罚之属千,劓罚之属千,剕罚之属五百,宫罚之属三百,大辟之罚,其属二百,五刑之属三千。

可知周代虽沿用五刑,然刑之疑者,则科以罚锾,故曰"轻重诸罚有权",又曰"哀敬折狱""狱成而孚"。《吕刑》一篇中,关于慎重处刑之道,反复言之。核诸现代"立法以严""行法以恕"之精神,所谓犯罪之情状可悯恕者,得酌量减轻其刑,殆已不谋而合,即中华法系传统之精神,亦系于此。

吾国古代未有成文法典,其见于经传者,除上述周穆王时之《吕刑》,其一部分殆近于条文外,降至春秋,齐有轨里连乡之法,晋有被庐之法,楚有仆区之法、茅门之法,今皆传其名而无可考。迨至末叶,始渐有成文法之公布,而"礼治"与"法治"之争亦渐起。观于郑子产铸刑书,叔向规之;晋赵鞅铸刑鼎,孔子叹焉。盖礼治之学说,实先乎法治,其统制力之比较,则所谓礼者禁于未然,法者治于已然;礼为自然法,法为人为法;礼具社会制裁力,法具国家制裁力;礼以道德为基本,法以刑罚为基本,此大较也。故考察中华法系成立之过程,不可不注意此事态之发展。礼治、法治之两大学派,其间经春秋末叶以逮战国,下讫秦汉,相抨击、相调和、相陶熔,以驯至于"礼刑一致"之观念,乃始水乳交融,确立中华法系之基础。

(乙) 演进时期

我民族之团结扩大,自春秋战国以迄秦,集合无数小民族,演进而扩大为一大民族,形成民族之统一。而中华法系,亦于此时期,由儒家思想、法家思想,变化错综,剧烈演进而蔚为奇观。自秦以后,儒家思想深入于法律系统之中,虽论者谓中华数千年来法律绝鲜进步,未始不由于中儒家"迂阔"之病。然儒家思想实握有法律上最高原则之权威,其哲理、其学说,为一切谈法治者之标准。而我民族之精诚团结,虽间有变乱,卒归统一者,其传统之思想实有不可磨灭者在也。兹分析述明于下:

(1) 儒家思想之阐明。儒家思想者何?即礼治主义是也。儒家宗孔子,承其薪传者,则为曾子、孟子、荀子;而汉以后之诸儒,则皆宗其言论思想,有所阐发而已。推原礼治之说,其源甚古,实产生于孔子以前。《书·皋陶谟》曰:"天秩有礼,自我五礼有庸哉……天讨有罪,五刑五用哉。"皋陶作士,为最古之刑官,而当时即"礼刑"并称,且发明"天人一致"之原理。儒家思想,殆本此也。且世称周公制礼作乐,而周大治,故周实为礼治极盛之时代。从广义言之:礼有法律之礼(如周礼)、有仪式之礼(如仪礼)、有修身之礼(如曲礼)。而从分则言之,则"礼""乐""刑""政"皆为治国之要道。《乐记》篇所载孔子之言曰:"礼节人心,乐和民声,政以行之,刑以防之。"可知儒家对于礼乐刑政,并未尝偏废。盖礼之本体,在定人类社会行为之标准;乐以和人心、去邪念、涵养善性为主;政为法制禁令之总称;刑为刑罚或刑法之略称。此四者相需为用,惟儒家以修身齐家为治平之原则,故孔子主张德礼为本,政刑为末。孟子以"食""色"与礼相比较,而特重于礼。所谓"礼正其始"

"刑防其失",除刑名外,殆无所谓法。民法在中国古代所以不发达者,因民事皆划之于礼,如祭祀依祭礼、婚姻依昏礼、继承依丧礼、养子依收养礼,即刑事亦皆为礼所分化。《曲礼》云:"夫礼者,所以定亲疏,决嫌疑,别是非也。道德仁义,非礼不成;教训正俗,非礼不备;分争辩讼,非礼不决。"从可知礼之意义,经纬万端,实高于一切之法律。且法所以示人以绳墨及规矩,折狱者权衡其轻重而为定谳。礼之为用,与法家之所谓法,实同出于一源。故《曲礼·经解》篇云:"礼之于国也,犹衡之于轻重也,绳墨之于曲直也,规矩之于方圆也。故衡诚悬,不可欺以轻重;规矩诚设,不可欺以方圆;君子审礼,不可诬以奸诈。"核与《荀子·礼论》篇之立论,完全符合。即与法家慎子之言(见《意林》)"有权衡者,不可欺以轻重;有尺寸者,不可差以长短;有法度者,不可诬以诈伪",其意义亦相类似。则儒家之言礼,与法家之言法,若沟而通之,则直殊途同归耳。

中华法系之基础,实为儒家思想所构成,非过言也。罗马法之传至千载以下,至今日而构成大陆法系之中心者,实承受希腊哲学思想而来。彼之著名学者,如巴披尼亚纽斯(Papinianus)①、乌尔披亚纽斯(Ulpianus)②、包鲁斯(Paulaus)③,或产于希腊,或从师于希腊,故其学术思想不少"希腊化"以助长法学之进步。罗马法之精神,实渊源于哲学思想,用于法律,合于实用,已为一般学者所定论。儒家起于周秦之际,在世界上与希腊哲学有东西两大哲学家之称。故论者谓孔子非宗教家而为哲学家,其言论丰采,绝无宗教之意味参杂于其中。虽我国古昔之立法行政,莫不称天以作则,如《易》称"天道福善祸淫",《书》称"天讨有

---

① 即罗马法学家帕皮尼亚努斯(Aemilius Papinianus,约150—212)。
② 即罗马法学家乌尔比安(Domitius Ulpianus,约170—228)。
③ 可能指罗马政治家卢基乌斯·埃米利乌斯·保卢斯(Lucius Aemilius Paulus,前229—前160)。

罪",又曰"上帝监民",则其崇仰之神——天、上帝,亦似含有神权之思想。然其后即为自然法则所吸收,如《皋陶谟》曰:"天聪明,自我民聪明;天明畏,自我民明威。"孔子曰:"获罪于天,无所祷也。"孟子曰:"天视自我民视,天听自我民听。"以天人一致之原理,归纳于哲学之范围,非具有宗教上之色彩也。盖我国自汉武表章六经,儒家思想深入于数千年法制之中。故中华法系异于印度、回回两法系者,在此! 而在世界法系上别具独立之精神者,亦由于此。

(2) 法家思想之根据。法家思想者何? 即法治主义是也。法家成立一有系统之学派,当在儒家之后,而其法治主义,则渊源甚早。故在春秋时,管仲、子产之学说,确已萌芽。迨战国之末,则李悝、申不害、商鞅之流,以法治著称。而慎到、尹文辈精研法理,至韩非而集其成。① 其思想以"唯物观"为出发点,其政论主张严格的干涉,不承认人类个性之神圣,人民惟于法律范围内取得自由。如《管子·心术上》篇云,"舍己以物为法",乃可以"无建己之患,无用知之累"。尹文子亦曰:"名定则物不竞,分明则私不行。"《慎子·佚文》云:"法虽不善,犹愈于无法,所以一人心也。"是盖将一切主观的标准舍去,专恃客观的标准以一人心。故法治主义云者,实则物治主义也。其主张国家之起源,则注重于权力。《管子·君臣》篇云:"古者未有君臣上下之别,未有夫妇妃匹之合,兽处群居,以力相征,于是智者诈愚,强者凌弱,老幼孤弱不得其所,故智者假众力以禁强虐,而暴人止。"且法家之派别,于法治外,兼主张"术"与"势"。《韩非子·定法》篇云:"申不害言术,公孙鞅为法。"故其《说疑》篇则区别之曰:"术也者,主之所以执也;法也者,官

---

① 本句所列法家代表人物中,李悝(前445—前395)活跃于公元前五世纪,申不害(前385—前337)、商鞅(前390—前338)、慎到(约前390—前315)、尹文(前360—前280)活跃于公元前四世纪,韩非(约前280—前223)活跃于公元前三世纪,其时间贯穿整个战国时期(前475—前221),故称之为"战国之末"不准确。

之所以师也。"尹文子亦谓:"法不足以治则用术。"并说明其定义曰:"术者,人君之所密用,群下不可妄窥。"然纯粹法治主义者,则非难之。故《管子·君臣》篇云:"为人君者弃法而好行私,谓之乱。"《韩非子·有度》篇云:"奉公法,废私术。"其一派主张"势治"者,如慎子曰:"尧为匹夫,不能治三人;而桀为天子,能乱天下。吾以此知势位之足恃,而贤智之不足慕也。"此派亦为韩非子所反驳,故曰:"以势乱天下者多矣,以势治天下者寡矣。"盖法治者虽以干涉为职志,然以势治则流于专制行为,而法治则专制之反面也。

上述法家之派别,虽各有其主张,然对于儒家则常立于冲突之地位。韩非子所谓"儒者以文乱法",为明显之反对。儒家以"克己复礼,为仁",由礼治而归宿于仁治,法家则攻击甚力。《韩非子·六反》篇云:"法之为道,前苦而后乐;仁之为道,偷乐而后穷……故用法之相忍,而弃仁之相怜也。"盖法治主义,纯以人类性恶为前提。《管子·枢言》篇云:"人故相憎也,人之心悍,故为之法。"与儒家主张"人性本善"注重于道德伦理之感化,则适相反。孟子所谓"无恒产而有恒心者,惟士为能。若民,则无恒产,因无恒心。苟无恒心,放辟邪侈,无不为已。及陷于罪,然后从而刑之,是罔民也。焉有仁人在位,罔民而可为也?是故明君制民之产,必使仰足以事父母,俯足以畜妻子;乐岁终身饱,凶年免于死亡……"法家对于儒者之"行仁政",所谓"民之父母",孟子一派之"保姆政策",根本反对。故管子曰,"明君置法以自治","不为爱民亏其法"。韩非子曰:"古者丈夫不耕,草木之实足食也;妇人不织,禽兽之皮足衣也。不事力而养足,人民少而财有余,故民不争……今人有五子不为多,子又有五子,大父未死而有二十五孙。是以人民众而货财寡,事力劳而供养薄,故民争。"又曰:"不恃赏罚而恃自善之民,明主弗贵也。何则?国法不可失,而所治非一人也。故有术之君,不随适然之善,而行必然之道。"法家盖主"综核名实""信赏必罚"为治国之要道,不以"仁政""爱民"为本务,其出发点与儒家迥殊,宜其枘凿而不相入也。

  法家与儒家因主义之各殊,遂致政见之互异。虽然韩非、李斯辈,固同学于儒家荀子之门者也,其学术思想得儒家之薪传不少。嗣因时代之思潮,及功利主义之浸染,遂于儒家外别树一帜耳。故荀子之学,与法家极相接近,其言曰:"礼,法之大分也。"又曰:"法后王者,法其法。"彼固以法后王为教者也。惟荀子本"为政在人之说",故曰:"法不能独立,类不能自行,得其人则存,失其人则亡。"孟子所谓:"徒善不足以为政,徒法不能以自行。"又谓:"上无道揆,下无法守……君子犯义,小人犯刑,国之所存者幸矣。"其主张贵德尊士,又曰:"贤者在位,能者在职……及是时,明其政刑,虽大国必畏之矣。"可知儒家并未尝废法,特以运用法权,须得人而理之,所谓"贤者在位,能者在职",则立法与司法,均修明其政刑,"能治其国家,谁敢侮之"。

三、中华法系之发展

  法家系统之成立,经战国以迄秦代,蔚为大成,卓然成一家言者,当推韩非。而以治绩著称者,则有李悝及商鞅。李悝著《法经》六篇,实为后世言刑律之鼻祖,汉之《九章律》,即因而增益之。唐杜佑《通典》所载《晋书·刑法志》曰:

> 魏文侯师李悝,悝撰次诸国法,著《法经》,以为王者之政,莫急于盗贼,故其律始于《盗》《贼》;盗贼须劾捕,故著《囚》《捕》二

篇;其轻狡、不廉、淫侈、逾制等,以为《杂律》一篇;又以《具律》具其加减;故所著六篇而已。

　　惜所著六篇,仅存篇目而未详法条,然嗣后历汉唐至明清,皆沿用而扩充之,不可谓非我国成文法典之嚆矢也。《商君》一书,说者谓汉儒之编纂,或多所增改。然《史记》所载商鞅之治秦,如"徙木以立信,弃灰以示罚","行九家连坐之法","使人民勇于公战而怯于私斗","行不数年,道不闭户,路不拾遗",①秦以富强。虽其后卒遭谗害,致以身殉法,然其实行法治主义,有足多焉。汉承秦制,萧何定律,取李悝《法经》六篇增《户》《兴》《厩》三篇,合称《九章律》。就中《户律》,至唐代而改为《户婚律》(凡户口、房屋、田地、钱债、市廛、婚姻、继承等属之),实为后世民法之权舆,我国民法之著为法典,即肇基于是。论者谓民法参杂于刑法之中,认为古代法律思想之幼稚。殊不知我国古时民事诉讼,因所有权制度未曾确立,婚姻继承从其习惯;且一本于道德伦理之观念,即为礼治之实现。至汉以后,私权确定,人事日繁,故萧何九章中特别规定《户律》一章,定为法典。此足征社会生活之演进,法律亦随之而进化,实为一种改进之阶段。即按诸中华法系"礼刑一致"之观念,所谓"出于礼即入于刑",犹"昏晓阳秋之相须而成"。此种法律思想,为中华法系最大原则,而与世界法系特异之点之所在也。

　　即以婚姻制度而论,在我国发生特早。征诸历史,太昊伏羲氏之时,已定嫁娶之制,以俪皮②为礼,正姓氏,通媒妁(见《史记·三皇本纪》),实为社会组织之基础。但其制度之完备,则为周代。周代因厚男女之别,妨淫奔之渐,婚姻之成立除经父母之命媒妁之言外,必须具

---

① 此处几句引文并非《史记》原文,引号为原作所加。
② 指成对的鹿皮,古代用来作为订婚的礼物。

备六礼。"六礼"者,即(一)问名,(二)纳采,(三)纳吉,(四)纳征,(五)请期,(六)亲迎,①缺一则不生婚姻之效力。然对于家产不丰,或内外有事故,而难备六礼者,则特许于一定之时期,依略式而为婚姻。《周礼·地官》:"媒氏掌万民之判,凡男女自成名以上,皆书年月日名焉,令男子三十而娶,女子二十而嫁……仲春之月,令会男女,于是时也,奔者不禁,若无故不用令者罚之。"所谓"奔"者,即指"六礼"有不备者,得依略式而为婚姻之义也。所谓"罚"者,即指违背此种法令,须以刑事为制裁也。可知周代关于婚姻事项,由此推及其他人事、民事诸项,皆属礼制上行为,而为道德上之支配。至出于礼即入于刑而罚之,则为保持社会秩序之作用耳。

论者又谓我国自汉以来之法典,不特民刑不分,即程序法亦与实体法相混合,不能谓为完备之法典。然不观罗马之《十二铜标法》乎?固世所盛称罗马最初之法律也。此十二标中如第一标之《提传》、第二标之《审问》,则属于诉讼法。核与我国李悝《法经》所谓《捕法》《囚法》以及魏晋隋唐刑律中之《断狱》《捕亡》《告劾》诸章相较,亦皆诉讼法也。第三标至第七标,如《责偿》《家长权》《遗产继承及监护》《所有权及占有》《家屋及土地》,固皆民事法规,即我国户婚律之包括《户役》《田宅》《婚姻》《钱债》诸章也。第八标之《私犯法》、第九标之《公法》,即私罪公罪之区别,乃属于刑法。而第十标之《宗教法》,则为我国法律所无(现代《管理寺庙条例》及现代《刑法》之亵渎祀典等罪,亦非可与宗教法相拟)。其他十一及十二标,则为补充法规矣。由此观之,罗马之《十二铜标法》,关于民刑法及诉讼法,无不包括及参杂于其间,正不独我国为然。不过我国法典,在古代独详于刑法而略于民法,罗马

---

① 此处所列六礼顺序有误,应为:纳采、问名、纳吉、纳征、请期、迎亲。

则自《十二铜标法》以后,民法之发达远胜于刑法,至今世界私法中,必推罗马法为宗。则以东西两大国,法系之进化,各殊其途径,其时代之背景,如民族、国家、社会习惯等,各有环境之不同,要不足以自豪或自贬也。

中华法系发展之过程,究竟若何？于法史上探求之,可得如下述之结果：

（A）儒法竞争时代。战国之季,儒家虽昌言礼治,主张"仁义""王道",卒不见用于世。而法家如商鞅、李斯等,相继见用于秦,秦因之而成霸业,其后乃并吞六国。因李斯上言"请史官非秦记者烧之,非博士官所职,天下敢有藏《诗》、《书》、百家语者,悉诣守、尉杂烧之。有敢偶语《诗》《书》者,弃市⋯⋯若欲学法令,以吏为师"。当时之"黜儒崇法",已可概见。

汉萧何起于秦吏,所定之《九章律》,具有创制之精神,然与儒家思想,未能接近。当楚汉交争之际,鲁诸生抱残守缺,弦歌不辍,儒家学派盖不绝如缕。汉高以马上得天下,虽约法三章,与民更始,惟其"溲溺儒冠""谩骂儒生"不免沿袭秦代黜儒崇法之积习。至汉武则表章六经,提倡儒术,儒家思想,至此而复见曙光。然其任用张汤、赵禹,号称"酷吏",妄用严刑峻法,故一时法网遂形繁密。路温舒所谓"秦有十失,其一尚在,即治狱之吏是也"。

（B）儒法调和时代。两汉律学昌盛,类皆父子相承,世修其业。如西汉则有杜周邃于法理,认"法以当时为贵",其子杜延年亦以精研法律著称。于公为郡法曹,决狱平,其子于定国少学法于父,为廷尉,民以无冤。如东汉则有陈躬,为廷尉时,多所生全；而讲学授徒,常数百人。躬子陈宠,能传父业,撰《辞讼比》七卷,公府奉以为法,及为廷尉,对于律令,尤多所建白。宠子陈忠明习法律,亦著《决事比》二十三条。

此足征两汉律学人才辈出，乃至讲学授徒，并代有著作，何其盛叹。

汉代不仅法家有所表现已也，即儒家亦能本其所学研究法律，使儒家思想与法家思想，熔冶于一炉，发挥义蕴，以确立继往开来之盛业，实为空前之记录。如以经义断狱者，有董仲舒、应劭之类，引《春秋公羊》以决狱讼，著有成书；以章句解释法律者，如叔孙宣、郭令卿、马融、郑玄等，十有余家，共七百七十三万二千二百余言，益增律学之盛。意大利文艺之复兴，自安尼利（Irnerius）①创设法律学院，聚集生徒，从事于罗马法之研究，一时人才蔚起，阐明精蕴，号称"注释学派"。罗马法系之中断，卒能蹶而复振，以臻今日繁荣之境域者，不能不归功于注释家。我中华法系之昌明，当推两汉，而调和儒法两派之思潮，使之合同而化，则发扬光大之精神，必以汉儒为巨擘焉。

自汉以后，历曹魏、西晋，以迄南北朝之对立，其间可纪述者如《曹魏刑律》②十八篇、《晋律》二十篇，皆取法于汉之《九章律》。而南朝之东晋及宋、齐、梁、陈，其法系则直接于西晋。即北朝虽非魏晋之旧，然《北魏律》仍源出于汉律，《北齐律》更因乎北魏，系统相承，莫可为疑。惟北周似自有其特色，然体例亦仿自周之《大诰》也。

至隋而渐成统一，其律制则继承北齐，折中魏晋。其编订分为二次：(1)《开皇律》，(2)《大业律》，而以《开皇律》具有创制之精神。李唐初元，大半因乎隋之《开皇律》。然其后因长孙无忌等撰《唐律疏议》，集历朝之大成，以立其范，其精神远胜于前代，不特开中国法典方面之新纪元，且为中华法系之中心焉。自是厥后，历五代、宋、辽、金、元、明、清，皆莫离唐律之范围。即现代刑法，依照不少暗合于唐律。盖

---

① 即意大利法学家伊尔内留斯（Irnerius，约 1055—1125），曾任教于博洛尼亚大学，中世纪罗马法复兴的重要推手。
② 现通常用《曹魏律》指称。

现行《刑法》，多参及《暂行新刑律》①，而《暂行新刑律》之草订，又多斟酌于唐律也。

由上观之，中华法系发展之程序，可分为两个阶段：自隋以前，其系统承于汉律；自隋以后，其系统则承乎唐律。厘然可考，判若分明，吾中华法系精神之表现，亦即中华民族精神之表现也。何以言之？我民族在历史上战胜外族，巍然建立大国，其文化及武功，震烁古今，于汉唐为极盛。故"汉族""唐人"之称，至今尚流传于海外。而中华法系之发展，用能宏其远谟，绵延勿替。吾故曰：中华法系之复兴，与民族之复兴，实为一贯而不可分也。

四、中华法系之中衰

五代至宋，外族杂糅。辽、金、元三朝，以满蒙种族入主华夏，几视律为无关重要。故此时代，中华法系日即于衰微。五代后周，已改称刑律为刑统。宋因其科条繁重，加以重定，然仍沿用"刑统"之名。迨神宗时，以律不足以周事情，凡律所不载，一断以"敕"，于是"敕"遂取律而代之，是以命令为法律，律则存于"敕令格式"之外矣。元则并"刑"之名而去之，而称为"条格"。《元书·刑法志》云："元制，取所行一时之例，为《条格》而已。"②盖元时无所谓法律，即认《条格》为一种正式法典。其后改称《风宪宏纲》，又称《大元通制》，名既不正，法何由立？

---

① 即民国北京政府成立之初对《大清新刑律》稍加删改而制订的刑事法规，于1912年颁布，后成为南京国民政府所颁《刑法》（即文中所提"现行《刑法》"）的制定基础。

② 此处所引书为清人曾廉所撰《元书·兵刑志》，原文为"大致取一时所行事例，编为条格而已"。

盖至是中华法系,遂成一蹶不振之势。

明起汉族,光复中华,而"律"之名称,始行恢复。当开国之初,制定法典,尊重唐律,首复礼制,并以"法贵简当,使人易晓",故其时律文从简。嗣因比年条例,增损不一,以致断狱失当,乃加以修订,遂以"例"附于律。其后因例生例,故律虽简要而例竟无穷,坐使法系紊乱,法制更因之丛脞。清律本承明代之旧,至乾隆时,律与例更并一篇,总名《大清律例》,盖承明代之失而加甚者也。

明、清二朝之法律,既以例附于律,已失法治之精神。且承宋、元之后,刑赏之权,操于君主,法律由于钦定。故虽存法律之名,已无法律之实。以视宋之"敕",元之"条格",皆存于君主一人之命令,直如一丘之貉。且其时布衣上书言事,悬为厉禁。儒生但知研究经学,而不敢言法,民间更不知法律为何物。而操刑名之学者,号称"刑幕",为司法官吏之臂助,刑幕复假手于胥吏。上下相蒙,法律黑暗,此实中华法系中衰之时期也。

五、中华法系之复兴

中华法系复兴之动机,则在清季。因条例之纷繁,大加删订,并采辑新法,兼用旧典,改定《现行刑律》。自是法律遂不与"例"相比附,一扫明清二朝之积弊。且该律制中自唐代所定之五刑"笞、杖、徒、流、死",一改而为"罚金、徒、流、遣、死",将古代相传之"肉刑",完全废除,实为刑律改良之一大动机也。其中有可纪述者,清季因外交之压迫,为撤销领事裁判权计,锐意改良司法制度,组织法院,及制定各项法律,由宪政编查馆核定,呈准颁行。如《法院编制法》,凡一百六十四条;《公司条例》，凡一百三十一条；《商人通例》，凡九条；《著作权律》，凡五十条；《违警律》，凡四十五条。亦有未及公布，入民国后采用之者，如《暂行新刑律》，共四百十一条；《刑事诉讼律草案》，共五百十五条；《民事诉讼律草案》，共八百条；《民律草案》，共一千五百六十九条。其中以《暂行新刑律》及《民律草案》等，虽多参酌各国制度及学说，然皆根据唐律，要不失中华法系之精神。论者谓清季改法，大都取资于德、日二国，与大陆法系相接近。然当时编订法律诸人，大都精于旧律，故根本上并未离去中华法系，不过采辑新法以补其不足。而民刑分化，程序法与实体法亦各别订立，我国数千年立法之统绪，至此而进步，则新法自优于旧法也。

中华法系之复兴，要唯以三民主义的立法，始克告厥成功。何言之？三民主义之立场，以"民治""民享""民有"为根据，与儒家之"民本思想"相同。所谓国家行使治权，人民行使政权者，即孔子所谓："上好礼，则民莫敢不敬；上好义，则民莫敢不服；上好信，则民莫敢不用情。"国家之治权，以礼、义、信为行使之标准，则举而措之裕如矣。人民之治权，即为创制、复决、选举、弹劾之四权。故孟子曰："左右皆曰贤，未可也。诸大夫皆曰贤，未可也。国人皆曰贤，然后察之；见贤焉，然后用之。左右皆曰不可，勿听。诸大夫皆曰不可，勿听。国人皆曰不可，然后察；见不可焉，然后去之。"又曰："所欲与之聚之，所恶勿施尔也。"又曰："民为贵，社稷次之，君为轻。"此种"民本思想"，实与三民主义若合符节。换言之，三民主义之立法，即所以恢复中华法系固有之精神也。

六、结论

　　总理遗训,以保存我国固有之道德为主要,所谓固有之道德即"忠孝仁爱,信义和平"是也。保持此固有道德,发扬而光大之,儒家礼治之精神,具于是矣。总理主张"天下为公"也,实本于《礼运》。《礼记·礼运》篇云:"大道之行也,天下为公,选贤与能,讲信修睦。故人不独亲其亲,不独子其子;使老有所终,壮有所用,幼有所长,鳏寡孤独废疾者皆有所养;男有分,女有归。货恶其弃于地也,不必藏诸己;力恶其不出于身也,不必为己。是故谋闭而不兴,盗窃乱贼而不作,故外户而不闭,是谓大同。"此其义蕴,主张政府由人民选举,并以同情心相结合。而以"超家族"之精神,认人类一切平等,充分利用之以行互助。至社会组织之经济条件,凡增加生产及劳务工作,俱不得以物质的享乐,据为一己所私有。则以此治国,民生康乐和亲,法律将成为形式。此即法家管子所谓"仓廪实而知礼义,衣食定而知廉耻",尚何有盗窃乱贼之作哉?

　　由上言之,是礼治之极轨也,是中华法系之奠基于是也。我民族之复兴,予曰望之矣。

中国法制史[1]

序

昔孟子法先王,荀子法后王。诚以时有古今,政有变迁。历代因革之故,与夫治乱兴衰之迹,其变通张弛,非融会错综,原始要终而推寻之。考制度,审宪章,博闻强识,固未易言也。昔涑水[2]作《通鉴》,取千三百余年之事迹、十七史之纪述,萃为一书。然后学者开卷之余,古今咸在,其嘉惠士林,诚非浅鲜。今者时代更新,政治变革,其鄙弃旧制者,视若土苴,浅薄者,又或视已往之法制,不加研究,征文考献,付诸阙如而已。詧盦先生以讲学历年之心得,辑成是书,又以退食之余,从事整理,穷探广搜,去取精审。上下数千年,贯串二十五代,极博闻强识之功,且以现代科学之方法作一系统之研究,而于历代因革损益之道,灿然可考。其嘉惠士林,或视涑水且犹过之,语云"殷鉴不远",考往即所以知来,其足为现代政治家之借镜,固不仅征文考献已也。

中华民国十九年六月　楼桐荪[3]

---

[1] 本书收录于上海法学编译社出版的法学丛书当中,由会文堂新记书局总发行,所录底本为民国二十一年(1932年)九月修正四版。此次收录略去第七章教育制度、第八章职官制度、第九章兵制,仅保留章节目录。

[2] 指宋代政治家、史学家、文学家司马光(1019—1086),因其籍陕州夏县涑水乡(今山西夏县),故世称"涑水先生"。

[3] 楼桐荪(1896—1992),字佩兰,浙江永康人,中国近现代法学家、翻译家。

目 录

绪 言
  一、法制史之意义
  二、法制与礼制之区分
  三、法制史研究之纲要及其次序

第一章 法律之起源及其沿革
  第一节 上古至周秦间之法律
  第二节 汉晋至隋唐之法律
  第三节 宋元明清之法律

第二章 古代宪政之创始
  第一节 国会制度
  第二节 立法制度
  第三节 行政与立法
  第四节 弹劾及考试制度
  第五节 司法独立制度

第三章 地方自治制度
  第一节 周秦至汉唐之地方自治
  第二节 宋代之地方自治
  第三节 明代之地方自治
  第四节 清代之地方自治

　　　　第一款　保甲之组织及其沿革

　　　　第二款　保甲之职务

　　　　第三款　乡老之任务

　　第五节　乡官

第四章　家族社会制度

　　第一节　婚姻仪式

　　第二节　丧葬制

第五章　经济制度之变迁

　　第一节　田制

　　　　第一款　夏商周之田制

　　　　第二款　秦汉之田制

　　　　第三款　两晋南北朝之田制

　　　　第四款　唐代之田制

　　　　第五款　宋代之田制

　　　　第六款　明清之田制

　　第二节　货币制度

　　　　第一款　上古至周代之币制

　　　　第二款　秦汉之币制

　　　　第三款　唐宋之币制

　　　　第四款　元明之币制

　　　　第五款　清代之币制

　　第三节　赋税制度

　　　　第一款　三代之税制

　　　　第二款　秦汉之税制

　　　　第三款　魏晋南北朝之税制

第四款　唐代之税制

　　　第五款　宋之税制

　　　第六款　元明之税制

　　　第七款　清代之税制

第六章　法典之编纂及刑法之变迁

　　第一节　上古至三代之刑法

　　第二节　秦汉之刑法

　　第三节　魏晋南北朝之刑法

　　第四节　唐代之民刑法及诉讼法

　　　第一款　唐之法典

　　　第二款　司法制度

　　　第三款　唐之刑名

　　　第四款　刑法之加减及轻重

　　　第五款　刑之执行及刑之消灭

　　第五节　宋代之法典

　　　第一款　法典编纂制度

　　　第二款　刑法及刑之执行

　　　第三款　刑之加减及其消灭

　　第六节　明代之法典

　　　第一款　法典编纂制度

　　　第二款　刑法及刑之适用

　　　第三款　刑之执行及其消灭

　　第七节　清代之法典

　　　第一款　法典编纂制度

　　　第二款　刑名

　　　　第三款　刑之轻重及加减

　　　　第四款　刑之执行

　　　　第五款　刑之消灭

第七章　教育制度①

　　第一节　虞夏商周之学制

　　第二节　秦汉之学制

　　第三节　魏晋隋唐之学制

　　第四节　宋元之学制

　　第五节　明清之学制

第八章　职官制度

　　第一节　唐虞之官制

　　第二节　夏商周之官制

　　第三节　秦汉之官制

　　第四节　两晋南北朝之官制

　　第五节　唐代之官制

　　第六节　宋元之官制

　　第七节　明代之官制

　　第八节　清代之官制

　　　　第一款　中央官制

　　　　第二款　地方官制

第九章　兵制

　　第一节　周代之兵制

　　　　第一款　军队组织及征集方法

---

① 本章及以下未收录。

第二款 兵之服役期限及其军器

第二节 秦汉之兵制

第一款 汉代军队之编制

第二款 兵役之征调

第三节 两晋南北朝之兵制

第四节 唐代之兵制

第一款 禁军制度

第二款 府兵制度

第五节 宋元之兵制

第六节 明代兵制

第一款 内兵

第二款 外兵

第七节 清代兵制

第一款 经制兵

第二款 非经制兵

绪　言

一、法制史之意义

　　凡一国政法之制度，其发源虽同，然往往因其固有之国情与其历史所沿袭而变其质。故研究法制，尤当明其统系之源，察其递嬗之迹，循演释之道，自约而博，以一定之标准，博征事例。举吾国古今之法制，考之历史，证之各国，使其绪之不紊，进而为种种之搜集，自博而约，举内外之制度典宪，证之以亘古不易之原则，供学子研究之资料，而予以归纳之道，庶乎明其源流而考其得失焉，此法制史之所由作也。世界法系有五，如印度法系、回回法系、罗马法系、英吉利法系，而中国法系居其一。印度、回回两法系，皆出于教典，与其宗教有关。西洋诸国大率出于罗马法系，英吉利系次之。至中国法系最古，日本当明治维新以前，其制度典章，率皆采自中国，即其刑法，又本乎唐律及明律。逮变法以后，乃大革从前之法制，几一一以欧陆为模范。近年法制，逐渐改良，乃更倡独立之论调。独立云者，非必截然不同，盖必有其特质以自异也。由此观之，一国之法制，固各有其历史特殊者在也。

　　吾国号称五千年文明之古国，典章制度，灿然可观。古昔圣王设官守法(《周礼》所设六官各有专司)，以法为制度之统称。《周礼》言"悬法"，《论语》言"审法度"，皆制度也。若夫《管子》之言"布宪"，《国语》

之言"施宪",《诗》云"率由旧章",《书》云"有典有则",亦即制度之谓也。是法字之义,所该甚广,非仅刑法一端已也。不独法与刑殊,亦且刑与罚殊(《吕刑》言五刑,更言五罚)。特刑统于法,罚统于刑,以之为坊民之用耳。

春秋以降,法学纷歧,或言劝赏而畏刑,或言察情而议制。《汉书·艺文志》云:"法家者流,出于理官,信赏必罚,以辅礼制。"而"理"字引伸其义,则为事理、物理之称。盖事物之理,必因分析而后明。而国家立法,亦必析及毫芒,辨别枉直,故法官亦号理官(有虞氏曰士师,夏曰大理,周曰司寇)。唯儒家、道家者流,则重道德而轻法律。孟子曰:"徒法不能以自行。"荀子曰:"有治人,无治法。"老子曰:"法令滋章,盗贼多有。"故申、韩、李斯、商鞅之徒,为后世所轻视;而典章宪令,乃弃若弁髦矣。此吾国自汉唐以迄明清,绝少成文之法典,而马氏《通考》、杜氏《通典》、郑氏《通志》为吾国考证历代制度之书,而刑制一门要不足赅括法制也。

二、法制与礼制之区分

为人类行为之规范者,有宗教,有道德,有习惯,有舆论,有法令,种类之繁,不可枚举。然在文化较低之社会,其规范至为普通,且有继续之性,则莫不徒存形式而为具体的。故原始社会,举凡宗教、道德、习惯、法律悉包罗于礼仪之中,而规范之外貌反重于实质。人之种种行为但期合于形式而止,而心术则非所问,故原始社会可谓之礼治社会。

礼者,为人类最先之统制力。宗教、道德、法律未分之时,已表示社会力于形式之上而为行为之规范。故无论何等社会,礼治之存莫不先于法治,在中国历史最为显著。唐虞三代之治为礼治,仅足开法治之端范。周时礼治极盛。强秦统一,欲依法治之制,卒至蹉跌。至汉而法制大备,约法三章,作律九篇。唐代礼法分化,尤为著明,法制之进步,至有"律、令、格、式"之别,凡典章礼制,以公法加制裁者,多入律令格式之中。宋代法制改为"敕、命、格、式"(禁于未然之谓敕,禁于已然之谓令,设于此以待彼之至谓之格,设于此使彼效之谓之式)。宋神宗以律不足以周尽事情,凡邦国沿革之政,与人之为恶入于罪而律所不载者,一断以敕,故更其目曰"敕、令、格、式",而律存乎敕之外矣。自兹以后,治国虽实依法治,而学者犹以礼为本,法为末。《管子》之言法治曰:"民知德矣,而未知义,然后明刑以导之义①……民知义矣,而未知礼,然后饰八经以导之礼……民知礼矣,而未知务,然后布法以任力。"是于中国礼法分化之途径,可谓言之适切者矣。《马伦法典》"马那巴达麦萨斯德拉"(*Manava-Dharmasastra*)②者,为印度法系之基本法典。最重要者为《哥尔巴斯德拉》(*Kalpa sutra*)③即印度之礼典,分为祭牺经(Sr=anta)、清净经(Saniskaras)、律法经(Samagakarika)三部④,其第三部实为法典之所自出。故《马伦法典》,盖由礼典分化。古代希腊罗马,其法之由礼分化,可由古代法制中求之。如婚姻依婚礼,养子依收养礼,相续依丧礼。凡百制度,无不与宗教相关联。即《索伦法典》⑤,亦为一种礼典。凡遗存于罗马最古法令《莱极斯莱极》(*Leges Reise*)⑥

---

① 原文为"然后明行以导之义"。
② 今译为《摩奴法典》或《摩奴法论》。
③ 今译为《祭事经》。
④ 原文如此,此处三部经的拉丁转写应为 Shrauta-sūtras, Grihya-sūtras, Dharma-sūtras。
⑤ 指梭伦改革后颁布的法典。
⑥ 可能是指罗马早期法令集 leges regiae。

中者,皆为宗教的礼典。

由是观之今之法制,存乎古礼制之中。人文发达,社会之统制力亦变,于是礼制与法制,遂厘然各为区别焉。

三、法制史研究之纲要及其次序

自来研究历史者,必于纵横两方面加以注意。于纵的方面,当知我国历代法制因革损益之方;于横的方面,当知世界各国法制变化错综之迹。故史之观念,首当了然于主客之界,反而索之我国以明其要,广而征之万国以求其同,综述法制之兴废变迁者,是之谓法制史。

法制史为专史,非普通国史也。中国普通国史之范围颇广,而于法制则记载又甚狭。学者欲识法制实际上之得失,而以其方法为将来改良之工具,悉唯研究法制史是赖。其研究之法有三:(一)依年代说明法制发达之次序;(二)就历代法制分列而条晰之;(三)区别各法学之变迁,以明法制之所以发达,庶乎法制上因革损益之方、变化错综之迹得以有所标准焉。

第一章　法律之起源及其沿革

第一节　上古至周秦间之法律

上古律无专书。《风俗通》云："皋陶谟,虞造律。"《易》云："师出以律。"《左传》云："百官戒惧,不敢易纪律。"可知上古军政官制,皆有法律。特是三代以前,法律与道德,合为一体。试观六经为载道之书,而法律即寓乎其中。如《易》之《讼》与《噬嗑》,《书》之《皋谟》《吕刑》,《诗》之"鼠牙雀角"①,《周礼》之《秋官·司寇》,《春秋》之晋鼎、郑书,皆后世言法律者之鼻祖也。

迨及战国,道德衰微,而法律乃为专门之学。当时法家之书,李悝三十二篇、商君二十九篇、申不害六篇、处子九篇、慎到四十二篇、韩非五十五篇、游棣子一篇,各立门户,专务深文(以上篇名据《汉书·艺文志》)。自此,法律与道德分为两途。言道德者,以法律为苛刻;言法律者,亦以道德为迂阔。后世儒者,薄刑名而不为,皆自战国诸子始。

---

① 典出《诗轻·召南·行露》,其中有云："谁谓雀无角?何以穿我屋?谁谓女无家?何以速我狱……谁谓鼠无牙?何以穿我墉?谁谓女无家?何以速我讼?……"原指因强暴者的欺凌而引起争讼,后喻指打官司。

第二节　汉晋至隋唐之法律

汉兴,除秦苛政,约法三章。萧何取李悝《法经》六篇(《盗法》《贼法》《囚法》《捕法》《杂法》《具法》),增益三篇(《事律》《擅兴》《厩户》),名曰"九章律"。叔孙通益《旁律》①十八篇。文帝除收奴、诽谤律及肉刑,故史迁有断雕为朴、网漏吞舟之喻。武帝诏定律令,张汤益《越宫律》二十七篇,赵禹益《朝律》六篇,合旧律为六十篇、三百五十九章,渐涉繁密。宣帝时,路温舒请删除不果。成帝诏删律为二百章。和帝命陈宠钩校律令,从事删减,其后又除蚕室之刑。而马融、郑玄诸儒,为之章句,从此律学昌明,士遂不敢鄙刑名为小道矣。

魏太和时,命陈群、刘邵等修新律十八篇。晋武帝时,复命贾充、羊祜、杜预等十四人,就汉《九章》增十一篇,遂定新律二十篇。齐武命王植集合《晋律》为一书,复定律二十卷。梁武帝命蔡法度、沈约、范云等损益旧律为三十卷,又修令三十卷、科三十卷。陈时复命范泉、徐陵等定律为二十卷、令三十卷、科三十卷,法纲复繁密矣。北齐删除重刑,造《齐律》十二卷、新令四十卷。北周定律二十五卷。隋文帝命高颎、杨素定律十二卷,嗣复除死罪八十一条,约为十二篇,炀帝又更为十八篇。故律书至隋已可谓简要得中矣。

唐高祖命裴寂等定律五十七卷,太宗命房玄龄等益为九十一卷,大致一依隋律,而改绞罪为断趾,后更除断趾为流刑,又改大辟为流者九十余条。高宗又命长孙无忌等定律为三十卷,共五百条,并撰制为疏,

---

① 指叔孙通制定的有关宫廷礼仪方面的法规《傍章律》。

即今流传之《唐律疏议》是也。其后迭有增删，要以永徽之疏议三十卷最善。论者谓《唐律疏议》，集汉魏六朝之大成，而为宋金元明之矩矱，诚确论也。

第三节　宋元明清之法律

五代承用唐律，周世宗改名《刑统》。宋显德时，定《刑统》二十卷，开宝时益为三十卷，此外又有编敕十五卷，其后迭加删修。元初循用《金律》；世祖简除烦苛，始定新律，名曰《至元新格》；仁宗又集格例成书，名曰《风宪宏纲》；英宗复大加损益，名曰《大元通制》，其刑较唐宋尤为轻恕，然其失在于缓弛。明太祖矫元之弊，初作《大诰》，颇流严苛。后命李善长等总修律令为律二百八十五条、令一百四十五条。洪武六年，又审定明律续律一百二十八条，旧令改律三十六条，因事制律三十一条，掇唐律以补遗一百二十三条，合旧律共为六百六条，分三十卷。九年又厘正十三条。然当时止有律令，尚无条例。十六年取历年所增条例，以类附入。三十年又取《大诰》条目撮要附于律后，从此律令以外又有条例之名矣。弘治十年，增历年条例经久可行者二百九十七条。嘉靖三十年，复加修续。万历十三年，重定为三百八十二条。此有明一代律例之大凡也。清初详释明律，参以清制，名曰《大清律集解》，附例十卷，其后将所有条例，应去应存，详加酌定。乾隆元年逐条考证，分律为四百三十六门，四十七卷，定例一千四百零九条。此后定为十年大修，五年小修。嘉庆、道光、咸丰年间，迭次增修，至同治九年纂修以后，例文增至一千九百九十二条，其后律外又增章程百余条，不免渐涉纷繁矣。清季大加修订，删繁就简，较前切当，光绪三十一年已经删除三百四十四条。至清末,遂改定名曰《现行刑律》,删去二十余门,共存律文四百十四条。复经参照中外法律,锐意司法改良,制定新《刑律》《民律》《民事诉讼律》《刑事诉讼律》各种草案,实为民国法律之所本。

总之,法律与时为变通。开创之初法网疏阔,叔季之朝科条繁重,其大较也。若专论一代之法,汉律始宽终严,明律始严终宽,秦法始终严酷,元法始终宽纵,得宽严之中者,其在唐、宋二代乎。清代虽沿用明律而修订之本,仍根源于唐律也。

第二章　古代宪政之创始

第一节　国会制度

古昔尧舜时代,大事询之四岳,地方事询之十二牧,无普通人民出席之国会也。《商书·盘庚》篇云:"王命众悉至于庭。"而《周礼·小司寇》职云:"掌外朝之政,以致万民而询焉。"是周代已俨具国会规模矣。致万民而询者,即召集议会之意。惟古代之开会,无定时而有定所。当时王有三朝,分为燕朝、治朝、外朝。燕朝(即内朝),王视政讫而退处之所。治朝者(即正朝),王每日视政之处。外朝者,是询于众庶之朝,即普通人民出席之议场也。周时议会之组织(外朝),列图表示于下:

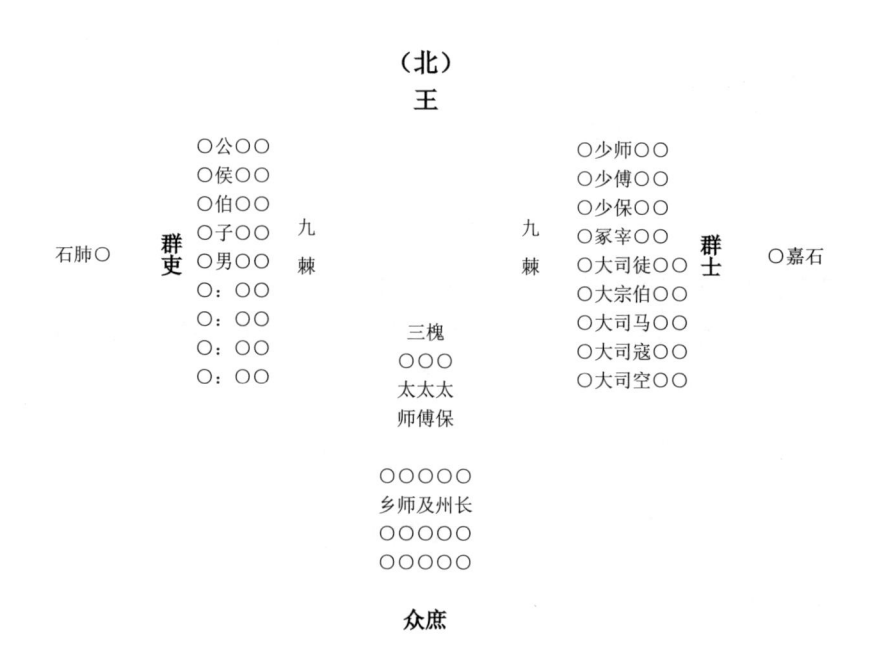

```
                    （北）
                     王

         ○公○○              ○少师○○
         ○侯○○              ○少傅○○
         ○伯○○              ○少保○○
    群    ○子○○  九      九  ○冢宰    群
石肺○ 吏   ○男○○  棘      棘  ○大司徒○○ 士   ○嘉石
         ○：○○              ○大宗伯○○
         ○：○○              ○大司马○○
         ○：○○    三槐       ○大司寇○○
         ○：○○    ○○○       ○大司空○○
                 太太太
                 师傅保

                 ○○○○○
                 乡师及州长
                 ○○○○○
                 ○○○○○

                    众庶
```

《周礼·朝士》职曰："左九棘，孤、卿、大夫位焉；右九棘，公、侯、伯、子、男位焉。而群士、群吏各在后。面三槐，三公位焉，州长众庶在其后。左嘉石，平罢民焉。右肺石，达穷民焉。"

外朝之位置，王南向。自三公及州长众庶，北面。群臣西面，群吏东面（群臣为卿、大夫、士；群吏者，府吏也）。群臣、群吏，即为今之上议院。众庶即为今之下议院也。所以询于众庶者有三：一曰询国危（国危者，国家有兵寇灾害之谓）；二曰询国迁（国迁者，徙都改邑之谓）；三曰询立君（立君者，无冢适选庶之谓）。所谓"国危""国迁""立君"三者，国家之大事也，故决之于万民，召集于外朝而询之。且议场之法律极严整，列席发言皆有规则。

《尚书》"大诰""多士""多方"诸篇，皆以谋及庶人、布告于众为必要。盖当时唯恐士庶有不达之隐。春秋列国之君,亦有集民使言者。陈怀公谋从楚从吴,则召国人而问;卫灵公谋叛晋,则召国人而询;皆为召集民众以议国家大事之明证。

自秦用李斯之言,悉罢诸生之议,偶语者弃市,遂以庶人议政为大禁矣。汉末士大夫评论时政,遂召党锢之祸。宋时太学生上书言事,致被解散之禁。明初许布衣言事,其后卒成东林、复社之诛。至清初而悬为厉禁,及其末季,始有筹备国会之动机。由此观之,国会制度自秦汉以来,宜其不见于历史也。

第二节　立法制度

《墨子·法仪》篇之言曰:"天下从事者,不可以无法仪。"《尚同下》篇则谓:"知者之事,必计国家百姓所以治者而为之,必计国家百姓之所以乱者而辟之。"《孟子》曰:"国人皆曰贤,然后用之。国人皆曰可杀,然后杀之。"①《礼记·王制》篇云:"爵人于朝,与众共之。刑人于市,与众弃之。"此可见庶政公诸舆论。凡国有大事,必博访群情,周咨有众,即为民操立法权之证。

至于国之财用,皆有定制。周官太宰九式,为岁出之大端,曰均节财用。均节者以年之上下,计国用之隆杀,使无羡不足,即《王制》所言制一岁之国用,量入为出也。每岁之终,太宰与司会、太府、司书,会计一岁赋入之大较,而预计明年用出之数,即预算、决算之意。预算,即《周礼》职内所掌赋入之制。决算,即《周礼》职岁所掌赋出之制。以财

---

① 原文应为:"国人皆曰贤,然后察之;见贤焉,然后用之……国人皆曰可杀,然后察之,见可杀焉,然后杀之。"

用之数公之民，即许人民以监督财政之权矣。又古代君主之财与国家之财分异。故《周礼》庖人、太府、太宰之职掌王之膳服，取给于关市之赋，其他则加以限制。西汉之制，大农掌国用，少府掌君主私财。可知国家之公财，与君主之私财，固绝对不容混淆也。

第三节　行政与立法

　　中古时立法之权，不在民而在官，然犹与行政权分立。秦汉以还，虽行中央集权之制，然东汉政归尚书，魏晋政归中书，后魏政归门下，是即内阁制度也。两汉时有大事，廷臣会议丞相府，君主亲临决焉。而议郎博士，以末秩微员，亦得与议，犹可见古者询及群臣、询及群吏之意。唐初立法，区省为三，中书主出令，门下主封驳，尚书主奉行。厥后设政事堂，合门下、中书为一省。中书门下者，立法权所在也；尚书省者，行政权所在也。虽立法之权，不操于民，然立法行政，区划分明，未尝以一人之命令为法律。自汉设给事中，为给事殿中之职。至唐设四员，隶门下，权足与朝廷埒，甚至宰相亦视为进退，可知立法与行政隐然成对峙之势。明代给事中分设六部，其权始轻，立法、行政两权咸集于中央矣。

　　议官之制亦甚古。周有议官。秦置谏议大夫，掌论议，无常员，多至数十人。西汉置谏大夫。东汉置谏议大夫及议郎，凡国有大政大狱，必下博士议郎会议。魏晋以降，皆有谏议大夫。唐至德元年制曰："谏议大夫论事，自今以后，不须令宰相先知。"乾元二年，令两省谏官，十日上一封事，直论得失，后又置补阙、拾遗等官，以掌谏议。此外地方议政，汉制凡郡县各地，皆有议民，以与贱民区别,而守、令①以下,复有议史、议曹诸官,以分理地方之庶务。由此观之,自周秦以迄汉唐其议官之制,虽与现代议员之制性质各有不同,然立法权与行政权固显然区分也。

第四节　弹劾及考试制度

《尚书·舜典》称,舜"命龙作纳言",即为纠察之官。《甘誓》篇云:"官师相规,工执艺事以谏。"②盖自公卿至于百工,均各以其职谏,则言路甚广,不仅限于谏官也。秦汉之制,御史大夫与丞相、太尉并列上卿。汉御史大夫有两丞:一为御史丞,一为中丞。中丞外督部刺史,内领侍御史,受公卿奏事举劾案章,盖居殿中以察举非法也。后汉时,中丞与尚书令、司隶校尉,朝会皆专席而坐。晋因汉制,以中丞为台主,与司隶分相百僚,自皇子以下,无所不纠。后魏为御史中尉,王公百僚,皆出其下。唐代设御史一台,与尚书、中书、门下三省并列,而独立于五监九寺六部之上,凡明刑宪典章,纠察弹劾,皆使掌之。宋代因之。元之御史与中书省、枢密院鼎立,而以御史台为掌默陟之所,其长即为御史大夫。

明代改为都察院,以左右都御史为长,纠劾百官,辨明冤狱。其下置左右副都御史、左右佥都御史,后更增为十三道监察御史,以纠察内外百司之官邪,并以外官之总督、巡抚、提督等,兼任都御史或副佥御史,以治其隶属之官吏。清代之制,与明略同,唯都察院左都御史及左副都御史则设于中央,而右都御史及右副都御史则由外省之总督、巡抚兼任。都察院中分为二十一局,由六科给事中(六科即依吏、户、礼、

---

① 指太守、县令,分别为汉代郡、县两级地方行政长官。
② 应为《尚书·胤征》篇。

兵、刑、工之六部,分科以监察之)及十五道监察御史(明为十三道,清增至十五道,分京畿、河南、江南、浙江、山西、山东、陕西、湖广、江西、福建、四川、广东、广西、云南、贵州等)分任之。从其区分,弹劾其官吏之违法并奏陈政务。故综御史之职权,约分数项:

(一)检阅行政事务;(二)调查会计;(三)弹劾官吏;(四)伸直冤抑;(五)封驳章奏;(六)给发敕书;(七)考核官吏;(八)干预终审裁判;(九)纠正朝仪。

总而言之,都察院之职权,为监察行政之得失,辨官吏之邪正,伸人民之冤抑,兼得干预终审裁判。在自昔专制时代,得是以纠正立法、行政、司法之非,其制固未尝不善。唯司法独立终审裁判应属于最高司法机关,而第二项之调查会计应属于国会及审计院。

考试制度,当尧舜时代业已实行。《舜典》云:"敷奏以言,明试以功。"又云:"三载考绩,三考,黜陟幽明。"可知古代用人,必先考以言,继试以事。如尧以治水试鲧,"九载绩用弗成",始改用禹,乃告成功。又尧欲让位于舜,试舜以"慎徽五典""纳于百揆""宾于四门""纳于大麓",而舜能令"五典克从""百揆时叙""四门穆穆""烈风雷雨弗迷",乃禅位于舜。所谓询事考言,乃底可绩也。周代用选举之制,而学校之制亦渐备。凡乡大夫举乡之俊秀于司徒,曰选士;司徒又举选士之俊秀于学,曰俊士;俊士既举于学,曰造士;大乐正又举造士之俊秀于司马;司马论其才,授以官,然后赐爵与禄。

秦时无选举之法,至汉世始稍备。其取士共分三种:贤良方正、孝廉、博士弟子是也。其考试儒者以经学,考试文吏以章奏。后汉以简试为常法,颇称得人。及魏之时,置州郡中正官选举人才,以学行之差,别为九等，各授以官，称为"九品官人法"。东晋初，举孝廉、秀才，先试以策论，后复试以经义。北周则郡举孝廉一人，州举秀才一人，其明经修行者为孝廉，高才博学者则为秀才。自魏晋至六朝，其制大略相似。隋时，始设进士科。至唐取士之法益密，京师分设诸学馆，州县则设诸学校。凡已卒业者，送之尚书省受试，谓之"生徒"。若不列学馆者，先由州县受试，既中选者，送之京师，亦至尚书省受试，谓之"贡举"。此外待天下非常之士，则君主亲策试之，谓之"制举"。凡生徒及贡举，有秀才、进士、明经诸目。此外考试官吏分为身、言、书、判，身须体貌丰伟，言须言词辨正，书须楷法遒美，判须文理优长，此较古代询事考言之制而加密矣。

自宋元以迄明清，其制大略相同。除普通考试外，如宋代之词学兼茂科，清之博学宏词科，一时得人称盛焉。要之，考试权独立，与任用官吏分为两种机关，以考试定其资格，更以资格决其任用。庶几行政司法机关长官，得凭是以为标准，而政治界乃有澄清之望也。

按，中山先生所规定之五权宪法，除立法、司法、行政三权外，加入考试、弹劾二权，主张此五权应各各独立，以为考试为中国最良好制度，而弹劾制尤为可采之法制。中国自昔专制政体，得此以调和人民与政府之隔阂。盖中山先生体察中国国情，由经验而发明者也。

第五节　司法独立制度

《尚书·立政》篇云："庶言庶狱庶慎，文王罔敢知。"所以明君主不能干涉司法权也。《孟子》言皋陶执瞽瞍,由于法有所受。所以明法为一国所遵守,君主亦不能以私违之,即法院独立之意也。汉张释之有言:"廷尉,天下之平也。"魏高柔有言:"岂得以自尊喜怒毁法。"足证司法之权,不操于君主而操于法院。宋太祖建隆定制,凡诸州罪案,皆由刑部主持。明清定制,各行省中有布政使以理财牧民,有按察使以理刑狱,此即司法与行政分治之确证。至周礼六官,司马司寇,各司其职。《左传》称赵宣子为法受恶,法不为权相屈,此亦司法独立之已事也。

(1) 法官之选任。《尚书》之言刑法者,有《康诰》《吕刑》。《康诰》者,成王命康叔为司寇之词。《吕刑》者,穆王命吕侯为司寇之词。可知古代任命法官,皆郑重出之。重法官正所以重民命也。且《康诰》所载成王之对康叔封曰:"非汝封刑人杀人,无或刑人杀人。非汝封又曰劓刵人,无或劓刵人。"足证古代法官权力之尊矣。非特此也,古代法官大都为终身官。虞舜摄政之初,即命皋陶作士。至大禹时,仍命皋陶作士。"明于五刑,以弼五教。"其时已阅数十年,而皋陶之任士师如故也。周时苏忿生世为周司寇,至东周未替,则法官不独终身已也,且从而世袭矣。

(2) 陪审制。陪审官之制,所以辅法官之不逮。此例始于英,而盛行于欧美各国。即《周礼》之三讯公定刑宥之意。周之小司寇以三刺断庶民狱讼:"一曰讯群臣,二曰讯群吏,三曰讯万民。"群臣、群吏、万民,即寓陪审之意。其他商人之诉讼,有司市,听大治大讼;胥师、贾师,听小治小讼,此即审判商人用陪审官之证。又《周礼·大司徒》"凡民讼,以地比正之",《汉志》"啬夫听狱讼",是乡官亦有听讼告之权,此即本土人民之充陪审官者也。

第三章　地方自治制度

中国古昔所行之自治制度,有二大系统:一为社团的自治制度,一为地域的自治制度也。即一行于以人所组织之团体,一行于土地区域上之团体。而此二者又各备二种之形态:为社团的自治者,有会社,有公益机关;为地域的自治者(即地方自治),有保甲,有乡村是也。会社及公益机关之组织,兹不具论。兹专就地方自治制度而论之。

地方自治,由来甚远。古今东西各国,无地不有此制度。近世国家所谓自治者,乃某团体为国法所认固有之生存目的,而处理其团体公共事务之谓也。故国家欲补行政机关之不备,使人民编成某制度,而国家亦因此达其生存之目的。如日本旧时五人组制度,中国古代之五家为比,及宋明清之保甲制度,皆属此类。

第一节　周秦至汉唐之地方自治

《周礼·地官·大司徒》曰:"令五家为比,使之相保;五比为闾,使之相受;四闾为族,使之相葬;五族为党,使之相救;五党为州,使之相赒;五州为乡,使之相宾。"由是观之,周代五家之组合称为比,二十五家为闾,百家为族,二千五百家为州,一万二千五百家为乡。而所谓相比、相受、相葬、相救、相赒、相宾者,即合作互助之精神也。至司徒教官之职,乡有乡大夫,州有州长,党有党正,族有族师,闾有闾胥,比有比长,各司其部下之治。又《周礼》遂人职曰:"五家为邻,五邻为里,四里为酂,五酂为鄙,五鄙为县,五县为遂。"此皆古昔周时社会之组织也。

管子之治齐也,作内政而寄军令。其制国以"五家为轨,轨为之长;十轨为里,里有司;四里为连,连为之长;十连为乡,乡有良人焉,以为军令。"即古代征兵之制,皆由地方自治以为之基:

> 五家为轨,故五人为伍,轨长帅之;十轨为里,故五十人为小戎,里有司帅之;四里为连,故二百人为卒,连长帅之;十连为乡,故二千人为旅,乡良人帅之;五乡一帅,故万人为一军,五乡之帅帅之。

又《管子·立政》篇云:"分国以为五乡,乡为之帅;分乡以为五州,州为之长;分州以为十里,里为之尉;分里以为十游,游为之宗;十家为伍,什伍皆有长焉[①]。"《尉缭子》曰:"军中之制,五人为伍,伍相保也;十人为什,什相保也;五十为属,属相保也;百人为闾,闾相保也。"

由以上观之,管子之治齐,关于内政,有轨、里、连、乡之组合;关于军令,有伍、戎、卒、旅之编制。而村邑制亦曰伍,与军制之所谓伍,其间有互相密接之关系存焉。

《史记·商君传》曰:

> (秦)以卫鞅为左庶长,卒定变法之令。令民为什伍,而相牧司(谓相纠发)连坐。不告奸者,腰斩。告奸者,与斩敌首同赏。匿奸者,与降敌同罚。

[①] 原文应为"十家为什,五家为伍,什伍皆有长焉"。

《荀子·议兵》篇曰：

秦人其生民也郟陿(一作狭隘)，其使民也酷烈，劫之以势，隐之以陿，忸(与狃同)之以庆赏，酋(凭借之意)之以刑罚，使天下之民，所以要利于上者，非斗无由也。陿而用之，得而后功之，功赏相长也。五甲首而隶五家。

然则在秦亦有五家及十家之组合，组合之内，若有犯罪者，互相纠发，此与欧洲古制无异。

自秦汉至魏晋南北朝，皆有乡党版籍之职役。至隋唐其制益备，依唐令，诸户百户为里，五里为乡，四家为邻，三家为保。每里设里正一人，掌按比户口，课植农桑，稽查奸宄，催课赋役。又在邑居者为坊，坊置坊正一人。在田野者为村，村置村长一人(参照《文献通考》)。而里正、坊正等，皆非官吏。又其职务最重警察、收税二事，遂为宋以后保甲制度之滥觞(日本中古时代模仿唐制，坊里之制，无异中土。又后世五人组制度，其起源于是)。

第二节　宋代之地方自治

宋神宗用王安石变法，其实行地方自治，即为保甲制度。按其性质，虽渊源于周官之遗制，然周代之州长、党正，其职务极为复杂，与保正、甲长之制仅为警察之补助，究属不同。至近世国家之自治，实基于共同自营之必要，自地方人民思想而发生，不假官吏之权力，而宋之保甲制度则反是。当其初亦颇纲纪井然，其后政府颓废，命令不行，保甲制度，亦从而败坏。盖一为自动的自治，一为他动的自治也。

宋代保甲，其法十家为一保，五十家为一大保，十大保为一都保。每保置保长一人，每大保置大保长一人，每都保置都保正一人、副一人，皆由众所选举。每户有两丁以上者，选一人为保丁，每一大保，夜轮五人，任捕盗之责。凡在同保中"出入相友，守望相助"。此皆地方自治之基础，亦即警察补助之机关也。不特此也，安石之意，实欲变募兵为征兵，而借保甲为之造端。宋时所谓义勇，数多而无用。安石盖欲用其形式而变其精神，此立保甲之本意也。惟其后元祐推翻新政，而保甲制度，亦因之颓废矣。

第三节　明代之地方自治

中国历史上自治之发达以明为最。唐宋时代之自治制，已述于前。更追溯唐虞三代之制，虽莫可详究，而周代之自治制则备载于《周礼》。自汉至唐，虽亦采取自治，然未尝完全实施。至于唐或废而不行，宋尝行之而未普及。迨至有明，其治甚整。故自治制之完备以明为最。

明之自治制，以十家之组合为单位，名之曰甲，甲有首。百十户为里，其中十户为长，长以丁粮之多者当之，十年为一周。里中设有乡约亭、里社坛、社仓、社学。乡约亭，为揭示一里规约之处。里社坛，以祀五谷之神而祈禳丰饶者也。社仓，以储粟米而备凶年者也。社学，则由公共延聘教师以教育里中子弟者也。以乡约决词讼，以里社举祭礼，以社学施教育，以社仓主救恤，诉讼、警察、祭祀、教育、救恤诸务，悉为此组合内处理之事。

乡约虽按里规定，不拘于一，要皆期一里之亲睦各慎其身、不染邪僻、不匿盗贼为宗旨。每月定日,集于会所,里长、甲长等与甲中之父老共讲法令,以晓谕群众。故乡约之规定,盖一则摈邪僻、防盗贼,以计一里之亲睦;一则详订户籍,编查人口,而知其增减与生死也。当时所讲之乡约,有明太祖所钦定之训谕,其主要者有六:

> 孝顺父母,尊敬长上,和睦乡里,教训子弟,各安生理,勿作非为。

最后"勿作非为"一言,即令人民不可作非法之行为。而当集会之日,立太祖训谕于正中,南面向前置案一。乡之长者与年之长者及约长、约副等列于左右。其后则为里中一般人民。其下方置有讲案,以讲乡约及保甲之规约。其集合则择以合宜之寺观社庙,约以定日,除有不得已事故外,不得不到。

又为明了里中之户籍计,造一牌式,由保正、约长限一日顺次转于各户,将其户内之人口、年龄、职业及系自宅或借宅,及身体如何,一一载之。

里社每社立坛一所,以祭五谷之神而祈丰熟。春秋二社为大祭,祭用牲牢酒醴。祭毕,则一里之人,相与设宴而饮。会中一人起立,朗诵抑强扶弱之誓,其词曰:"凡我同里之人,各守礼法,勿以势力而陵羸弱。违者先治之,然后经官。贫无所依者,则周给其家三年。有婚姻丧葬,则量力相助。违抗众议,及为各种非为者,不准入会。"其会中之次序,皆以长幼为别。

古代乡饮酒礼之制,每三年集一乡之人而为酒宴。其时乡大夫为主人,乡之父老为宾客,而推父老中宿老一人习知礼仪者为正宾,其余为众宾。乡党尚齿,故以年之少长定坐次。酒宴之时,乐人歌诗奏乐,而始终揖让进退之仪式颇繁碎。盖此礼者明长幼之节、习宾主之仪,所必用者也。

社仓自其里中各户之收入,提取几分储积,专为备荒之用。盖社仓之制,由来已久。《周礼》有委积之法。汉以后隋唐之际,有常平仓、义仓、社仓。明因宋之社仓法,每里置之,因贫富而定纳谷之多少。

社学,于明洪武八年,诏立社学。十六年以后,各地尽行设立,皆延师儒而教民间之子弟。关于社学事务,地方官吏不许干涉。其教科则选鄙近而多供实用者,专以道德普及为目的,故《御制大诰》(明太祖制定教民之书)为必读之书。其奖励之策,工读《大诰》者,赴京师由礼部考试,按其所诵之多寡为赏赐。《大诰》之外,如律令等,亦须常习。而入社学与否,则听各人之自由。国家及保正、约长,不能强迫之也。

明末改里甲之名曰保甲。其性质实同,而其名稍异耳。而保甲在当时著有成绩者,如王守仁之于江西,周孔教之于江苏,皆其著名者也。周孔教之法,以城内治所为中央,每保统十甲,置保正、保副;每甲十户,设甲长一人。以东西南北区分之,有东一保、东二保、东三保之名,西、南、北亦如之。其在外之保正副,以城内之保正副统辖之。例如城内之东一保统乡间(即城外)之东一保,东二保统乡间之东二保,其监督之方法,不加以国家之干涉。

以上组合之法,水上亦行之。严州有地曰七里泷者,以舟相组合如户里。当时七里泷地方,有渔舟数百不时出现,掠夺财物。遂令每十艘编为甲,自掌警察事务。若过犯者,十甲悉负其责任。此与各国自治制度相似,不得谓非吾国开化之早也。

第四节　清代之地方自治

第一款　保甲之组织及其沿革

清初令各州县行保甲之制。凡各州县所属之乡村,十家置一甲长,百家置一总甲。若有盗贼、逃人、奸宄等事,自邻佑报知甲长,甲长报知总甲,总甲申告于州县衙门,州县衙门审查事实。若一家有隐匿盗贼及其他之犯罪者,而邻佑之九家、甲长、总甲不为其报告,俱以罪论。是为清代采用保甲制度之权舆。

惟地方之情状,全国难期同一。故或设里社之处(顺治十七年设),则有里长、社长之名;或设图及保之处,则有图长、保长之名。满人则别置领催,不置里长等。乾隆以后,改称甲长为牌头,以甲长置于牌头之上,保长称为保正,保甲之制至是而大备(详见《乾隆会典》)。凡保甲,直省府县自城市达于村,居民十户立牌头,十牌立甲长,十甲立保正,户给印纸,登记姓名及职业,悬于门楔,以稽出入往来,诘奸禁宄。有藏匿盗匪及干犯禁令者,甲内互相觉举。如官吏奉行不善,及牌头、甲长、保正瞻徇容隐,或致需索扰累者,皆论罪。此乾隆之制,所谓十家设牌头,十牌(即百家)设甲长,十甲(即千家)设保正,与顺治之制,十家置一甲长,百家置一总甲,其大体虽无变更,而编制稍形差异矣。

当时政府务求此制度之普及,北京附近屯村之小作人,江海之渔民,广西、云南、贵州等熟苗、熟獞①之间,亦厉行之。嘉庆重修《会典》,

---

① "獞"字系过去对居住于我国广西、云南、广东一带少数民族的侮辱性蔑称,后作"僮",即今天的壮族。

以此制移于户部之职制中而规定之,其编制则与嘉庆《会典》之所定同。又定当施行此制常之区域,凡城市、乡屯、灶(各盐场井之灶户)、厂(矿厂之丁户)、寺观(寺院之僧侣、道士)、店埠(商民在本籍地之外为贸易、营产业者)、棚(各省山居之棚民)、寮(浙江、福建、广东沿海附近之炮台、塘汛、各岛之寮民)、边徼(边外蒙古地方之住民)皆编之,凡海船亦令编甲焉。是其施行全国,其意甚明,然其后奉行不力,渐次归于废弛矣。

清末保甲编制,依乾隆以来之所定,无所变更,十家为牌,牌有牌头;十牌为甲,甲有甲长;十甲为保,保有保正。凡编保甲,每户给以门牌,书其家长之名,与其男丁之数,而岁更之,稽其犯令作慝者而报焉。保正、甲长及牌头,人民公选之,经该地方官厅之认可就其职,限年更代之。其被选资格,以诚实识字且有身家者(详见嘉庆《会典》)。而因统辖保甲之职务,设特别之机关,例如于北京城内有步军统领、兵马指挥使等;于各省有保甲总局及分局,其长官以道尹及府县官之资格充之;在一般州县,则县知事直接统辖之,保正以下,承其指挥监督而执行职务。

第二款 保甲之职务

保甲之职务,得分为警察、户籍、收税三者,而其中以警察为最重。各户籍不过因警察及收税之必要而行之者。盖户籍编查严密,便于纠察盗贼奸宄之窜匿,并得按户催科,无遗漏税收。然自康雍朝将丁口税并于地税以来,编查户籍之事因而废弛。即至征收地税,亦多为州县胥役直接所管理,不过一保甲内有滞纳者,则保甲负共同之责任而已。至嘉庆朝而又有变更,其时因福建省之牌、甲、保长大都为避免招怨,不愿承充。其后遂将缉拿人犯、催征钱粮二事,不派牌、甲、保长,专责成以编查户口,稽查匪类。凡有匪徒藏匿,令其密禀地方官,作为访问。据嘉庆《会典》所载,以"保正以下之职务,仅稽其犯令作奸而报焉"。其用意以为保甲之设,除莠安良、稽查奸宄、肃清盗源,实为整顿地方良法。由此观之,保甲制度之所重者,在于警察一事,不亦明显耶?

兹关于保甲之事务,不可不一言者,即共同担保及共同责任之制是也。顺治元年之编制,据《皇朝掌故汇编》有云:"若一家隐匿,其邻右九家、甲长、总长不行首告,俱治以罪。"又乾隆《会典》亦云:"有藏匿盗匪之干犯禁令者,甲内互相觉察,如官吏奉行不善,及牌头、甲长、保正瞻徇容隐,或致需索扰累者,皆论。"盖于此种之团体,设共同担保及共同责任之制,东西诸国其揆一也。即谓保甲之真髓在兹,亦无不可。顺治初制之精神所以能传至数百年者,此也。

第三款　乡老之任务

周代有三老啬夫之制。至汉高三年,令民年五十以上,有修行、能率众为善,置以为三老,择乡三老一人,为县三老。元时于村邑之间,则有农社,择高年晓农事为之长,负督教之责。凡疾病、凶丧、农桑旱涝,均由社中人自相营救。明初最重耆老,令州县设立"老人"——亦称"里老",选年高有德、众所信服者,使劝民为善,并由其乡之词讼、户婚、田土、斗殴等事件,许会同里胥而决之。至宣德年间而废除。

清初亦有耆老,其制与明略同,虽其职务不过宣谕王化,无地方之责,非州县之乡约可比。而就地方自治之本质考之,则乡老之制殆为相近。英人斯密斯氏述我国村政之梗概(Arthur H. Smith, *Village Life in China*)[①],其言曰:

---

① 即美国著名来华传教士明恩溥(Arthur Henderson Smith, 1845—1932),此处作者误为英国人。

中国之村政，委于村民之自治。然其实能任事务者，非村民之全体，仅二三人而已。故推测其自治，谓纯依民政主义，则不免误解。而村者虽各呈一小王国之状态，但基于地形及其他之事由，合数村处理其事务者，亦不少也。

担当一村之事务者，其役名及职务各地不同，惟概定之，则村者有一人为之长，此称为乡老，或云都长，或又云守事人（亦有称为村正、村副等名者），其就任依村民之公选，经知县认可，与保甲之长同。又其选任之资格，别无规定。因此不必村内之年长者，且不必资本家及智识阶级，唯大抵以有身家兼有德望者，不用选举，自然为村民所推戴者而任之也。关于乡老职务之事项，虽有种种，得分为县署之委任事务、村之公共事务及仲裁事务。

（一）县署之委任事务。此种事务中最重要者，征收地税也。其税制及收税方法，各地不同。此外运输县署需要物品，供给修缮堤防材料，或管理道路等，皆属此种事务。

又我国有称地保及地防者，土著之警察吏也，为乡长与知县之中介。至乡长与保甲长及地保与保甲长之职务关系，俱无成文法之规定，大抵依习惯法执行之。

（二）村之公共事务。此种之事务最著者，为圩堡之筑造修缮，市场之开设并管理，庙宇、道路、桥渠之修筑等。虽依各地之情形而不一定，凡一村之共同事业，皆为乡长之职务，而当执行者也。而因此等之事务，村民每月朔望，集镇中之庙社开会议，以乡长为议长，依其议决而执行，是为常例。

（三）仲裁事务。关于家族间之纷争，又村民相互之纠葛等，乡老当仲裁之任。

综以上所述,与近世国家之自治制似有所相合。然地方行政尚未整备,实为他动的自治,不得谓为自动的自治。盖欧洲诸国所谓自治者,基于共同自营之必要,自地方人民而发生,不假官之权力而为之者也。

清季之地方自治制,渐臻进步。当光绪末年,颁行《城、镇、乡地方自治章程》,规定"凡府、州、县城厢地方为城,其余市镇、村庄、屯集等,人口满五万以上者为镇,不及五万者为乡"。此种章程列举各地方之职权:(一)本城、镇、乡之学务;(二)本镇、乡之卫生;(三)本城、镇、乡之道路工程;(四)本镇、乡之农工商务;(五)本城、镇、乡之善举;(六)本城、镇、乡之公共营业;(七)因办理自治事务筹集款项等事;(八)其他因地方习惯,向归绅董办理,素无弊端之事。至其组织,城镇设议事会以为议决之机关,设董事会以为执行机关。乡则设议事会以为议决机关,设乡董以为执行机关。议事会议员,均由选民选举。而城镇董事会之总董(一名)、董事(一名至三名)以及乡董(一名),则由议事会就本区内选民中选出,并呈请该管地方官遴选或核准任用之,又城、镇、乡自治职各以该管地方官监督之,此最初之编制也。

宣统元年,第二次复颁行《府、厅、州、县地方自治章程》及《京师地方自治章程》,其职权均系列举。京师与各府、厅、州、县之规定者相同,即(一)地方公益事务,关于府、厅、州、县全体或为城、镇、乡所不能担任者;(二)国家行政或地方行政事务,以法律命令委任自治职办理者。至其组织亦皆有议事会及董事会,京师则分二级即区议事会、区董事会与总议事会、总董事会,其议决执行机关即分属之。若各府、厅、州、县以议事会、董事会为议决机关,以府、厅、州、县长官兼为执行机关。又自治监督,在京师则以内外城之巡警、各区区长为监督,巡警总厅厅长为总监督,均受成于民政部。在府、厅、州、县,则由本省督抚监督之,亦受成于民政部及关系各部。

要之,清代地方自治,系以城、镇、乡为下级,府、州、厅、县为中级。当时规定此种章程,以城、镇、乡自治机关,限于宣统元年成立;府、州、厅、县自治机关,限于宣统二年成立,但未及实行,而清社已屋矣。

第五节 乡官

《周礼》大宰职之言曰:"吏,以治得民。"而《管子·权修》篇亦曰"乡与朝分沿"①。又曰:"有乡不治,奚待于国。"是古代地方之分权几与中央之权相埒。而乡官、地官之职,自州长以下,有党正、族师、闾胥、比长诸职;自县正以下,有鄙师、邻长、里宰诸官。又《汉书·百官表》所言,亦谓县令、长,皆秦官,掌治其县;万户以上为令,减万户为长,皆有丞、尉,是为长吏(县令、长、丞、尉,皆政府所命之官,如日本所谓市、町、村各长);百石以下有斗食、佐史之杂,是为少吏(少吏诸官,大抵皆众民推举,即欧美各地方参事会之意)。北魏孝文时设邻长、里长、乡长之职。至隋文即位,乃尽罢乡官,试即乡官之义务考之。《汉书·百官志》②云:"三老掌教化,乡师、轨长掌军旅,闾师、里宰征赋税,遂人稽民教,啬夫听狱讼,游徼、亭长禁盗贼,此皆古代乡官之职权也。"又其时选举之权,亦属于乡官。考之周制,乡大夫三年则大比,考其德行道艺而贤能者。乡老及乡大夫,帅其吏,与其众寡,以礼宾之。乃献贤能之书于王,王再拜受之,登于天府。此所谓"使民兴贤,出使长之;使民兴能,入使治之"者也。又州长三年大比,则大考州里,以赞乡大夫;党

---

① 原文应为"乡与朝争治"。
② 应为《后汉书·百官志》。

正正岁属民读法,而书其德行道艺;族师月吉则属民读邦法,书其孝弟睦姻有学者;闾胥既比则读法,书其敬敏任恤者;司谏以时,书其德行道艺,辨其能而可任国事者。遂大夫三岁大比,则帅其吏而兴氓(兴氓,谓黎民贤者、能者),明其有功者,属其有地治者,足证当时人人有被乡人选举之权,亦人人有选举乡人之权矣。

第四章 家族社会制度

我国法制存于古代礼制之中,故法制实为礼制之进化,而礼制之最重要者,则冠、婚、丧、祭是也。就中除冠礼自周以后其制殆已浸失,祭礼则具有宗教之仪式外,而婚礼与丧礼与现代之民法、刑法息息相关。盖上古由图腾社会而进于宗法社会,于是族制政体乃告成立。吾人研究法制之由来,不可不首先注意之也。

第一节 婚姻仪式

上古男女杂居,无婚姻之式、夫妇之别。至伏羲氏始作嫁娶,实为人伦之肇始。自是男女有别,夫妇有序。至夏商周三代而益大进化,凡娶女必求异姓,故民族虽别,但同姓则不通婚姻。此即现代民法中规定同宗及亲属不得为婚之制也。其婚嫁之年龄,规定男子三十而娶,女子二十而嫁,是为常例。此即限制早婚之遗意也。其婚娶之仪,有纳采、问名、纳吉、纳征、请期、亲迎六礼,此礼至今犹存,兹分述之:(一)凡娶女以雁为贽,先由媒氏通告其父母,是曰纳采;(二)女父母许之,再问女名,是曰问名;(三)媒氏归婿家卜吉凶,若吉则遣使往告之,是曰纳吉;(四)然后用玄纁帛十、皮二(俪皮),以成婚礼,是曰纳征,此即现代民法中规定以纳聘财及婚书为婚约成立之要件也;(五)请成婚之期,是曰请期;(六)婚之日,婿衣礼衣乘黑车,至女家亲迎之,是曰亲迎。当时自王侯至士庶人,皆行此六礼。

春秋时,诸侯嫁女于列国,必使侄、娣从其姑姊同嫁,名为从媵。若夫人死,则以侄、娣代之。故诸侯一娶九女,天子于后之外有夫人、嫔御、世妇等,即庶人亦许娶妾。虽有因继嗣为此者,实则一夫数妻之遗习也。

  按,我国现代法制本无关于妾之规定,前大理院解释亦曾认妾为无夫之妇,当然无名义之可言。

秦汉以后,婚姻之仪式,大略从上古之礼。惟其时长安闾里之民于嫁娶之先,有论财货之多少者,殆类于买卖婚之制。至门阀之制(寒门不得与世族结婚),以两晋为最甚。早婚之弊,以后魏为最多(后魏之帝王及贵族,年仅十三四者多已成婚),此则其例外也。

第二节 丧葬制

古代丧服之制,所以寓"报本返始"之意,亦即示亲属之等差也。《仪礼》定制:子为父母服斩衰三年(古时为母服齐),自天子至于庶人皆同。故孔子告宰我以"三年之丧,天下之通丧"。孟子告然友以"三年之丧……自天子达于庶人,三代共之"。其他祖父母、伯叔父母、兄弟之丧期,则服齐衰一年。从兄弟之丧期,服大功九月。从伯叔父母及再从兄弟、外祖父母之丧期,服小功五月。族伯叔父母及族兄弟丧期,服缌麻三月。历代以来,遂垂为定制(其详可参考《服制图》)。故旧律亲属范围,即以服制为根据。而刑罚之轻重,亦以服制之远近为比例。

汉文帝遗诏短丧,遂以日易月,定三十六日为三年之丧期。后以丧期太短,有违古法,因而中止。《元史》载诸职官父母亡,匿丧纵宴乐,遇国哀,私家设宴乐,并罢官不叙。是元人之于丧礼,又未为不慎也(清代刑律所载"匿父母丧"及"居丧嫁娶"皆处以罪刑,亦本此意)。

古者人死必于正寝,既死而复,呼其魂也。于是有沐浴含饭之制、小殓大殓之礼,各以贵贱而区等级。至于衣衾棺椁,务尽其美。棺厚七寸,椁称之。自天子达于庶人,一也。大殓既终则殡,天子七月而葬,诸侯五月而葬,大夫三月而葬,士、庶人逾月而葬。太古之民,不知葬亲,委之于壑。厥后厚衣以薪,葬之中野,不封不树。黄帝易以棺椁,夏、殷又为之加厚,至周而其制更备。至合葬归葬之制,周时已皆有之。至魏晋之世,盛行相墓之术,察土地之美恶,卜埋葬之吉凶,遂为后世风水之说所肇始。故清代刑律所载"凡有丧之家必须依礼安葬,若惑于风水及托故停柩不葬者"处罚,所以正风俗也。

第五章　经济制度之变迁

我国古代以农业立国,自神农氏以耒耜之利教天下,于是由游牧时代而进于耕稼时代,则民皆土著矣,并使民日中为市,实为商业之权舆。

于时农出粟、女出布,其他制造亦渐兴,人群彼此相需交易起焉。交易之起,以物易物而已。既而生物日多,用物日广,人事愈进化,始知以物易物之不便。于是易中之制兴(易物之易,名曰易中,见严译《原富》上篇)。然神农氏以来,易中之法,漫无定准,山居者以皮,水居者以贝(贝为上古货币之一种,故文字若货财、买卖、贩贾、赂贿、赁贷等,悉从贝字)。但皮若割裂而不完,贝又携带而不便,皆为商业之梗。黄帝范金为货(货形似刀,谓之金刀),而泉币兴焉。虽历代制度各异,而易中之法至今遂无以易。又因定物之价格,黄帝命隶首作数,而制为器,由是度量衡之制,亦以发明。

其时国家之经济制度尚未发布,自夏用贡法,什而取一,是为田赋之始。又古时设立关市,稽而不征,所以防御暴客也。自周代征商法条例施行,故货贿有税、列肆有税,而税制以兴。

第一节 田制

第一款 夏商周之田制

唐虞之时,教民稼穑,树艺五谷,特设后稷之官。夏禹之时,治平水土,辨别土壤(《禹贡》所称"厥土惟白壤""厥土黑壤""厥土白坟""厥土赤埴坟""厥土惟涂泥""厥土惟壤""厥土青黎""厥土惟黄壤",实为研究地质之最先发明者)。当时九州之地定垦者(九州为冀、兖、青、徐、扬、荆、豫、梁、雍),达九百一十万八千二十顷,有农宰以掌理之。《周礼》以遂人治田野、匠人为沟洫,此外尚有农师、农正及司稼、稻人诸职,足征三代之注重农业、勤心民事矣。

凡田野初辟之时，各因其力以受相当之土地而垦殖之。此人群始级之公例也。故古时田制无可考，自三代以来，始有一定之法。

夏时以田五十亩为一间，十间为一组，十人受一组之田。商周用井田之法，区画田野，为井字形，外为私田，中为公田，八家各受私田一区，而助耕公田。商以六百三十亩为一井，家受七十亩。周以九百亩为一井，家受百亩。三代时虽一民家之所受，或五十亩，或七十亩，或百亩，少有差异，然其实际，广狭略同，此我国古代均产之制度也。

周制，民年二十，受田百亩，年六十归之，次子称余夫（二十五亩），一人之所受，皆有定额，故无甚贫甚富之民。及战国之际，魏李悝教民尽地力，秦商鞅废井田，开阡陌，任其所耕，不立分田之制。各国亦破井地、慢经界，而井田之制，遂荡然不可复见。此孟子所以有"经界不正，井地不均，谷禄不平"之叹也。

> 按，马氏《通考》之《田赋·序》曰："三代而上，天下非天子之所得私也；秦废封建，而始以天下奉一人矣。三代而上，田产非庶人所得私也；秦废井田，而始捐田产以予百姓矣。秦于所当与者取之，所当取者与之。然沿袭既久，反古实难。欲复封建，是自割裂其土宇，以启纷争；欲复井田，是强夺民之田亩，以召怨偫……一或变之，则反至于烦扰无稽，而国与民俱受其病，则以古今异宜故也。"

第二款　秦汉之田制

井田既废，由共有之制，一变而为私有之制。于是土地所有权，因之发生。豪强日肆兼并，贫弱致无立锥，或佃作富人之田，输其收获十分之五于地主，而贫富之悬殊乃益甚，于是社会经济问题亦因之以起。

论者谓开仟陌,废井田,为商鞅罪,不知实因时代之趋势使然。其原因有三:(一)西周井田之制,自犬戎乱后,平王东迁,而西戎诸国俗与华殊,故井田久已废坏,所存者仟陌之迹而已。商鞅欲尽地力、图富秦,乃并其阡陌之迹而去之,为因时制宜之道。(二)三代之时,山林斥卤,积声辟治,足给其民。其后生齿日繁,余地日少,盖人口之孳乳无穷,而土地之数量有限。(三)秦以后,谋规复井田之制者,不乏其人。董仲舒之创限田制,以塞兼并之路。师丹、孔光因之,建议限民田不得过三十顷,期尽三年,犯者没入官,厥后卒因扞格而不能行。王莽时,欲复井田之制,更名天下田曰"王田",其男口不满八,而田过一井者,分余田与九族、乡党,犯令法至死。于是天下謷謷然,陷刑者众,而入于混乱矣。宋之苏洵(《衡论》)、明之黄宗羲(《明夷待访录》)皆言恢复井田之不善。盖古之授田以养民,今民所自有之田,乃复以法夺之,是未养民而先扰民矣。故秦以后井田之所以废者,势也。

今俄罗斯苏维埃共和国之《宪法》第三条第一项:"废止土地私有,一切土地,移为全国民所有,对于原有地主不必与以赔偿……"①揆诸古代均产之制,若有合焉。然其后农民多弃地不耕,卒酿成饥馑之患。近今已改用新经济政策,殆亦趋势使然也。

汉承秦旧,自兹以往,土地私有遂成定制。然其时除私田外,尚有为国家所有者,约分三种。

一、藉田。藉田原于周制。古者帝王亲耕藉田,以祠先农,所以劝农教稼也。藉者,借也,借民力以治之,故称藉田。天子唯一耕三推,其余大部分仍借庶民之力以生产也。此制至周末而已废,至汉文而始兴复之。

---

① 此处所引法律当为1918年颁布的《俄罗斯苏维埃社会主义共和国宪法(根本法)》。事实上在本书出版前,新成立的苏联已于1924年颁布了新的《苏维埃社会主义共和国联盟宪法(根本法)》,故作者此处表述具有滞后性。

二、公田。即国家之田，平时贷与平民，而收其租税，有事则锡与功臣。高祖时与民以故秦苑囿园地，武帝罢苑马以赐贫民，明帝时诏郡国以公田赐贫民，此皆以公田与民者也。宣帝假郡国贫民田，元帝令民各务农亩，无田者假之，此皆以公田假民者也。

三、屯田。屯田之制，自文帝时晁错建议徙民塞下，以为屯田。赵充国继之，立屯田之制。凡守边之兵，平时耕种以资收获，有事则防御以捍边圉。汉代防边之戍兵，莫不循用此制，而以西域及陇西等郡为主要。蜀汉诸葛亮屯田于渭滨，而曹魏亦屯田于淮南，皆寓兵于农之政策，亦即化兵为工之政策也。

第三款　两晋南北朝之田制

自秦汉以来私有土地之制行，豪强兼并之习益甚。及晋初乃立均田之制。均田者，因男女老壮之别，各授以田，有井田之遗意存焉。然其后至东晋逮南朝，迄未实行。至北朝始集其大成，复行此制，兹述其概略于下。

西晋之世，男子占田七十亩，女子三十亩。至北朝后魏孝文帝时，从李安世之言，因晋制而实行均田之法。诏均给天下民田，诸男夫十五岁以上，受"露田"四十亩，妇人二十亩，男夫又别给"桑田"二十亩（凡十八受田，老免及身没则还田，每年以一月为还受之期，但桑田皆为世业，身终不还）。"桑田"者，栽植桑榆于其上；而"露田"者，则为不栽树之田。夹漈郑氏[①]曰：

> 后魏行均田之法，或谓夺有余以予不足，必致烦扰。然观其立

[①] 指宋代历史学家郑樵（约 1104—1162），因其于籍贯所在之兴化军蒲田（今福建莆田）夹漈山著书立说，后世称之"夹漈先生"，著有《通志》。

法，民所受者"露田"，诸"桑田"不在还受之限……则所种者，似皆荒闲无主之田。又诸远流配谪，无子孙及户绝者，墟宅桑榆，尽为公田，以供授受，则固非尽夺富人之田以予贫人也。又令有盈者无受无还，不足者受种如法，盈者得卖其盈，不足者得买所不足，不得卖其分，亦不得买过所足。是令其从便买卖，以合均给之数，则又非强夺之以为公田，而授无田之人，与王莽所行异矣。

以上所述，收田圃为官有，均给平民，年老复还于官，恰似政府为地主，人民为佃户，其税率概为九分之一或十分之一，俨若以租税为佃金也。

当后魏均田之法既行，而农业亦大兴。有司以每岁春月，亲莅郊野，巡视农之勤惰，令男子二十五以上者，皆出就田亩。桑蚕之月，妇女年十五以上者，皆营蚕桑。又家有牛者不用人耕，时或无牛，间以人代之。督民互相为助，必令地无遗利，人无游手而后止。又于缘边之地，堪以开垦者，皆营屯田，设子使以统督之（每一子使领田五十顷），岁终考其所入，以为褒贬。

第四款　唐代之田制

唐之田制，大旨仿后魏均田之法而更臻进步，以土地权收为国有，授受悉由官府主持，或经官府承诺，一反从前私买、私卖之弊。惟其时人口日繁，田地颇不敷支配，且官吏之稽查，亦难普遍。故虽禁令森严，豪强多不奉行，民或卖"口分田"逃亡，官吏不能问。盖自井田之废已数百年，虽后魏及唐欲仿其遗制，卒因时势积重难返，而遂鲜效果，此限制土地所有权与土地均分之法所以绝迹于后世也。兹约举唐时之田制，分述于下。

（一）口分田。此制即计口分田之意。凡丁男十八以上者，给田一顷(一顷即百亩,以二十亩为"永业",其余为"口分"),笃疾废疾给四十亩,寡妻妾三十亩,若当户者,加二十亩。又有宽乡、狭乡之分,田多可以足其人者为"宽乡",少者为"狭乡",狭乡授田,减宽乡之半。卖买田地有禁,惟人民自狭乡而徙宽乡者,得卖其所授之口分田,已卖出者即不复授。死者则由官府收回,以授无田者。凡收授皆以岁十月,授田先贫者及有课役者。凡田,乡有余以给比乡,县有余以给比县,州有余以给近州。

(二) 永业田。人给田二十亩种植林木,虽没不还于官,永为子孙世业,即后魏之"桑田"是也。"永业田"虽得传其子孙,但以不许买卖为原则,惟遇有特别事故,如徙乡之时,及贫无以葬者,经官厅许可,得卖其世业田,此则其例外也。

  按,叶氏水心①曰:"唐兴,因元魏、北齐制度而损益之。其度田、授田之法,亦与周制不合。先王建国,只有分土无分民,但付人以百里之地,任其自治。盖治之有伦,则地虽不足民有余,苟不能治,则地虽多而民反少。唐既止用守令为治,则分田之时不当先论宽乡狭乡,当以土论,不当以人论。今宽乡得多,狭乡为少,自狭乡徙宽乡,又得并卖口分、永业而去。成周之制,虽是授田与民,其间水旱之不时,凶荒之不常,上又赈贷救恤,使之可以相补助,而不至匮乏。若唐但知授田而已,而无补助之法,纵立义仓赈给之名,而令自卖其田,便无恤民之实。周之制,最不容民迁徙,惟有罪则徙之。唐却容其迁徙,并得自卖所分之田。先王之法,自此大坏。田制既坏,至于今,官私遂各立境界,民有没入官者,则封固之,时或

---

① 即叶适(1150—1223),南宋思想家、文学家,因居于永嘉(今浙江温州)水心村,自号水心居士。

召卖,不容民自籍。所谓私田,官执其契券,以各征其值。盖田制所以坏,由唐世使民得自卖其田始。"

(三)私田。私田者,其所有权属于个人者也。惟考之唐代,私田只限于宅地,故名"庄",又曰"庄田"。隋制不分良贱,率三口给私田一亩。唐则良口三人以上,贱口五人给一亩,而京城州县郭下之园宅,又别以法规定,不依以上之制度焉。庄田(或云庄园)常时颇多,大历中,诸道将士多贮庄田。建中时,诸道府长吏多于任所买百姓之庄园宅舍,多者至数十所。此等田地之买卖法所不禁,但科以一定之税而已。

此外属于官府所有者,其一为"公廨田",分为京内、京外二种。京内以司农寺为最,计二十六顷,其他各机关以次递减;京外以大都督府为最,计四十顷,至下都督府及上州,则各三十顷。其二为"职分田",一名"职田",自一品至九品各分等差,最多者计十二顷,最少为二顷,盖犹古代食采之邑焉。其三为"屯田",唐时之屯田,与汉代不同,非屯兵耕种,盖多使民从事者,有太京屯田、代州屯田、营州屯田等。其四为"营田",当时有朔州营田、东都营田等,与屯田之制相类。

第五款 宋代之田制

唐世虽用计口分田之法,然按诸实际,凡授田还田之制,盖成具文焉。故自唐以后,土地私有制度亦渐确定。宋代人口渐增,田园渐辟,是以垦荒日众,政府亦从而奖励之,使为永业,并减少其租税。当神宗朝,天下垦田达四百六十一万二千余顷。

神宗熙宁五年,修定方田法,以东西南北各千步,当四十一顷六十六亩一百六十步,为一方。岁以九月,县委令佐,分地计量,随陂原平泽而定其地,因赤淤黑垆而辨其色,方量毕,以地及色参定肥瘠,而分五等,以定税财。元丰八年,以官吏奉行骚扰,罢之。徽宗绍述复行。

至屯田、营田之名,自唐以来即有之,大抵屯田以兵耕,营田则募民耕之。宋代则营田皆置务,何承矩于河北,欧阳修以河东,范仲淹更大兴屯田于陕西,耿望置屯田于襄州,章惇初筑沅州,交为屯田务。正以极边多不耕之地,并边多流徙之余,课以耕耘,赡师旅而省转输,此寔边实塞足国安民之至计也。然屯田以兵,营田以民,固有异制。咸平中,襄州营田,既调夫矣,又取邻州之兵,是营田不独以民也。熙丰间,边州营屯,不限兵民,皆取给用,是屯田不独以兵也。至于招弓箭手(欧阳修于河东行之),不尽之地,复以募民,则兵民参错,固无异也。然前后施行或以侵占民田为扰,或以差借耨夫为扰,或以兵民杂耕为扰,至于岁之所入不偿其费,遂又报罢。

第六款　明清之田制

明清田制,分官民二种,遂有官产、民产之分,种类颇繁。(一)没官田,为人民犯罪而被没收之田地。(二)庄田,为诸王公及内监等之领地,又寺观庄田,渐就废弃者,令分给于贫民,但不许买卖。(三)皇田,凡园陵坟地、牧马草场、游观射猎之地,皆是。(四)后还官田,初为庄田,至后还付于官,而为国家所有者也。(五)断入官田,户口断绝无承继之人,不得已而没收入官,以为国家所有者也。(六)屯田,有军田、民田二种,军屯为卫所屯田,以备防守之用者,居其多数;民屯,或由募集流民或犯罪者以为耕作,惟不得自由买卖。(七)民田,即人民私有之田,因开垦而渐次增加,且政府提倡垦政,凡沙洲山地,当开垦之初,有免租三年之规定,故逐渐开辟。凡土宜种麦或种稻或种棉,无不适宜,如满洲、蒙古之地,往往因狩猎既尽,而改为民田者,所在有之。

第二节 货币制度

第一款 上古至周代之币制

自农业发达,而商业亦随之以兴。然交易必须代价,代价之物,黄帝金刀尚矣。虞夏之际,始用金银、铜钱、刀布、龟贝之属,是为中国有货币之始。《通志》谓:"自太昊以来,则有钱矣,太昊氏、高阳氏谓之金,有熊氏、高辛氏谓之货。"《通考》从之。然《史记·平准书》已云:"龟贝金钱刀布之币兴焉,所从来久远。自高辛氏之前尚矣,靡得而记云。"《汉书·食货志》亦云:"金钱布帛之用,夏殷以前,其详靡记云。"则上古时代,货币之制,尚未确定,可断言也。盖人类之始,智能未启,凡经济上之财货仅取其直接有效用者,以为赡身之具。如金属之效用,属于间接者取为货币之用,必在文明稍进以后。《管子》有言:"三币,握之则非有补于暖也,食之非有补于饱也,先王以守财物以御民事,而平天下也。是以命之曰衡。勿一高一下,不得有调也。"此其运用,岂草昧时代所能及哉?

周初,币制乃备,以珠玉为上币,黄金为中币,刀布为下币。至太公更立九府圜法,代价物乃大进化。夫圜法,钱也,至是永为代价物之定准。大凡物之进化,率由笨重而趋于轻便。圜法之行,较之上古之币,轻便为何如。虽后世圜法屡变,而形模则同当时九府圜法之制,如下:

九府 { 泉府 太府 王府 / 内府 外府 天府 / 职内 职币 职金 } 圜法——钱 { 外廓 圆 / 内孔 方 } 轻重以铢

按，古代，衡制，百黍为铢（在后世钱与分之间），二十四铢为两，十六两为斤，三十斤为钧，四钧为石。

此外质剂之制，亦起于周代质剂者，即证券之起源也。周人凡买卖者质剂焉。质剂券书大市以质（长券），小市以剂（短券），盖已由实物而生信用，故有鬻法之实物代价，乃有质剂之信用代价。此种信用实缘人群公德发达使然。至若偶坠信用，而有质人治之。

第二款　秦汉之币制

秦时，上币为黄金，以"镒"为名；下币为铜钱，质如周钱，文曰"半两"，重如其文。而珠玉龟贝银锡之属，为器饰宝藏，不为币，然各随时而轻重无常。汉初以秦钱重难用，更令民铸荚钱。高后时，行铁钱，即八铢钱也。沿及文帝，更置四铢钱，且除盗铸令，使民放铸。贾谊力谏不听，于是吴以诸侯即山铸钱，富埒天子；邓通以铸钱，财过王者。故吴邓钱布满天下。武帝时行三铢钱，更行半两钱，后因三铢钱轻，易作奸诈，乃更铸五铢。自是而后，钱重则民熔磨周廓，钱轻则民多奸铸，币制紊乱，物价腾贵，民生窘苦，皆自国家铸币权之旁落，私人阴据牟利有以致之。武帝为挽回铸币权计，乃造白金及皮币以为救济。当禁苑有白鹿，而少府多银锡。乃以白鹿皮方尺缘之以缋为皮币（直四十万，朝觐聘享，必以皮币荐璧），又造白金三品，以银、锡、白金为之，分为龙币（其文龙，其形圆，重八两，直二千），马币（其文马，其形方，其重差小，直五百），龟币（其文龟，其形椭，其重复小，直三百）。其后白金稍贱，民弗实用。

王莽变汉制，更造大钱，径寸二分，重十二铢，文曰"大钱五十"。又造契刀、错刀与汉五铢钱，凡四品并行。即真后以书刘氏有金刀，乃罢契刀、错刀及五铢钱,更作金银龟贝钱布之品,名曰"宝货",凡五物、六名、二十八品(金货一品、银货二品、龟货四品、贝货五品、钱货六品、布货十品)。由是币制紊乱,旋即废置。至光武时乃复行五铢钱,天下称便。

汉末董卓坏五铢钱,更铸小钱。于是货贱物贵,谷石数万。此由于昧货币之供需关系而有此失也。魏文时,乃令百姓以谷帛为市,然运转不便,且难持久,故其法未几即废。东晋时又铸小钱。刘宋末年,造二铢钱,形式转细,其尤轻薄者,谓之"荇叶",厥后更听民私铸,由是钱货乱败。一千钱,长不盈三寸,谓之"鹅眼钱"。劣于此者,谓之"綖环钱",入水不沉,随手破碎,十万钱不盈一掬,斗米一万,商贾不行,而币制之败坏,不可纪极矣。

第三款　唐宋之币制

隋初,以天下钱货不一,更铸新钱,文曰"五铢",重如其文,每钱一千重四斤二两。其后私铸浸多,钱转薄恶,每千轻至一斤,或剪铁鍱裁皮糊纸以为钱,相杂用之,而币制紊矣。唐初铸开元通宝钱(其文欧阳询书字,含八分及篆隶三体),每十钱重一两,计一千重六斤四两,得轻重大小之中(唐之开元通宝,径八分重二铢四,每十钱重二十四铢,二十四铢为一两)。肃宗时铸乾元重宝钱,以一当十,与开元通宝参用;又铸重轮乾元钱,一当五十。法既屡变,物价腾踊。代宗时减重宝钱一当二,重轮钱一当三,民以称便,然其后盗铸之风浸盛,故币制仍未能统一也。

宋代之币制,已由货币时代进于信用时代,实为我国币制史上之一大进化。惟因当时于货币原理,操纵失宜,遂不免弊害百出。然硬货制度一变为软货制度,不可谓非金融革新之动机也。兹分述于下:

（一）硬货。宋之硬货，分铜、铁二种。铁钱，自南朝梁、陈时，已罢铜钱而更铸铁钱。沿及宋代，四川、湖广、江南、福建等处，铜钱与铁钱并行。太祖对于诸州轻小恶钱及铁镴钱，悉禁之，私铸者皆弃市，铸宋元通宝及太平通宝钱，而四川仍听其用铁钱。太宗时铸淳化元宝，亲书真行草三体，自后每改元必开铸，是为年号铸于铜钱之始。

自王安石柄政，废弛铜禁，奸民日销钱为器，边关海舶，铜之输出者日众，国用遂多耗损，而酿成钱荒之患，其后乃严申禁令焉。

（二）软货。初蜀人以铁钱重，私为券，谓之"交子"，以便贸易。后遂置交子务于益州，而禁民私造。熙宁中诏置于陕西，其后旋置旋罢。至大观初，改四川交子为钱引。高宗绍兴元年，因婺州之屯驻，而舟楫不通，钱重难致，乃诏户部造"见钱关子"。六年罢交子务，印造关子。三十二年复置会子务，并定伪造"会子"之罚。此外又有"川引""淮引""湖会"，于是楮币①日多。

> 按，宋时，张咏治蜀，始设钱券，其制有效期限三年，三年之后，须换新券，谓之"交子"。其始令富人主之，后富人衰，乃由国家设"交子务"发行交子，禁私造，乃成正式之纸币，且推行于全国。

马贵与氏②《通考》曰：

> 置会子之初意，本非即以"会"为钱，特以茶、盐钞引之属视之，而暂以权钱耳。然钞引所直者重，而会子则止于一贯，下至三

---

① 楮，落叶乔木，树皮是造桑皮纸和宣纸的原料之一，故而亦作纸的代称，"楮币"即指纸币。
② 即宋元之际著名历史学者马端临(1254—1340)，字贵与，著有《文献通考》。

百、二百。钞引只令商人凭以取盐、香货,故必须分路,会子则公私买卖支给,无往不用,且自一贯以至二百,是明以之代见钱矣。又况以尺楮而代数斤之铜,贵轻用重,千里之远,数万之缗,一夫之力克日可到,何以川自川,淮自淮,湖自湖,而使后来或废或用,号令反复,民听疑惑乎?

盖"会子"初止行于两浙,后又诏通行于淮、浙、湖北、京西等处,其时凡交通水路等地,许尽用"会子钱",而民间之典卖田宅,亦有尽用"会子"者。

当"交子""会子"之初行也,皆有准备金以充兑换。孝宗时虑会子病民,常发内库及南库之银收回,使无壅滞,以救其敝。故金纸之价格,尚能保其平衡,而通行无阻。且宋代之初制,欲暂用而即废,而不知流落民间,遂同见镪。光、宁以后,官府更肆意滥发,凡籴本以楮,盐本以楮,官俸军饷亦以楮,州县支给,无非楮币矣。故始也以钱重而制楮,一时称便。其后因钱乏而制楮,于是楮愈多而愈贱,折阅日甚,称提无策,驯致民生憔悴,上下交困,且伪造日滋,金融益以紊乱。亦由立法之初,讲之不详故也。

第四款　元明之币制

元太宗时,亦造印"交钞"。世祖作"中统宝钞",又作"至元宝钞"。其钞印造之数,每年自数十万至数百万,各路立平准、行用库,以交换金纸,且立回易库,许交换新旧钞。又丁钱田钱,皆可纳交钞,天下遂大流通。然其后回易库停闭,且多伪造者,而交钞之信用坠地矣。当武宗时,尝一行钱法,至仁宗以鼓铸弗给,遂罢之。

明代币制,计分二种:一曰宝钞,一曰铸钱。关于宝钞之法规,名为钞法；关于铸钱之法规，名为钱法。兹分述如下：

（一）钞法。明初置局铸钱，责民出铜，颇近烦扰，而商贾转运，亦以为不便。洪武七年，乃设宝钞提举司，仿宋之交会、元之宝钞，以易于流转，且少鼓铸之害，乃诏中书省造大明宝钞。其制方高一尺，广六寸许，质青色，外为龙文花栏，横题其额曰"大明通行宝钞"。其内上两旁复为篆文八字曰"大明宝钞天下通行"。中图钱贯状，十串为一贯，其下楷书曰："中书省奏准印造大明宝钞，伪造者斩，告捕者赏银二十五两，仍给犯人财产。"宝钞分为六等，曰一贯，曰五百文、四百文、三百文、二百文、一百文。每钞一贯，准钱千文、银一两，四贯准黄金一两。禁民间不得以金银物货交易，违者罪之，告发者就以其物给赏，以金银易钞者听。凡商税课程，钱钞兼收，钱三钞七，一百文以下，则止用铜钱。

宝钞行之方久，未免破烂，乃设法收换，令所在置行用库。凡破烂之宝钞，名曰"昏钞"，每一贯收工墨价三十文，五百文以下递减，仍于钞面贯百文下，用墨印"昏钞"二字，封收入库，按季送部。若以贯百分明而倒易者，同阻坏钞法论，混以伪钞者究其罪，其后民多缘法为奸，每以堪用之钞辄来换易。钞币原无真值，欲民间乐于通用，当使其供求相当，尤宜随时兑换现币，以昭信用。明代以钞为本位，而无代表之币，既禁金银之行使，即以钞易钞，亦不自由，宜其币害百出也。

（二）钱法。洪武元年，令户部及各省铸洪武通宝钱。其先置宝源局于应天府，铸大中通宝钱，与历代钱并行，以四百文为一贯，四十文为一两，四文为一钱，设官以专管之。后于江西省置货钱局，颁"大中通宝"大小五等钱式，使铸之。至是遂令户部及各省铸"洪武通宝钱"，其制凡五等，当十钱重一两，当五重五钱，当三、当二，重皆如其当之数，小钱重一钱。各行省皆设宝泉局与宝源局并铸，而严禁私铸。其后收废铜铸钱更定钱式，每易一帝，多铸新钱，如永乐、宣德、万历等钱皆是也。

第五款　清代之币制

清代货币,分银、铜二种。

(甲)旧银币。由炉房铸造,以生银块化成,形式不一。大别为三:(一)元宝——普通五十两内外;(二)中锭——普通十两内外;(三)小锞——普通五两内外或一两,统称为银两。我国货币,此最淆乱,平量之差几难究诘,诸平名目,不可枚举。约而计之,分为四种:(1)库平——官用;(2)海关平——海关用;(3)曹平及市平——民用。四者唯关平各海关一律,余如库平,中央与各省已属参差,曹平、市平更无论矣。自银圆之制行,而银两已名存而实亡,惟海关征税尚沿旧制。

(乙)旧铜币。仿明之钱法,由官府铸造,谓之"制钱"。大率每更一帝,必铸新钱,一如明制。历顺、康、雍、乾、嘉、道、咸、同,以迄光绪,每朝皆铸行新钱。沿及清季,私铸充斥,多混杂铅砂,其质颇劣。于是有大钱、小钱之别,民间使用,多挽合于大钱之中。而旧时顺治、康熙诸制钱,往往由民间私毁,铸为铜器,而钱法遂败坏不可纪极。迨光绪末年,改行铜圆,而大钱与小钱,均寥寥矣。

通商以后,外国货币日以输入。最初者为西班牙银圆,继之为墨西哥银圆,多流行于市廛。商人因其携带便利,遂沿用之,于是遂夺吾银两之席,而金融益形紊乱。且其时我国之生银,逐年输出,鸦片贸易一项,盛时岁输出五千万两。故至咸同间,银价涨至一倍以上,由是银日少而日贵(清初银一两换钱七八百文,至是乃增至一倍),铜钱亦因之低折,物价遂日高矣。

(丙)新银币。当光绪年间,政府鉴于墨西哥银圆之流行,乃自设银圆局,仿其重率铸之,以为抵制。分铸大小银圆,规定者有五种:(一)一圆——重七钱二分;(二)半元——重三钱六分;(三)二角——重一钱四分四厘;(四)一角——重七分二厘;(五)五分——重三分六厘。就中实行铸造者,唯一圆及二角、一角之银币而已。至光绪末年复改定,大银币定为一两重,次者五钱重,小者一钱重、五分重,皆按库平银铸造,足与银两相辅而行。但此种制度其后并未实行。

(丁)新铜币。清末因旧铜币之私铸日众,钱货日坏,乃改铸铜圆以补救之,定为当五、当十、当二十三种。但各省多铸当十铜圆,产额日多,价格日贱,不剂其平,故前之患钱荒者,厥后乃患钱滥,货物价额因之益昂。

(戊)纸币。通商以来,外国货币之流入中国者,除银圆外,而英美日等国之纸币,亦行使于通商口岸及沿海各省。旧时我国之银号、票号、钱庄,原有发行之票,惟皆有定期,过期即失效用,与各国之纸币形似而实不同。清初虽亦仿行元明之钞法,旋即废止。迨光绪年间,设立"大清银行",发行纸币。旋设立"交通银行",亦得发行纸币权,信用昭著。此为我国货币史上之一大进化也。

货币之进化,以交易之程度定之,其形式可分为三:

(一)货物交换时代——以粟易布、以布易粟。

(二)货币交换时代:

  (甲)非金属货币时代(例如皮币、龟贝、珠玉等)。

  (乙)金属货币时代:

    ·黄金。周以黄金为中币,秦以黄金为上币,其后或废或用。

    ·银。汉武定为三品之一,宋时则禁止其交易,清季始铸为币,于是遂定银本位制。

    ·铜。自周立圜法,后世乃沿用之,至清季而为辅币。

    ·铁。汉时偶一用之,至五代及宋初,尚有用之为钱者,宋以后废而不用。

·锡。仅汉武时定为三品之一,其后卒未通用。

又,金属货币,可分为铸造时代与非铸造时代。例如周、秦间之黄金及其后或金银并用,然大都以生金、生银为行使,而银之铸为货币,至清代始有定式也。

(三)信用交换时代——例如周之质剂、唐之飞券、宋之交会、元明之宝钞及清之纸币是也。

第三节 赋税制度

第一款 三代之税制

我国上古之赋税,大都取之于农,即所谓"田赋"是也。夏用"贡法",赋役之制自禹贡始。夏禹定九州田赋,以九州之土地为九州之土贡,一夫授田五十亩,而取其收入十分之一。殷用"助法",八家共耕公田,而以其所收获为税。周用"彻法",其制略如殷,亦以公田所收获为税(周制,国中分都鄙、乡遂,都鄙用殷之助法,乡遂用夏之贡法,盖通用二代之法也)。《孟子》曰:"夏后氏五十而贡,殷人七十而助,周人百亩而彻,其实皆什一也。彻者,彻也,助者,借也。"谓之彻者,通也、均也,通力合作计亩均收也。

有由田地所出之税,即所谓"粟米之征"也。周世于粟米之征外,有力役之征,令民以农隙充夫役、执公功,又有布缕之征,令民年贡绢布若干,此三者实为租庸调之滥觞。更有山泽之征、漆林之征,当时侯国,皆行此制。然及周末,互事战争,国用多端,或十分取二,或十分取五,定制渐破坏矣。

按，周代租税，虽有三种，然往往用其一而缓其二。故力役之事，以农隙课之，所谓经常之役，岁不过三日。《豳》诗云："我稼既同，上入执宫功。"即指经常之役而言。至于国有军役，亦按井田之制而为征集。其方法以方里为井（八家），四井为邑（三十二家），四邑为丘（百二十家），四丘为甸（五百二十家），丘出戎马一匹、牛三头，甸出戎马四匹、兵车一乘、牛十二头，出甲士三人、步卒二十七人、运辎重二十五人，即古代寓兵于农之意也。

周代商业渐盛，于是有征商之制。《周礼》廛人掌敛市布（布，泉也，泉同钱，谓一切税钱、罚钱），而入于泉府；司门掌授管键以启国门，几（几，察也）出入不物者；司关掌国货之节（玺节），司货贿出入，掌其治禁，与其征廛（征廛，谓关下有邸舍，商人于关停止则税之）。故货贿之税，司门掌之；货物诸物邸舍之税，廛人掌之；关下邸舍之税，司关掌之；列肆之税，廛人掌之。

第二款　秦汉之税制

《通考》云："自秦废井田，隳什一之法，任民所耕，不计多少，于是始舍地而税人，征赋二十倍于古。"盖三代之贡助彻法，皆因地而税，秦则因人而税，故苛征重敛，海内骚然，不旋踵而亡。秦当周末分崩之际，享国日浅，其税制之详，不可稽考。汉人谓秦赋大半值十税五，其苛重可概见矣。汉初，除秦弊政，减轻税率。然后世税目繁兴，聚敛弥甚，国用转形不给，此黄梨洲①所谓"敲剥天下之骨髓，离散天下之子女，以奉

---

① 即明清之际著名思想家黄宗羲（1610—1695），因其别号梨洲老人，故后世称之"梨洲先生"。

我一人之淫乐"。以较三代之税制,固相去远甚,而与暴秦之所为,初未见其稍异也。兹分述汉代之税制如下:

(一)田赋。汉高始轻田租,十五税一。文帝诏赐天下民租之半,复除民田租,然为一时之仁政,非定制也。至景帝时定田租为三十税一,传至后汉光武,皆遵其制。迨桓、灵二朝,令国中有田者每亩税十钱,出于常税三十取一之外。灵帝时名为"修宫钱"(其时因铸铜人而国用不足)。末世之重敛,遂为亡国之征。

(二)算赋。汉高初为"算赋",户口之赋始于此。其制民年十五以上至五十六,令出口赋,每人以百二十钱为一算(唯贾人与奴婢则倍算,实为不平等之制度),以供兵车马库之料;十岁至十五岁者,出口赋二十钱,此每岁所出也。文帝时减其三分之二,令丁男三年而一赋,各四十钱,以平均计之,则成丁者一年所赋,不过十三钱有奇,其赋已较汉初为轻矣,至昭宣以后又时有减免。盖汉时官未尝有授田、限田之法,是以豪强田连阡陌,贫弱无置锥之地,故田税随占田多寡为厚薄,而人税则无分贫富,然所税不过十有三钱有奇耳。又汉惠帝时,令民女子年十五以上至三十不嫁,五算①,此则寓有制裁之意也。

(三)口赋。口赋与算赋,皆为后世人口税之滥觞。然汉初之算赋,以民年十五岁以上者始纳算钱。文帝又改为二十三岁以上者始征之。至武帝,因征伐四夷,国用匮乏,乃令民生子满三岁者,则出"口钱",故民重困,至于生子辄杀。宣、元之间,乃从减轻,凡七岁始出"口钱",二十岁则课算赋。

(四)盐铁。《通考》云:"《周礼》所建山泽之官,不过掌其政令之厉禁(《孟子》所云'斧斤以时入山林……数罟不入洿池'②之意)。至

---

① 即算赋五倍于常人。
② 原文应为"数罟不入洿池……斧斤以时入山林"。

管仲相齐,负山海之利,始有盐铁之征(管仲以官山府海之制,齐因之富强,盖山产铁,海产盐,合山海之利,收为官府所有也)。观其论盐策,虽少男少女所食,论铁,虽一针一刀所用,皆欲计之。"

按,《管子》曰:"海王之国,谨正盐策……十口之家,十人食盐,百口之家,百人食盐。终月,大男食盐五升少半,大女食盐五[①]升少半……铁官之数曰:'一女必有一针一刀……耕者必有一耒一耜一铫……其余轻重,皆准此而行。'"

汉高祖接秦之弊,赋盐铁之利。武帝时置盐铁官,因东郭咸阳、孔仅言,以为"山海者天地之藏也,皆宜属少府",使其为大农丞,领盐铁事。募民自给费,因官器作煮盐,官与牢盆,敢私铸铁器、鬻盐者,釱(音第,以铁为之,以代刖刑)左趾,没入其器物。其后昭帝时,始罢盐铁之禁,然未几以国用不足,仍复如旧。自兹以往,虽铁禁渐弛,而盐则由政府专卖,严禁民间私鬻,盖自此始矣。

(五)商业税。汉初富商大贾遍布天下,积储常以巨万计,声华豪侠,过于官吏。高祖重用农抑商之政策,令贾人不得衣丝乘车,重租税以困辱之。武帝征伐四夷,经用耗竭,乃从桑弘羊之议,立"均输、平准法"于郡国及京师,其宗旨在使富商大贾无所牟利,其后更行诸种税则:(甲)算缗钱。令诸贾人末作,各以其物自占(隐度其财物之多少而为名簿送之于官),率缗钱二千而算一,诸作有租及铸(谓以手力所作而卖之者),率缗钱四千算一,匿不自占,占不悉,没入缗钱,有能告者,以其半畀之,后告缗者日多,商贾大率破家。(乙)算舟车。商贾轺车

---

① 原文应为"三"。

二算,普通人民之轺车一算,又船五丈以上一算。自此舟车之税,并及众庶矣。自武帝为兹法外之取,而后世征商,遂有种种名目,此商业不振之一大原因也。

汉代均输、平准二法,所以济货物之流通,而平其代价也。说明于下:

均输法——各郡国置均输官,令远方各以其物贵时,商贾所转贩者为赋,而互相输连。

平准法——京师大农诸官,尽笼天下货物,贵则卖之,贱则买之,使万物不得腾踊,名曰"平准"。

(六)酒酤税。汉初有酒酤之禁,其律,三人以上,无故群饮,罚金四两。文帝时,诏戒为酒醪以靡谷,可知其时酒禁之森严矣。迨至武帝一变而为征榷酒酤(榷,水上横木,所以渡人者,谓禁民酤酿,上独取利,有如道路设木为榷)。昭帝时虽从贤良文学之对,罢榷酤官,然令民得以律占租,卖酒升四钱。以律占租者,谓令民卖酒,以所得利,占而输其租,占不以实,则论如律也。租,即卖酒之税也。卖酒升四钱,所以限民不得厚利耳。王莽篡汉,始立法,官自酿酒卖之,盖已开后世酒专卖之先例矣。

(七)役赋。此制即古代力役之征,然经常之役,岁不过三日。秦时人民供役国家,每年至三月之多,较诸古制,已增至数十倍。且其时大兴土木,如长城、阿房之建筑。徭役繁兴,而闾左之民,或戍渔洋①,或戍五岭,征发频仍,秦室遂亡。汉因秦制,定"更赋"之法,分为三种:

---

① 此处应指秦时渔阳郡(今北京密云),与今湖北、河南之渔洋不同。

"卒更""践更""过更"是也。"卒更"者为正卒,一月一更者之谓也。又有与贫者以更钱代遣之法,月钱一千谓之"践更"。当时又使天下之悉戍边,虽丞相之子不能免。但不能戍者,入钱三百,是名"过更"。民年二十三而始出役,至五十六岁而免。景帝时改为三十而役,至又有复除之制,凡单丁或老疾者,则除其役是也。按汉时既有算赋,又给徭役,是且税之且役之也。

按,后世人口税,原所以代力役之征,国家以所收之税钱,为分给工值之用。汉既征算赋并口赋,而更加之以役赋,是为二重之赋税矣。

(八)卖爵钱。惠帝令民得买三十级以免死罪,一级值钱二千,凡为六万,此犹为赎罪之法也。文帝从晁错言,凡民入粟助边六百石者,爵上造,其后以四千石为大夫,万二千石为大庶长,则公然以国家名器为市利之阶级矣。武帝复令民得买爵及赎禁锢等罪,名曰"武功爵"。于是卜式以输财助边,遂得拜为中郎,赐爵左庶长,始令吏得粟补官,此风既开,后世叔季之朝,遂以卖官鬻爵为事。而吏治之败坏、政途之混乱,皆汉代有以启之也。

按,清季因筹备海军之故,开捐例之风,令民纳捐于政府(谓之海防捐),分为等级,凡荐任、简任等职,皆得为之(特任职不在此限)。故吏治日形腐败,其后袁世凯始奏除之。

第三款 魏晋南北朝之税制

两汉之制,三十而税一者,田赋也;二十岁而出一算者,户口之赋也。魏武初兴,令收田租,每亩粟四升,每户绢二匹、绵二斤(按,此近于周代布缕之征),余皆不得擅兴。至晋而有"户调"之名,凡有户者出布帛,有田者出租赋。盖晋时立均田之制(男子占七十亩,女子三十亩),由国家授与之,故计亩课以税则,凡丁男之户每亩岁出粟三升、绢三匹、绵三斤,女及次丁男为户者,出其半,诸边郡或三分之二,远者三分之一(夷人输賨布,户一匹,远者或一丈;晋制,男女十六以上至六十为正丁,十五以下至十三、六十一以上至六十五为次丁,十二以下六十六以上为老小)。晋世既立均田之制,则无无田之户,此"户调"所以可行也。

  按,自汉行算赋,于是有户口之税。然其时每岁仅十有三钱耳。至魏晋而行"户调",则户之赋始重(晋为绢三匹、绵三斤,较魏尤重)。自是而北魏,而北齐、北周,以逮隋唐,其间赋税沿革,虽稍有不同,然古之计亩收税,至此已成为计户征税矣。盖其时每户授田,则虽不必履亩论税,只逐户赋之,田税即在其中也。

后魏因晋制而行均田制,故亦谓之"户调"。每户以一夫一妇出帛一匹、粟一石;人年十三以上未娶者,四人出一夫一妇之调;奴任耕、婢任绩者,八口当未娶者四;耕牛十头当奴婢八;其麻布之乡,一夫一妇出布一匹,以次递降。其支配费用,大率十匹中以五匹为公调,二匹为调外费,三匹为官俸。北齐则每调有一床、半床之制,即已娶者、未娶者之区分也。大率已娶者调绢一匹、绵八两、义租五斗、垦租二名石。当北齐时,奴婢亦受田纳租,与良丁参半,其年龄大率男子以十八受田输租调,二十充兵,六十免力役,六十六退田免租调。北周以人民有室者,岁调绢一匹、绵八两,岁征租五斛,丁者半之。其非桑土之区,有室者,布一匹、麻十斤，丁者又半之。此外役法则南北朝尚存古制，较诸三代之三日经常役，增至四十五日而已。

盐税则亦较汉代为宽，后魏河东郡有盐池，旧立官司以税利，先是罢之。而富强者专擅其食，贫弱者不能资益。其后复立监司，量其贵贱，节其赋入，公私兼利焉。

  按，盐之种类甚多，有出于海、出于池、出于地、出于井之分。东南皆煮海为盐，西北之盐，皆出于池（如河东之解池以及陕甘之花马池等）。又有出于地者，河北多卤地。出于井者，西南之巴蜀，有盐井皆是也。自管仲兴盐策，汉武置盐榷，从此禁榷之制，与古今相终始。盖利之所在，不可复塞也。

商业税，当魏文时，徙弘都尉治武关，税其出入，以给关吏卒食。后魏明帝于入市者，人税一钱，其店又分五等，收税有差。北齐则立关市邸店之税，皆商税也。

第四款　唐代之税制

魏晋时凡有户者出布棉，有田者出租赋，谓之"户调"。后魏及北齐，皆仿行之。至唐而承袭三代汉魏南北朝之制，乃益臻完善。唐之陆贽曰："国朝赋役之法，曰租，曰庸，曰调。其取法远，其敛财均，其域人固，有田则有租，有家则有调，有身则有庸，天下法制均一。虽转徙莫容其奸，故人无摇心。"[①]兹分述租庸调之法于下：

---

① 该段表述出自陆贽撰《均节赋税恤百姓六条·一论两税之弊须有厘革》，原文应为："国朝著令，赋役之法有三：一曰租，二曰调，三曰庸。……其取法也远，其立意也深，其敛财也均，其域人也固，其裁规也简，其备虑也周。有田则有租，有家则有调，有身则有庸。天下为家，法制均一，虽欲转徙，莫容其奸，故人无摇心……"

（一）租。凡授田者（唐代授丁男以口分田八十亩、永业田二十亩），每岁就口分田之八十亩中征收之。岁输粟二斛、稻三斛，谓之租。天宝时，一家之中有十丁以上者，免二丁之租，五丁以上者，免一丁之租（唐以十六岁为中，二十一岁为丁）。

（二）庸。用人民之力，岁凡二十日，闰年则加二日，不就役者，每日输绢三尺，布加五分之一，即为役之代价，谓之庸。

（三）调。各从其乡土之所产，每户岁输绢二匹，绫、絁二丈，布加五分之一，绵三两，麻三斤，谓之调。

以上所述，为租庸调征收之原则，尚有例外之方法有二：

（1）凡遇有水旱之灾、霜蝗之害，而田之收获耗十分之四者，免租；耗十分之六者，免租调；耗十分之七者，则租庸调全免；又仅耗桑麻者，免调。

（2）凡就役而越法定之日期者，则免其租调。例如有事而加役，二十五日者免调；至三十日者，租调皆免；又通常正役，并不过五十日。

又有特殊奖劝方法：

（一）孝子、顺孙、义夫、节妇，其志行闻于乡闾，经州县申请旌表者，悉免其课役。

（二）国子学、太学、四门学之学生及俊士，亦悉免其课役。

（三）帝室宗亲及五品以上之祖父兄弟，亦免其课役。

当唐初定制，对于是等制度，如户口之版籍、征收之支配以及田亩之换易，于每三岁造乡账，每一岁造计账，故按籍而征之，至为简易。中叶以后，法制陵弛，结账恒不以时，加以田亩之在人民者，不能禁其卖易，国家授田之法尽废，则向之所谓输庸调者，多无田之人矣。又况遭安史之乱，丁口流离转徙，版籍徒有空文，岂堪按以为额？盖当大乱之后，人口死徙虚耗，非复承平之旧，其不可转移失陷者，独田亩耳。至是而租庸调之法一变,而代以两税法焉。

两税之法,起于唐德宗朝。当杨炎为相,以户籍隐漏,征求烦多,乃改为两税法。其制分为夏秋征税,夏输不得过六月,秋输不得过十一月,每岁计州县之费,与其上供之赋,量出制入,以定为赋。户不问主客,以见居为簿;人不论中丁,以贫富为差。其不居处而行商者,以所在州县税三十之一,其所取与居者为平均制度。至于租庸杂徭,悉免除之,天下称便。故其法传至后世,大抵沿用之。

按,唐代杨炎之两税法,即后世田赋之"上忙""下忙"是也。自税法行,人民便之。历宋、元、明、清,遂著为定例矣。

马贵与曰:"两税之法,虽非经国之远图,乃救弊之良法也。但立法之初,不任土所宜,输其所有,乃计绫棉而输钱,既而物价逾下,所纳愈多,遂至输一者过二(唐穆宗时,凡税、绢二匹者为八四,大率加三倍),重为民困。此乃掊克吏所为,非法之不善也。必欲复租庸调之法,必先复口分、世业之法,均天下之田,使贫富等而后可。若不能均田,则两税乃不可易之法矣。又历代口赋,皆视丁中以为厚薄。然人之贫富不齐,由来久矣。今有幼未成丁,而承袭世资,家累千金者,乃薄赋之;又有年齿已壮,而身居穷约,家无置锥者,乃厚赋之,岂不背谬?今两税之法,人无丁中,以贫富为差,尤为的当。盖赋税必视田亩,乃古今不可易之法。三代之贡、助、彻,亦只视田而赋之,未尝别有户口之赋。盖虽授人以田而未尝别有户赋者,三代也。不授人以田而轻其户赋者,两汉也。因授田之名而重其户赋,田之授否不常,而赋之重者,已不可复轻,遂至重为民病,则自魏至唐之中叶是也。自两税之法行,而此弊革矣,岂可以其出于杨炎而少之乎?"

唐之田赋,已述于前。此外征榷之法,更分述于下。

盐税。唐有盐池十八、井六百四十,皆隶度支。天宝、至德间,盐每斗十钱。乾元时第五琦初变盐法,就山海井灶近利之地,置监院,游民业盐者为亭户,免杂徭,盗鬻者论法。及琦为诸州盐铁使,尽榷天下盐,斗加时价百钱。迨刘晏上盐法轻重之宜,以盐吏多则州县扰,出盐之乡,因旧监置吏,亭户粜商人,纵其所之。江岭去盐远者,有常平盐。每商人不至,则减价以粜民,官收厚利,人不知贵,于是夺商贩之利而官自卖之矣。故唐初盐利岁赋之盐,才四十万缗;至大历之末,占六百余万缗,天下利居其半焉。至穆宗时,张平叔复献官卖之策,韩愈尝著论驳之,以为"国家榷盐,粜于商人,商人纳榷盐与百姓,则是天下百姓无贫富贵贱,皆已输钱与官矣。不必与国家交手付钱,然后为输钱于官也"。然其后官卖之策虽未实行,而人民所纳之盐税,则视同常赋而不可复除矣。

唐于盐税之外,沿袭前代之制者,更有酒税。当唐初,酿酒事业皆民间自营之。当时天下置肆以酤者,每斗榷百五十钱(唐时酒价,每斗为钱三百),盖已输其半于官矣。其后因年饥,为其消耗米谷,下禁酒令。至其末季,官自置店酤收利,而禁民私酤,酒遂为政府之专卖品矣。至五代后唐,又有麹税,与唐之榷酤并行。民买官麹,不得造私麹,是更与民争锥刀之末也。

其次为茶税。茶为人生所日用,唐以前未尝定其税法也,有之,自唐德宗始。其原因有三:(一)唐时置仓储粟,仿汉之常平仓法,以为济民。德宗从赵赞议,税天下茶漆竹木,十取一,以为常平本钱,其后更因张滂奏水灾减税,国用须储,请税出茶州县及商人要路,定三等时估,每十税一,专贮蓄以代诸州水旱时之赋税(类似补充税)。(二)至穆宗时国库空虚,为补助军费而起,于是屡增茶税,率百钱而课五十,且禁令甚严,凡私贩至数次者,或论死,或杖脊,乃致良民破产,其所得为数十万缗钱而已。(三)茶在唐时,于边地互市,已为输出品之一。《明史·食货志》云:"番人嗜乳酪,不得茶,则困以病。故唐宋以来,行以茶易马之法,用制羌戎。"盖由汉迄唐,丝茶早为输出之大宗。其时商贾贸迁者甚众,唐因重征其税,以补助国用,而商人坐困,盖殊失保护贸易之政策矣。

唐末藩镇擅权,军用不给,乃行种种之苛税:(一)税间架,其法屋二架为一间,上间钱二千,中间钱一千,下间五百,宅屋多者,出钱动数百缗。(二)算除陌,凡公私给与及买卖,每缗官留五十钱,给他物及相贸易者,约钱为率而算之。市牙各给印纸,人有买卖随日记之,翌日合算。自此种法制施行,民怨沸腾,而唐室亦亡。

第五款　宋之税制

自唐季定两税之法,其时均田之制既坏,民得自卖其田,于是田皆永业(自此以后,无田制之可言),故随产征赋之原则遂相因而不改。宋时税法,亦分夏税、秋税,夏税以六月起征,秋税以十月起征,其税大抵三十而税一二,然亦有例外。夏税有至十月,秋税有迟至明年二月者,其输纳之迟速,视收成早暮而宽为之期,所以纾民力也。其他税品有四种:一、谷(粟、稻、麦、黍等);二、布帛(罗、绫、布、葛等);三、金铁(金、银、铜、铁等);四、物产(六畜、齿革、羽毛、茶、盐、竹、木等)。

又分岁赋之种类为五:

(1)公田之赋。即官田、庄田、屯田、营田之赋,俾民耕之而收其租者,是也。

(2)民田之赋。由人民所有田而课其租也。

(3)城郭之赋。即宅税、地税之类是也。

（4）杂变之赋。凡牛革、蚕桑、食盐之类，随其土地所出，变而输之者，是也。

（5）丁口之赋。计丁而赋之，是也。

其输有常处，以有余补不足，谓之"支移"。其入有常物，而一时所须，则变而取之，使其值轻重相当，谓之"折变"。

> 按，南宋高宋时，凡䌷绢每匹折纳钱两千，岁计三百五万缗，谓之"折帛钱"。初行于两浙，其后江、淮、闽、广、荆、湖，皆行折帛钱。

至宋之商税，当宋初鉴于五代抽税之掊克，故颇从减轻。其整理商税，榜其税则于务门，凡关于既定税则，有"无得擅改""无得创收""无得增损"之规定。然其后以课利最多之数定为祖额，比较科罚（后世之商税有比较自此始）。自是商人纳税之轻重，出于官吏之意思，税乃有增无减，厥后市易法行，而其弊更丛生矣。

当神宗时，王安石变法，以专利富国为政策，行市易之法，先置京师市易务，旧有之商税院、杂买务、杂卖场胥隶焉。所谓市易法者，其大要有二：

（一）笼货物。凡货物之可市及滞于民而不售者，平其价市之，愿以易官物者听。

（二）取息金。民欲市于官，则度其抵而贷之钱，责期使偿，半岁输息十一，及岁倍之，过期不输息，外每月更罚钱。

> 按，其法制，所谓贷与民者，不外放债取息，而其条件，须金银田宅为抵当，否则亦须具三人之保结。至其笼天下之货物，平价市

之,亦不外贸迁图利。以政府而行黠商豪家贸易称贷之事,其结果遂生以下诸弊:

（甲）凡商货入境,并须押赴市易司卖,因之商人多由他道过,国家商税,反以大亏。

（乙）本郡商货,抑之毋得至他郡,有种种留难。

（丙）他郡商货不至,物价遂踊。

（丁）市官物者,负息累累。

（戊）官又私取民息谓之干息。

（己）贷钱有抵者辗转破产。

（庚）贫人及无赖子弟,无抵者不能偿本债,虽罚之而囚系督责,徒存虚数,实不可得。

（辛）初赐内藏库及京东路钱为市易本,共一百八十七万缗。而五年之间,所得市易息钱,并市利钱,仅总收百三十三万二千缗有奇,子息相权,可谓得不偿失。

综以上观之,市易之法,实有害无利。至安石所行取利于民之法,尚有青苗法及募役法二种。

青苗法。自插苗期,国家以资贷民,至秋熟偿金而加息金十之二或十之三。然与唐之青苗钱,名同而实异也（唐末,以国用急不及秋而税之,时苗未青,故号"青苗钱"）。

募役法。令民出钱雇役。凡当役人户,以等第出钱,谓之"免役钱"。坊郭等户及官户、女户、单户、寺观,旧无官役而出钱者,谓之"助役钱"。凡州县中应用雇值多少,随户均取,雇值既已足用,又率其数增取二分,以备水旱之欠缺,谓之"免役宽剩钱"。然其后差役与雇役,皆并行矣。

宋《朝野杂记》云："身丁钱,多伪国所创。予尝谓唐之庸钱,杨炎已均入两税,而后世差役复不免,是力役之征,既取其二也。本朝王安石令民输钱以免役,而绍兴以后,所谓户长、保正雇钱复不给焉,是取其三也。合丁钱而论之,力役之征,盖取其四矣。而一有边事,则征夫之令,又不得免焉,是取其五也。"

按,马贵与曰："差役,古法也,其弊也,差役不公,渔取无艺,故转而为雇。雇役,熙宁之法也,其弊也,庸钱自输,苦役如故,故转而为义。义役,中兴以来,江浙诸郡民户自相讲究之法也(其法,众出田谷,助役户输充),其弊也,豪强专制,寡弱受陵,故复反而为差。盖以事体之便民观之,雇便于差,义便于雇,至于义复有弊,则未如之何也已。窃尝论之,古之所谓役者,或以起军旅,则执干戈、冒锋镝而后谓之役,或以营土木,则亲舂锸、疲筋力然后谓之役。《王制》'岁不过三日',皆此役也……"

至于宋初之茶税,几视茶为官之专卖。民之种茶者,领本钱于官,而尽纳其茶,官自卖之,敢藏匿及私卖者有罪。其后以十三场茶买卖本息,并计其数,罢官给本钱,使商人与园户,自相交易,而输其息钱三十有一于官(当时茶一斤,售钱五十有六,其本钱二十有五),谓之"贴射"。至仁宗时,始弛茶禁,园户之种茶者,官收租钱,商贾贩茶者,官收征算,营业乃得自由矣。

宋之盐税,即采用唐代张平叔官自卖盐之策。当时东南之盐税,其利益最厚,盐之入官者,计淮南福建,每斤为钱四,两浙杭秀为钱六,温台明为钱四,广南为钱五。至绍兴末年,盐税达二千一百缗,以视唐之盐税增至三倍矣。

其西北之盐，以解池盐为薄。神宗创盐钞之法，积钞于陕西沿边诸郡，商人运盐至边，有数倍之息，而请其钞有回，颇为称便。蔡京改令商人先输钱请钞而后授盐，钞法遂废，商旅病之。

第六款　元明之税制

元初用耶律楚材议，均定税则。太宗时，立十路课税所，凡中原以户、西域以丁、蒙古以牛马羊，当时所课税额，计银五十万两、绢八万匹、粟四十余万石。其后括户定税，群臣共欲以丁为户，楚材力争之，谓"自古有中原者，未尝以丁为户，若果行之，可输一半之赋，随即逃散矣"，乃从其议。参用古法，更定税则，每户出丝二斤，以供官用，五户出丝二斤，以与贵戚功臣之家，并仿宋之方田均税法，上田每亩三升半，中田三升，下田二斤半，水田每亩五升，其他商税三十分之一，盐税则四十斤以上税银一两，定为永额。

>　　按，元太祖起于蒙古，当其征定西域，仓库无斗粟尺布之储，群臣咸劝以得汉人无用，不如尽杀之，旷其地以为牧场。幸得耶律楚材力谏，始斟酌中国旧制，确定税则矣。

元世祖复申明税制。于是其法綦备，大率以唐为模范：取于内郡者，曰"丁税"，曰"地税"，仿唐之租庸调；取于江南者，曰"秋税"，曰"夏税"，仿唐之两税，而江南之田赋为独重。

>　　按，江南之赋自唐代安史乱后，日益增重，故其时已占天下全额之十九，"韩愈谓赋出天下而江南居十九"。厥后女真、蒙古各族，南徙中原，战事日亟，西北之地味益瘠，加以黄河之大溃决，至

近世期而益数。宋、金、元、明,无代无河患,河淮之间,几成废地,而江南、浙西诸田,因水利而遂以饶富闻。自北宋之末,以浙西平江(苏州)之地,田多旷弃,募民耕种,官自收租,谓之"官田"。至南宋之季,复以浙西六郡逾限之田为公田。元亦仍之而不改矣。明初灭张士诚,其部下之田产,殆遍苏松,悉没收为官田。其时民田以五升起征,官田以七斗起征。迨明之中叶,合官民二田,并以三斗起征。故自宋迄清,江南浙西田赋担负之重其原因亦正坐此。

明初之赋于民者,一以"黄册"(户籍)为准,丁有役,田有租,其定期征收,亦分夏、秋两税,略似前代之制。夏税麦为主,秋粮米为主,但以银钞钱绢代纳皆可。太祖时,官田每亩五升三合五勺,民田三升三合五勺,租田八升五合五勺,没官田一斗二升。

按,此系普通之田赋,非江南浙西之田赋。

纳税之期,夏税限八月,秋粮限来年二月。其税额,至成祖时天下税粮三千万余石,丝钞等(即折色)亦三千余万计。

太祖以郡县官吏征收赋税,不免浸渔百姓,乃由纳粮万石之地,选纳租最多者一人,为正、副粮长,以司税粮之事,并量度田亩方圆,次以字号,悉书主名及田之丈尺,编类为册,状如鱼鳞,号曰"鱼鳞册"。其初所用"黄册",系以户为主,详具旧管、新收、开除、实在之数为四柱式。而鱼鳞册以土地为主,诸原坂、坟衍、沃瘠、沙卤之别毕具。鱼鳞册为经,土地之讼质焉;黄册为纬,赋役之法定焉。

役法有成丁与未成丁之分。明时,十六以上为成丁,成丁后当每岁农隙,赴京供役一月,田多丁少者,以佃人充夫,田主出米一石,以供其资,大率稽查户口,以黄册所定者为准。凡里甲皆有长,以充乡里之役,凡此皆常役也。此外临时征发之役,名目繁多,自"一条鞭"法行后,民稍称便矣。

一条鞭法,始于嘉靖时代,其法总括州县之田赋与丁役,以及土贡方物,悉并为一条,皆征收银两折办于官。至一岁之役,官为代募,立法颇为简便。嘉靖间数行数止,至隆庆时,征收无度而逋粮亦愈多,赖行此法,无他科扰。至万历九年,遂通行焉,迄于清初未之或改。

其他商业税,在明初大抵三十取一,设宣课、通课等司以征收之,较宋元之繁琐,力从简约,商人乐业,稍得自由。然其后税目渐增,而征收机关亦渐密,凡京城诸门及各州县市集皆设之。且自隆庆以后,凡桥梁道路关津,皆私擅抽税,实为罔利病民之弊政。至于宫中市物,往往内使假采办之名,虐取财物,虽屡诏停办,未能革除也。

又盐税、茶税及酒税,亦皆因前代之法而征为国税。盐、茶二种,皆定为引(引之名义,凡商人先须赴官纳钱请引,方许出境货买,每引计百斤)。酒税不若唐宋之苛敛,大率摊其课于税务中,然亦视为国家经费之一也。

第七款　清代之税制

清初之田赋,仿明之一条鞭法,并征地、丁两税,且亦用唐之夏、秋两季征收(至今未改),分前后两期,而月限各省不同,税率因各省地有肥瘠远近,颇不一致。迨康熙时,以续生人丁,但报实数,永不加赋,即据康熙五十年丁额为标准(其时丁额为二千四百十七万九百余),然地、丁犹分征也。至雍正五年,复将丁粮并于各地粮内,而地、丁始合一矣。

漕粮之制,本起于元明(元初运江南、浙西之粮而至燕京有三百二十五万五百二十石之多)。清亦都北京,故因仍不改,征收之省份,较元代为多，以江苏、安徽、浙江、湖南、湖北、江西、河南、山东八省分摊之，约共四百五十万石，其中以江浙漕粮为最重。民输粮于官，而由漕运总督运贮于北通州及京师，以为京官及旗兵之俸米。迨同治议减轻江浙漕粮，而兵乱之后，荒田颇多，地丁原额，未能规复。于是江苏有清赋之举，其后因庚子之役赔款颇巨，各省竭力筹措，漕粮乃议改折银两，且地税之外，又加亩捐矣。此外杂赋，有盐课、茶课、芦课、渔课及典商税、行牙税、契税、铺税、牛马税等，其种类甚多，兹举其先要者于下：

（一）盐课。盐课之制，大略有三，曰灶课、商课、盐厘是也。民以煎晒为业者称灶户，户有长，出卤开煎有稽，盐之储积出纳有籍，设大使掌之，而征收其税，是为灶课。招商就灶买盐，捆包与售（积斤成引，各省一引之数，自二百四十斤至五六百斤不等），按引抽其正杂各课（自一两数钱至二三两亦不等），是为商课。转运所至之处，挂号过掣，设卡盘查，置运同、运判等官以掌之，按包抽厘，是为盐厘。课厘之外，尚有杂课（课外加税，以供杂需，曰杂课）、帑息（商借官银，按年出息，曰帑息）各项，又有捐输报效，每次多至数百万两。及其末季，国用日形艰窘，屡议增加盐斤之价，以为济穷之方。

（二）厘金。即货物通过税，此制因洪杨之乱①而设，各地置卡，稽查货物，自一省至他省、自一地方至他地方之货物，皆征收之，定为值百抽二点五为率。初时暂济军饷之不足，嗣后遂为岁入之大宗，不能废除矣。关卡密布，妨害商民，是亦清之一弊政也（清季中英改订商约，中国将所有厘卡及征抽行货他捐各关卡局所，一律裁撤，英国允许英商运进之洋货及运出之土货，除照税则应征正税外，加完一税以为补偿，然其后迄未实行）。

---

① 即时人对于清末太平天国运动的称谓，含贬义。

（三）关税。关税自古代已有之，自海外通商后，于是东南沿海各口岸及沿江各埠更设立海关（或称洋关），以征收税则，而称内地旧时之税关为常关，兹分述之：

（甲）常关。内地常关税，经过内地之诸关，就物品而课之。清代向归户部及工部掌管，后虽渐改归海关，然存者尚多，如北京之崇文门、山西之杀虎口、陕西之潼关、安徽之凤阳、江苏之扬由关及淮安关等，皆为常关，其余各省存者亦不少。

（乙）海关。课外国贸易之货物，通商以后，至咸丰四年，渐次成立，惟自《南京条约》，轻许将税则列入条约，开协定之恶例。而此后关税增加，遂受条约之束缚，丧失自主权矣。匪特此也，当海关初设时，值洪杨之乱，税关不能行其职务，清政府乃受外国领事之请求，举海关而归之外人保护之下，由是各海关税务司及总税务司，皆用外人。清季为挽回税权计，乃于总税务司之上，增设税务大臣以统治之。

第六章　法典之编纂及刑法之变迁

第一节　上古至三代之刑法

上古自唐虞时代，始定五刑之制（墨、劓、刖、宫、辟），其时尚未有成文之法典也。而《舜典》所谓"象以典刑，流宥五刑，鞭作官刑，朴作教刑，金作赎刑，眚灾肆赦，怙终贼刑"，亦只简单之记载而已。至战国时李悝始造《法经》六篇（《盗法》《贼法》《囚法》《捕法》《杂法》《具法》),是为我国有法典之始。然其起源,盖集郑之刑书(郑子产所作)、晋之刑鼎(晋范宣子所作,以刑名铸于金属,犹罗马之《十二铜表法》)而成者也。至其六篇之命意,杜氏《通典》之言曰:"魏文侯师李悝,悝撰次诸国法,著《法经》,以为王者之政莫急于盗贼,故其律始于《盗》《贼》。盗贼须劾捕,故著《囚》《捕》二篇。其轻狡、不廉、淫侈、逾制等,以为《杂律》篇。又以《具律》具其加减,是故所著六篇而已。"

按,其所编《法经》,不外罪名之制。盖世界各国之法制,大率以刑法发达为最早。法典之编纂即根据刑法而成。我国之法制亦不能外此例也。

"象以典刑"之解释,约分三说:

(甲说)谓"象刑"者,系画衣冠、异章服以为戮。慎子所谓"布衣无领当大辟,幪巾当墨……"之类。汉世儒者多宗之。

(乙说)象者,法也。典者,常也。象以典刑者,依法律执行常刑之意也。此说孔安国倡之。

(丙说)描写用刑之物象,而明示于民,使其愧畏也。此说宋儒程大昌倡之。

按,周之司寇于正月垂刑象之法于象魏(周之阙名,取巍巍然之意),使万民观刑象,即其遗意。唐虞时代之刑制,以五刑为主刑,鞭、朴为从刑。鞭、朴皆为刑具,鞭系治官事之刑,朴则专用于教育之刑,即后世笞杖之刑所由昉也。

自唐虞创为五刑,三代遂沿用之。所谓墨、劓、刖、宫、辟,以为刑之主体。而流、鞭、朴、赎等法，则间用之者也。兹将古代之刑制，分别说明之：

（一）墨刑，一称黥刑，刺伤其面部，以墨注之也。⎫
（二）劓刑者，割鼻之刑罚也。　　　　　　　　　⎬ 身体刑
（三）刖刑者，断足之刑罚也，一称腓，周之时或称膑。⎮
（四）宫刑者，断其生殖之刑罚也，一称腐刑。　　　⎭
（五）辟刑者，即斩首之刑罚也，死刑。——生命刑

此外，鞭、朴等刑亦属身体刑之一种。

又流刑亦起于舜时，盖视五刑之可宥者，以流刑代之，分为流、放、窜三种，视路之远近而异其名称，类似自由刑。

《舜典》所谓"流共工于幽州，放驩兜于崇山，窜三苗于三危，殛鲧于羽山"。流、放、窜皆为流刑，而殛则驱之远方而诛之也。

赎刑即易科罚金，财产刑。（蔡九峰以为《舜典》所谓赎刑者，官府学校鞭朴之刑耳。）

周之时虽沿用五刑之制，但皆可许其罚锾以为赎罪。观《吕刑》所云："墨辟疑赦，其罚百锾，阅实其罪。劓辟疑赦，其罚惟倍，阅实其罪。刖辟疑赦，其罚倍差，阅实其罪。宫辟疑赦，其罚六百锾，阅实其罪。大辟疑赦，其罪千锾，阅实其罪。"即《虞书》所谓"罪疑惟轻"是也。

盖穆王之时，法律繁重，"五刑之属，至于三千"，若一按之律，尽从而刑之，则何莫非投机触罟者，是以穆王哀之。而五刑之疑，各以赎论，所谓其情可矜，其法可议，不必尽处以罪刑也。

论者谓"劓刵椓黥，蚩尤之刑也"，其法殊伤残肢体，大背人道，非文明国家所宜有。然唐虞三代，独遵奉之，何也？然考东西洋各国，其在上古之世，若罗马，若日耳曼，若日本，其施于身体之刑，有断舌、断唇、抉目、剥皮等制，其酷虐较我国古代且尤过之，固

不能独为华夏病也。

　　按，苗民所作五虐之刑，见于《吕刑》者，除死刑外，"栎"即宫刑（"栎"按《吕刑》作"劓"），"黥"即墨刑，唯少刖刑而多聅刑，一说"聅"即"刖"之误。

　　又三代之诉讼法，虽属于刑事者多，亦有一部属于民事者，兹分述于下：

　　（甲）刑事。刑事之讼，先讯于群臣吏民，然后断定（即现代之陪审制）。若决死刑时，士师受其宣告书，择日而行刑，即近世之宣告执行是也。此外有特别之例：（1）王族及有爵者，不施刑于市；（2）妇人不施死刑于朝市；（3）老耄者、幼弱者、愚蠢者，虽犯罪不罚，所谓"三赦"也；（4）不知而犯罪者、过失而犯罪者、遗忘而犯罪者，皆依宥减之例，所谓"三宥"也；（5）命夫、命妇不躬坐狱，刑不上大夫，此即议亲议贵之义也。

　　（乙）民事。民事之讼，关于人事者，以其讼者之邻人为证人，关于土地者，以邦国之本图为标准，贷借之讼本证券，买卖之讼据约剂，以判决之。听讼之日，有史官记原、被之问答，如书记然。听犯罪之讼，有使先入券书与钧金之例；听货财之讼，有使入束矢之例；三十斤为钧，十挺为束。又出诉之期限，不论民事、刑事，随地而有一定之法。若过其期限，官不受理。（券书、钧金、束矢皆现代预纳诉讼费用之制。）

　　又听讼之法，载于《周官·小司寇》：一曰辞听（闻其出言），二曰色听（观其颜色），三曰气听（视其气息），四曰耳听（观其听聆），五曰目听（观其眸子）。此所谓"以五声听讼求民情"也。

　　岁终，则集一年间之狱讼，称为法例，藏于天府，盖犹今之判决例，留供他日之参考者也。

　　至于监狱之制，当上古时代，尚未完备，以害人者置之圜土而施职事（即画地为牢之意），欲其困而悔，悔而改也。其能改者，置之乡里，三年不许列于平民。又上罪三年而舍，中罪二年而舍，下罪一年而舍，其不能改而先行逃亡者，则杀之。

若五刑之外，汤制官刑以儆有位，所谓"三风十愆"者，似专为官吏之制裁。及其末季，纣为无道，罪人以族、焚炙忠良、刳剔孕妇，为炮烙之刑，创醢脯之法，乃专制君主逞其残暴而已，不能认为刑罚之制度也。

> 按，"三风十愆"（见《商书·盘庚》篇），敢有恒舞于宫、酣歌于室，时谓巫风；敢有殉于货色、恒于游畋，时谓淫风；敢有侮圣言、逆忠直、远耆德、比顽童，时谓乱风。

周官大司寇掌建邦之三典，以佐王刑邦国，一曰刑新国用轻典，二曰刑平国用中典，三曰刑乱国用重典。此亦因时制宜，以定刑之作用，非刑制也。

《周官·小司寇》以八辟丽邦法，附刑罚，一曰议亲，二曰议故，三曰议贤，四曰议能，五曰议功，六曰议贵，七曰议勤，八曰议宾。此种犯罪者，得先付评议，可宥则宥之也。

第二节 秦汉之刑法

秦用商鞅以变法，鞅盖本李悝之法，而变本加厉者也。始皇既并六国，专任刑罚，其于身体刑、生命刑、自由刑，多务为残酷，兹列举于下：

（甲）身体刑——黥、劓、刖刑（仍古制），又增搒掠刑、蒺藜刑（蒺藜其脊）。

（乙）生命刑（死刑）——弃市、枭首（悬首于木上）、车裂（以车裂其肢体）、镬烹（入于鼎煮杀之）、囊扑（入于囊扑杀之）。

（丙）自由刑——黥为城旦（黥其面使守城门）、鬼薪（使其取薪给宗庙为鬼薪）、籍门（籍没其一门皆为徒隶），三种皆徒刑。

又古代有胁从罔治、罪人不孥之制，秦则有夷三族（一人犯罪，诛及三族，三族者，为父族、母族、妻族也），重者则灭其宗，其他则有相连坐之例（一家犯罪，九家中不告发者则连坐），此盖于诸种酷刑之外，而又牵连及于无辜者也。然夷族之制，传至汉初，尚沿用之。

汉高入秦，召诸父老豪杰曰："父老苦秦苛法久矣。诽谤者族，偶语者弃市。吾与诸侯约，先入关者王之。吾当王关中，与父老约法三章耳（约取约束之义，《汉书·刑法志》解作节约之义），杀人者死，伤人及盗抵罪，余悉除去秦法。"是开创之初，颇知法存宽大，其后乃以三章之法不足以治天下，乃令萧何摭拾旧律，取李悝之《法经》六篇（详见上），增加三篇（《户法》《擅兴法》《厩法》），是为《九章律》。继之者为张苍、叔孙通、晁错等更定法令。至武帝而张汤、赵禹辈又迭加增益，当时律令凡三百五十九章，大辟四百九条。虽法典之编纂，颇称完密，然律令之繁杂，已远过汉初矣。至其所用刑制，大抵沿用秦旧，初未见其若何改革也。兹分述之：

> 按，刑、法二字之解释。考之《说文》，"刑"，到也，以刎颈为训。"灋"从水，平之如水也。从廌、去，所以触不直者去之。其后因李悝之六法而改为律，商鞅倡之，萧何复增为《九章律》。律之名义源于音乐之六律，所以定其规律而为犯罪之标准也。又古代竹器皆名为律，古之刑书亦书于竹简也。自是厥后，"法""律"二字，遂为后世通用之名词。

(一) 夷三族。汉高时犹存此制,吕后时始废之。

(二) 死刑。分为腰斩、磔、绞之三种。

若身体刑之制,汉时最为繁复,列表于下以明之:

(三) 身体刑(肉刑)
- (1) 黥、劓、刖之三种,文帝诏废肉刑时皆除之。
- (2) 断舌刑,高祖时凡诽诱诅咒者,先断其舌。
- (3) 髡钳,又称完刑,文帝时所作,以代黥刑(髡者,剪其毛发,完其身体也。钳,以铁为之,束其颈,钳凡重三斤)。
- (4) 笞刑。凡三百,以代劓刑。凡笞五百可代刖左趾者(可刖右趾者,弃市),皆文帝时所作。至景帝时减为二百、三百,其后又递减为一百、二百。
- (5) 宫刑,一称腐刑。文帝时诏废除之,但其后至景、武朝,尚未禁绝,唯不常用。

笞长五尺,以竹为之,薄半寸,皆平其节。当笞者笞臀,毋得更人。

按,《汉书》称文帝诏除肉刑,以为美德,然观于髡、钳、笞诸刑,皆文帝时所作,可知其未尽废除。至腐刑之制,废而仍用。至景、武时代,又以腐刑代死刑矣。迨隋文时始除腐刑,然宫禁犹用宦官也。

(四) 自由刑。城旦、鬼薪之制,仍沿秦旧。至后汉而又有禁锢终身之制(即无期徒刑)。

（五）财产刑。汉惠时，令民有罪，得买爵十级①（凡六万钱）以免死。文帝募民人粟塞下，得以免罪。武帝更令死罪入赎钱五十万，减死一等，是即易科罚金之制。然罚金得免死罪，是使富者得生贫者独死，殊失用刑之本意矣。

汉代之牢狱，有廷尉狱、中都官狱、掖廷秘狱等。初高祖时，狱有疑者，久留不决，囚犯苦之。景帝颇注意监狱之改良，凡八十岁以上，八岁以下，又孕妇及瞽者，得宽其桎梏。宣帝时，亦全年八十以上者，除诬告人及杀伤人外，不坐罪。成帝时，年不满七岁者，贼斗杀人及犯殊罪者，得上请减死之事。

宣帝知犯罪者与刑法，往往有不相侔之弊，乃置廷尉平，使掌囚狱。故其后狱疑者，谳有司，有司不能决者移廷尉。廷尉者，即中央之最高法院也。有司者，为郡国守相及州之刺史，即地方法院也。州刺史之职掌有周行郡国断治冤狱之事，隐寓巡回裁判之意焉。此外乡村间则有啬夫听狱讼，以处理裁判之事务，不决者，则由县令裁决之，即人民法院也。游徼循禁贼盗，掌司法警察事务，亦即治安审判之制也。故汉时虽司法与行政未分，然其制度固已略具审级之规模矣。列简表如下②：

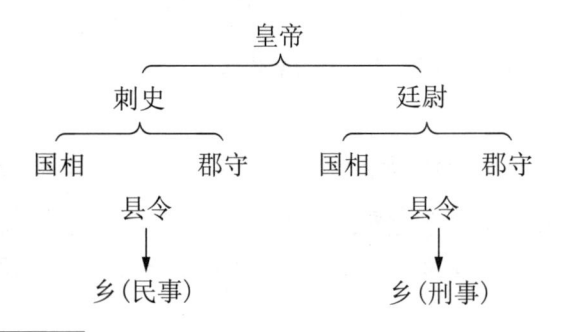

```
              皇帝
         ┌─────┴─────┐
        刺史          廷尉
       ┌─┴─┐        ┌─┴─┐
      国相 郡守     国相 郡守
           │             │
          县令          县令
           ↓             ↓
        乡(民事)      乡(刑事)
```

① 应为三十级。
② 原表如此，但如按其在本段中的表述，则作为"最高法院"的廷尉应置于作为"地方法院"之一的刺史之上，而非与之平级。

第三节　魏晋南北朝之刑法

自汉萧何作《九章律》，降及魏晋，虽半仍秦汉之旧，然其间亦有多少之变迁，即法律之增加，与酷刑之减除是也。

（一）法律之增加。魏明帝作《新律》十八篇，因汉之九章而更加以九篇（《劫掠》《诈伪》《毁亡》《告劾》《系讯》《断狱》《请赇》《惊事》《偿赃》），复将《具律》改为《刑名》，冠于法律之首。晋武帝命贾充等定法令，更因汉之九章增十一篇，共二十篇，《具律》改为《刑名》，同于魏律。更增《法例》，亦冠于律首。此外，如《户律》《厩牧》《擅兴律》《盗律》《贼律》《杂律》《捕律》则仍汉之旧，《诈伪》《断狱》《毁亡》《告劾》《系讯》《请赇》则仍魏之旧，而《宫卫》《违制》《水火》《诸侯》《关市》则其新增者也。自是而后，南北朝之法律皆出入无几。（参照下表）

（二）酷刑之减除。魏晋之际，就刑法上屡起议论者，肉刑是也。盖自前汉时除肉刑，其后有复之者。后汉之末、西晋之初及东晋之终，颇主张其说，然卒免除之。迨南朝宋之世，复有黥、刖之制（重罪遇赦时，黥两颊，去两脚筋），足征其时尚存肉刑之制度。惟其后无有言复肉刑者，是亦于刑法上一大进步也。其代肉刑而科罚者，则有鞭刑、杖刑等类。

（甲）鞭刑。类于汉之笞刑，大抵鞭用生熟皮革为之，笞则以竹为之。魏明帝定鞭督之令。南朝梁宋之际，鞭刑分为二百、一百及五十、四十、三十、二十、一十之等差，各以其罪定之。而鞭有三种：制鞭、法鞭、常鞭也。至北齐、北周，则为徒刑之附加刑（详见下表）。及隋唐，乃废鞭刑而复改为笞刑矣。

（乙）杖刑。杖用生荆为之。梁之时有大杖、法杖、小杖之别。北齐、北周则有杖一十、二十、三十至五十之等差。

要之,此等刑罚,虽亦身体刑之一种,但较诸墨、劓等刑之残剥皮肤肉体之事,则固已改良矣。

死刑则秦汉以来之族诛、连坐等制。至晋及梁时,亦大为削减。

北朝之法制,稍有所异于南朝。后魏之初作新律(二十卷内,门房之诛四,大辟百四十),颇多苛酷之刑。例如:(一)腰斩;(二)腐刑;(三)轘;(四)负羊抱狗而沉诸泉;(五)焚家;(六)烧炭于山;(七)役圉溷;(八)入春藁;(九)守苑囿;(十)裸形伏质诸目。惟孕妇经产后百日而刑,又如年十四以下者减其刑,稍存宽厚之意。厥后盗赃三匹,处以死刑。更设酒禁,饮酒者皆处斩,亦皆极端苛虐。至孝文帝时,改刑制,首除酒禁,又除大逆谋叛之外,止罪其身,罢门房之诛,自是刑罚稍宽。迨北齐、北周之刑名则定为杖、鞭、徒、流、死等五刑,盖参用南朝之制而稍整理之者,遂为隋唐以后所效法。列表如下:

北齐之刑名
- 杖刑:十、二十、三十
- 鞭刑:四十、五十、六十、八十、一百
- 耐刑(即徒刑):一岁、二岁、三岁、四岁、五岁(各附加鞭刑)
- 流刑:不定道里
- 死刑:斩、绞、枭、轘

北周之刑名
- 杖刑:十、二十、三十、四十、五十
- 鞭刑:六十、七十、八十、九十、一百
- 徒刑:一年、二年、三年、四年、五年(各附加鞭刑)
- 流刑:卫服(二千五百里)、要服(三千里)、荒服(三千五百里)、镇服(四千里)、藩服(四千五百里)
- 死刑:磬、绞、斩、枭、裂

笞者,耻也,凡过之小者捶挞以耻之。

杖者,持也,可持以击也。

徒者,奴也,盖奴辱之于罪隶,任之以事,置之圜土而教之。

流者,留也,谓不忍刑杀宥之于远也。

死者,即古大辟之刑也。

自战国、汉、魏、南北朝及隋、唐,其间法典之变迁,颇有系统之可供研究。要之,李悝立《法经》为创作时期,汉魏及南北朝为因革时期,而隋唐则为成立时期也。兹列法典篇目表,以资比较:

法经	汉九章	曹魏	晋廿篇	宋廿篇	齐廿篇	梁廿篇	后魏廿篇	北齐十二篇	北周廿五篇	隋唐
6具法①	具律	刑名	1刑名	刑名	刑名	1刑名	刑名	1名例	1刑名	1名例律
			2法例	法例	法例	2法例	法例	2禁卫	2法例	2禁卫律
			15宫卫	宫卫	宫卫	15宫卫	宫卫	5违制	9宫卫	3职制律
			13违制	违制	违制	20违制	违制	3户婚	15违制	4户婚律
	户律	户律	14户律	户律	户律	12户律	户律	11厩牧	5婚姻	5厩库律
	厩律	厩牧	17厩牧	厩牧	厩牧	18厩牧	牧产	4擅兴	6户禁	6擅兴律
	兴律	擅兴	15兴律	兴律	兴律	13擅兴	擅兴		18厩牧	
1盗法	盗律	盗律	3盗律	盗律	盗律	3贼律	劫盗	8贼盗	8兴善	7贼盗律
2贼法	贼律	贼律	4贼律	贼律	贼律	4贼犯	贼犯		12刊盗	

---

① 表中数字为该篇在该法典中的序号,如"6具法"即指《具法》为《法经》第六篇。

续表

法经	汉九章	曹魏	晋廿篇	宋廿篇	齐廿篇	梁廿篇	后魏廿篇	北齐十二篇	北周廿五篇	隋唐
							斗律	7 斗讼	13 贼犯	8 斗讼律
		诈伪	5 诈伪	诈伪	诈伪	5 诈伪	诈伪	6 诈伪	11 斗禁	9 诈伪律
5 杂法	杂律	杂律	11 杂律	杂律	杂律	11 杂律	杂律	12 杂律	20 诈伪	10 杂律
4 捕法	捕律	捕律	8 捕律	捕律	捕律	8 逃捕	捕断	9 捕断	19 杂犯	11 捕亡律
3 囚法	囚律	囚律							23 逃捕	
			断狱	10 断狱	断狱	断狱	10 断狱	断狱	25 断狱	12 断狱律
		劫掠								
		毁亡	19 毁亡	毁亡	毁亡	14 毁亡	毁亡	10 毁损	14 毁亡	
		告劾	7 告劾	告劾	告劾	7 告劾	告劾		22 告劾	
		系讯	9 系讯	系讯	系讯	9 系讯	系讯		24 系讯	
		请赇	6 请赇	请赇	请赇	6 请赇	请赇		21 请赇	
		惊事								
		偿赃	16 水火	水火	水火	16 水火	水火		7 水火	
			20 诸侯	诸侯	诸侯				17 诸侯	
			18 关市	关市	关市	19 关市	关市		10 市廛	
						17 仓库			16 津关	
									3 祀享	
									4 朝会	

第四节　唐代之民刑法及诉讼法

第一款　唐之法典

我国古代之法律,至唐而大备,唐以后宋、元、明、清之法系皆承其流者也,实为中国法制史上之新纪元焉。匪特此也,即日本相传之《大宝律》对于唐律之多少类似犹可得见(日本律疏颇同于《唐律疏议》),其完全模拟中国,要为显著之事实。唐律流传之广远,其效力可谓伟大(我国今日民法之一部,犹适用之,刑律则清律之大部,皆不外是)。迨清季改订新刑律,转取资于日本。呜呼! 是盖礼失而求诸野也。

唐之法典,所谓律、令、格、式之四种,律分十二篇(已详上表)。唐初所定之律,以隋《开皇律》为根据。太宗贞观十一年,长孙无忌、房玄龄等撰律、令、格、式,当时所成之律,实为十篇。至高宗永徽二年,加入《捕亡》《断狱》二篇,故《贞观律》与《永徽律》合成为十二篇,凡五百条。至其他之令、格、式三种,大率关于行政制度为多。其时所撰之令凡二十七篇,格二十四篇,式三十三篇。

> 按,马氏《通考》曰:"唐之刑书有四,曰律、令、格、式。令者,尊卑贵贱之等数,国家之制度也;格者,百官有司所常行之事也;式者,其所常守之法也。凡邦国之政,必从事于此三者,其有所违及人之为恶而入于罪戾者,一断以律……"

然唐代法典之传于今日者,仅《唐律疏议》,与唐之六典(理典、教典、礼典、政典、刑典、事典,清代则合称"会典"),其他令及格、式之三种,今俱不传,故其真相终不可得。虽流传于日本者,其残编断简往往散见于东籍,然亦仅存其篇目而已(令有《古令》《新令》《大业令》《永徽令》《开元令》等,格有《贞观初格》《永徽格》《开元格》等,式有《永徽式》《开元式》等)。

唐律中可注意者,即恢复"十恶"之目是也。"十恶"之名称,起于北齐,所以揭示重罪者,凡十条:一谋反、二谋大逆、三谋叛、四恶逆、五曰不道、六大不敬、七不孝、八不睦、九不义、十内乱是也(其解释详于下节)。犯十恶者,虽当八议,不宥其罪(八议系因周制,详见上)。此等十恶之条,当隋炀帝时曾敕除之,至唐而复设之,由是后世刑法诸书,必列十恶之名,传至清季而未废。

第二款 司法制度

我国司法事务,自秦汉以迄明清,皆以行政官兼理之,而行政行为与裁判,常各无独立之机关。唐代司法亦由地方行政官职掌,且无民事、刑事之区别,故其法院之编制形式上分为地方与中央之二种。地方法院以县令为最下级,而州之刺史及都督、都护等府之法曹为上级,皆受中央监察御史之监督。中央法院以大理寺直接刑狱诸事务,御史台掌行政诉讼之事,刑部则仅分掌律法及复核司法事务而已。列表以明之:

```
                  ┌ 刑部  ┌ 尚书：掌律令、刑罚、徒隶、关禁之政
                  │       └ 郎中：掌律法复按、大理及天下奏谳
                  │       ┌ 卿：掌折狱详刑之事
                  │ 大理寺│ 正：修正议议科条之事
中央司法机关 ┤       │ 丞：分判寺事，正轻重之事
                  │       └ 司直：掌出使巡按
                  │       ┌ 监察御史：掌分察百僚、巡按州县之事，讼
                  │ 御史台│           狱、军戎、祭祀、营作、太府、出
                  │       │           纳皆隶之
                  │       └ 侍御史：掌纠举百僚、推鞫狱讼之事

                  ┌ 州刺史——司法参军事，掌律令格式及鞫狱定刑、
                  │          督捕盗贼、纠察奸非之事
                  │ 都督——法曹参军事，职掌同上
地方司法机关 ┤ 府牧——法曹参军事，职掌同上
                  │ 都议——法曹参军事，同上
                  └ 县令——司法佐，掌审察冤屈、判断讼狱之事
```

县为地方司法下级之机关。至于县之下，则有里正、坊正、村正（即唐代之乡官），为自治团体中精明强干者充之，大抵民事诉讼归其裁判，不决者，乃始由县令再审之。刑事诉讼，则直接由县决罚者也。

不经县而直诉州府者，谓之"越诉"。越诉者及受理者，各有罪，所以定审级之管辖也。凡罪犯例由其所发生之县推断之。而在京师，则杖刑以下，委京师法曹参军事推断，徒刑以上送至大理寺。凡鞫大狱时，刑部尚书、御史中丞、大理寺卿共参同焉。

第三款　唐之刑名

唐代刑名,规定于《唐律疏议·名例律》中,谓之"五刑",即笞、杖、徒、流、死是也,大致因乎隋制。隋以前北齐、北周,虽亦分为五刑,然身体刑之鞭刑,或有致死者,故唐太宗诏废除之。(唐太宗尝览《明堂针灸图》,见人五脏皆近背,针灸失所,则其害致死。叹曰:"夫箠者,五刑之轻,死者,人之所重,安得犯至轻之刑而或致死?"乃诏罪人无鞭背。)由是鞭刑改为杖刑,杖刑则改为笞刑焉。

马氏《通考》曰:"按鞭、朴在唐虞为至轻之刑,在五刑之下。至汉文除肉刑,始以笞代斩趾(刖刑),而笞数既多,反以杀人,其后以为笞者多死,罪不至死者,遂不复笞,而止于徒流。自魏晋以下,笞数皆重。至唐于当斩、绞者,皆先决杖,或百或六十,则与秦之具五刑何异?建元时,始定重杖为死刑。贞元时,始令死刑不先决杖,盖革累朝之弊法云。"

唐以前,死刑除诸种酷刑外,至北齐、北周五刑中,尚有磬、绞、斩、枭、裂之五种。至唐之死刑,仅存斩、绞二种,不可谓非刑律之改良。故其刑律历宋、元、明、清而不废。列表于下:

笞刑有五:一十、二十、三十、四十、五十
杖刑有五:六十、七十、八十、九十、一百
徒刑有五:一年、年半、二年、二年半、三年
流刑有三:二千里、二千五百里、三千里
死刑有二:斩、绞

此外流刑之中，有"加役流"，盖流而不反，即死刑也。武德年间，改为断趾刑。贞观六年，又改加役流，役三年，常流役一年，以为区别。

第四款　刑法之加减及轻重

唐之刑法最可注意者，为因人而异。故刑之适用，例如夫之于妻、长之于幼、贵之于贱、主之于从，皆设为种种之区别，因此等区别，施刑遂有加减之分。按诸科刑平等主义未免相反，设有甲乙同犯一罪，而甲者比较的轻，乙者比较的重，是等实例，各见于《唐律疏议》条下。今揭殴伤罪，以示一例：

> 殴人者，笞四十。夫殴伤妻，减凡人二等；妻殴伤妾亦如之。妾殴妻子，以凡人论；妻殴妾子，减二等。殴官吏五品以上者，徒三年。奴婢殴主者，绞；殴主之期亲及外祖父母者，绞；殴旧主者，流二千里。妻殴夫，徒一年；殴夫之祖父母、父母，绞；殴夫之弟妹，加凡人一等。殴祖父母、父母，斩。殴兄姊，徒二年半。殴伯叔父母、姑父母、外祖父母，各加一等。

罪之最重者，为十恶。犯十恶者，无论如何恩典，不在赦免之列：

（一）谋反，谋危社稷之谓。

（二）谋大逆，谋毁宗庙、山陵及宫阙之谓。

（三）谋叛，谋背本国，潜从他国之谓。

（四）恶逆，殴及谋杀祖父母、父母，夫之祖父母、父母，与杀伯叔父母、姑、兄、姊、外祖父母及夫之谓。

（五）不道，杀一家非死罪三人及肢解人，若采生折割、造畜蛊毒魇魅之谓。

（六）大不敬,盗大祀神御之物、乘舆服御之物;盗及伪造御宝;合和御药,误不依本方及封题错误;若造御膳,误犯食禁;御幸舟船,误不坚固之谓。

（七）不孝,诅骂祖父母、父母,夫之祖父母、父母;及祖父母、父母在,别籍异财,若奉养有缺;居父母丧,身自嫁娶,若作乐、释服、从吉;闻祖父母丧,匿不举哀,或诈称祖父母、父母死亡之谓。

（八）不睦,杀及谋卖缌麻以上之亲,殴告夫及大功以上尊长、小功尊属之谓。

（九）不义,部民杀本属之府主、刺史、县令;军士杀本管官;吏卒杀本部五品以上长官;学徒杀见受业师;及妻闻夫丧,匿不举哀,若作乐、释服、从吉及改嫁之谓。

（十）内乱,奸小功以上之亲、父祖之妾及与和之谓。

刑之加重者,有三犯加重之例。例如茶法,私鬻者杖,三犯则加重;又诸盗皆徒,三犯者流二千里,三次犯流者处绞,皆其例也。

刑之减轻者,亦有种种可述。由贵贱、亲等、上下、男女、僧侣、主从、良贱、长幼、官吏而各异。至特别减轻,而其亲属亦可邀宥减者,即所谓"八议"是也:

（一）议亲,皇帝袒免以上之亲,及太皇太后、皇太后缌麻以上之亲,皇后小功以上之亲,皇太子妃大功以上之亲之谓。

（二）议故,皇室故旧之人之谓。

（三）议贤,有大德行之谓。

（四）议能,有大才业之谓。

（五）议功,有大功勋之谓。

（六）议贵,职事官三品以上、散官二品以上及爵一品者之谓。

（七）议勤,有大勤劳之谓。

（八）议宾,承先代之后,为国宾者之谓。

凡八议若犯死罪,皆条录所犯,而于其亲、故、贤、能、功、贵、勤、劳之有何相当,得上奏裁可。若犯流罪以下者,当减一等。但犯十恶者,不在此限。至七品以上之官及请得官爵者之祖父母、父母、兄弟、姊妹、妻、子、孙,若犯流罪以下,亦得各减一等。

第二种之减轻例,即"官当"是也。所谓"官当"者,以官当罪,得使减轻之法也。例如,犯诸私罪之官,当徒者五品以上,一官当徒二年,九品以一官当徒一年。若犯公罪,则各加一年之当。以官当流者,三流皆同。若徒四年而有二官,先以高者当之,次以勋官当,仍各解见任,若有余罪时,得以历任之官当之。但以官当徒者,罪轻而不尽其官时,收赎,若官不尽其罪时,赎余罪。如有一人犯徒二年,五品以上,则解官,不科刑。若不解官,使出赎金。至于犯徒一年半者,若九品之人,以一官当徒一年,所余之半年,使收赎金之例是也。

按,八议之制,已失科刑平等之道,而当时官吏犯罪者,得以官当罪,尤非持平之法也。唐时各种刑罚之赎金如下：

笞刑：(一十)赎铜一斤,(二十)赎铜二斤,(三十至四十、五十)各以次递加。

杖刑：(六十)赎铜六斤,(七十)赎铜七斤,(八十至九十、一百)各以次递加。

徒刑：(一年)赎铜二十斤,(一年半)赎铜三十斤,(二年)赎铜四十斤,(二年半)赎铜六十斤,(三年)赎铜七十斤。

流刑：(二千里)赎铜八十斤,(二千五百里)赎铜九十斤,(三千里)赎铜一百斤。

死刑：(绞、斩)共赎铜一百二十斤。

第三种之减轻例,即自首是也。所关之法规,约有数端,列举于下:

(一)犯诸罪未发觉而自首者,原其罪。其轻罪虽发,因自首重罪,免其重罪。

(二)遣人代首或于法相容隐者(即亲属)为之代首,均与自首同。

(三)自首不实及不尽者,以不实不尽之罪罪之,至死者减一等。

(四)知人欲告发及亡叛而自首者,减罪二等,其亡叛者,虽不自首而还归本所者亦同。

(五)盗诈取人之财物,首露于财主者,与自首同。

(六)犯罪共逃,轻罪能捕、重罪自首者,免其罪。

自首减轻之制,与现代刑法之旨相吻合。而所谓于法相容隐者,即法律上许其容隐之谓。在汉时,如子匿父母、妻匿夫、孙匿大父母,皆勿坐,又与清律所定亲属得相容隐之制相符。

至于刑之免除及加减,凡老者(九十以上)、幼者(七岁以下)犯死罪皆不论,与现代刑法上责任年龄之旨,大致相同。又若共犯以造意为首,随从者为从,随从者减一等,则与现代刑事注重犯意,而从犯视正犯之刑减轻,亦不谋而合。又再犯则加重,即与累犯加重之制相侔,而其加减例如二死(绞、斩)、三流(三千里、二千五百里、二千里)各为一等,徒以下各为一等,凡加重不得加至死刑。凡此者,皆深合乎刑罚之原理,亦足见唐代立法之精神矣。

凡数罪俱发者,但科以重罪之刑,即后世之从重处断之意也。罪相等者,从一而断,若一罪先发,已经论决,而余罪后发时,其较轻或相等者不论,重者更论之,通计前罪以当后数,则又与现代之并合论罪,及更定其刑之制相合。

第五款　刑之执行及刑之消灭

唐代刑之执行,在大理寺之大理狱。而讯问罪人,凡遇疑狱,必经详谳而始定；如大理寺不能决，尚书省众议之，录可为法者，送秘书省奏报；诸疑狱，法官执见不同者，得为异议，不得过三；此皆慎刑之意也。惟讯问之方法，不专采证据而重口供，遂以刑讯临之，每讯杖数以二百为限，二十日一讯，三讯而止，据供词以为定谳（按，此制至清代而未改）。囚人皆施枷锁扭钳，身体亦受其拘束。至用刑讯，能得其情与否则非所问，不可谓非立法之弊也。

死刑之执行于市（即古代刑人于市之遗制），但定其执行，亦昭慎重。在京师复奏五次，京外复奏三次，而后执行。若五品以上之官吏当死者，除恶逆外，许其自杀于家。七品以上及皇族或妇人刑不当斩者，则绞之于隐所。行刑期多在秋冬，至立春以后、秋分以前，则停止执行。

其他徒刑之执行，如男子则使之供蔬圃，女子则供厨膳，即服劳役之意也。流则配置于当流之地，惟犯人在道疾病，及遭祖父母、父母之丧，皆准给假。

刑之消灭有二：如执行完毕及犯罪者死亡则为当然消灭，此与现代立法之旨相合。至犯罪除十恶外，遇特赦、大赦，宥免其罪，所谓特别消灭是也；当唐太宗时，亲纵囚徒，放死罪三百九十人归于家，令明年秋来就刑，其后应期至者，诏悉赦之，欧阳氏尝著论讥其处置失当。

> 按，《周官·司刺》有三宥、三赦之法，一宥曰不识，二宥曰过失，三宥曰遗忘；一赦曰幼弱，再赦曰老旄，三赦曰蠢愚，即现行法制减轻或免除其刑之意。可知古今立法，凡关于罪之可赦宥者，皆规定于刑法之中。初不必有特别之规定，管仲曰："赦也者，先易而后难，久而不胜其祸。法者，先难而后易，久而不胜其福。故惠者，民之仇雠也，法者，民之父母也……凡赦者，小利而大害者也……毋赦者，小害而大利者也。"后世大赦之法，凡国有庆典，皆

行之。盖帝王持为刑赏之大权,其流弊是使作奸犯科得邀幸免,抑且违反司法独立之制矣。

第五节　宋代之法典

第一款　法典编纂制度

宋代之法典,较前古为多。惟中经变乱,遗书散失,故篇目虽多,而书籍无征。约而举之,其法典内容,不过因前代之旧制,加以损益而已。

其编纂之时代,大率每遇新君即位,或改元则必编修一次或数次。自开国以迄末祀,几于无岁不从事于编纂,然其制度未见有特殊之创造。至其法典之种类有四,即"敕、令、格、式"是也,与唐代之"律、令、格、式"小异而大同(神宗时以律不足以周事情,凡律所不载者,一断以敕),惟律则存乎敕之外矣。所谓"敕"者,凡笞、杖、徒、流、死,自《名例》以下至《断狱》,十有二门,丽刑名轻重者,皆属之;"令"者,约束禁止之谓;"格"者,别等级之高下;"式"者,即表奏、帐籍、关牒、符檄,有关体制楷模者也。

第二款　刑法及刑之执行

宋之刑名,大抵仍唐之旧,分为五种,即笞、杖、徒、流、死是也,但其中亦多沿革之点,列表于下:

笞刑:凡五等,笞十(臀杖七)、二十(同上)、三十(同八)、四十(同上)、五十(同十)。

杖刑：凡五等，杖六十（臀杖十三）、七十（同十五）、八十（同十七）、九十（同十八）、一百（同二十）。

徒刑：凡五等，徒一年（背杖十三）、一年半（同十五）、二年（同十七）、二年半（同十八）、三年（同二十）。

流刑：凡三等，流二千里（背杖十七，配役一年）、二千五百里（同十八，一年）、三千里（同二十，三年）。

死刑：凡三等，绞、斩、凌迟（此制不著于刑名）。

观上表所列，是笞、杖、徒刑，皆各有其附加刑，唯于流刑，则于加杖外，复加以配役，是以一人当流、徒、杖三刑矣。且南宋时，于五刑之外有"刺配"之法（刺配者，于犯人配役时，以文字刺其额上或两颊，即古代之黥刑）。凡强窃盗罪，于配役之时，与杖并科之，已非唐代之旧制。而凌迟之刑，虽不著于刑名，其法尤为残酷，先断肢体，后绝其吭，则与秦代车裂之刑无异。此制传至明清而未废，迨清季更定《现行刑律》始废除之。

执行刑罚之官吏，属于御史台，设狱以羁囚犯。盖大理寺，在宋初其职全废，至元丰而始复旧制也。迨淳化初，置提点刑狱司，令管内州府，十日报囚一次，有疑狱时，则走视之。州县稽留不决、按谳不实者，则劾奏之。

凡徒流之执行，实则发配西北边疆，后改配于南方之沙门岛，最后又改为广南远恶之地。

第三款　刑之加减及其消灭

宋代关于刑之加减例，其处罪之重轻，与唐殆无稍异，即所谓十恶八议之制，亦仍唐代。其不同之点，即赎刑是也。盖唐之赎刑，适用于一切。宋则加以限制，除八议外，如官荫减赎之条，则废而不用。凡职官犯公罪,则许赎,若私罪,则不在此例。

刑之消灭。如因犯人死亡或遇赦、释免等制,皆与唐相同。惟宋时大赦之事,几于无岁无之,甚至一年两赦或三赦者。其名义除大赦外,有"郊赦""曲赦""常赦"数种,其刑赏等于滥设,殊非立法之道。神宗熙宁七年,已两赦矣,复因旱灾欲降赦。王安石以为"一岁三赦,是政不节,非所以弭灾也",乃止。洪容斋曰:"安石平生持论,此为至公……"

第六节　明代之法典

第一款　法典编纂制度

明太祖当开国之初,鉴于唐宋皆以成律断狱,唯元则不仿古制,专重条格,往往胥吏易为奸弊,且条格繁冗(杀人罪,如谋杀、故杀、斗殴杀,皆处死),其害不可胜言,故欲矫其旧弊,归于简严,命李善长等二十人详定之。嗣复经太祖阅视,去繁就简,减重就轻,分为"律""令"各六部,以吏、户、礼、兵、刑、工六种分别制定律、令,"律"凡二百八十五条,"令"一百四十五条。洪武六年,又命刘惟谦审定明律,续律一百二十八条,旧令改律三十六条,掇唐律以补遗一百二十三条。

其后恐人民不能尽晓,乃更作《律令直解》一书,颁行郡县,俾家喻户晓焉,所以使人不犯法也。更辑过犯条为《大诰》,刊布中外,以儆戒之(《大诰》中所载诸峻令,并不轻用)。

洪武时代所制定之《大明律》,经几次编纂,共为三十卷,六百六条,其后又厘正十一条,泰半以唐律为标准。其篇目列举于下:

名例(一卷)。

吏律(二卷):职制、公式。

户律(七卷):户役、田宅、婚姻、仓库、课程、钱债、市廛。

礼律(二卷):祭祀、仪制。

兵律(五卷):宫卫、军政、关津、厩牧、邮驿。

刑律(十一卷):盗贼、人命、斗殴、骂詈、诉讼、受赃、诈伪、犯奸、杂犯、捕亡、断狱。

工律(二卷):营造、河防。

其他则附以《五刑图》及《丧服图》,较唐律为详。

当洪武十六年以前,止有律、令,尚无条例。厥后取历年所增条例,以类附入。三十年又命刑官,取《大诰》条目附于律后,从此律、令之外,又有条例之名。

> 按,律为一代之典章,例为因时之断制,而例外又有案,皆所以补律之不及也。

至孝宗弘治时,复编纂《大明会典》,及武宗正德时,重行校刊。其编制内容,则以六典之官职为纲,以各部分属之法规集载之,凡百八十卷,蔚为大观,此有明一代之成文法典也。

第二款　刑法及刑之适用

明之刑名分为五,与唐宋大率相同,即笞(五等)、杖(五等)、徒(五等)、流(三等)、死(二等),凡为五类二十等。惟笞、杖二刑,已较宋代为轻，并无所谓附加刑。而于徒、流二刑之加杖，则较宋代为重。徒刑之附加刑，一年则杖至六十，以次递加，至三年则杖一百。而流刑之附加刑，均为杖一百。且亦如宋代之配役，谓之"加役流"。至死刑虽仅绞、斩二种，但此外尚有磔刑（即宋之凌迟）亦恒用之，殊属伤残人道。惟磔刑加以限制，仅用于大逆之罪而已。若科盗罪，则加刺抢夺或窃盗之文字于左右小臂膊之上，即宋时刺配之法也。

其他若"十恶""八议"之类，皆无异于前代。即因人施刑之制，亦与唐相同，其不同者则轻重之差耳。兹举刑律中斗殴门之处罪区别，以示一斑：

斗殴人者笞二十：唐笞四十
奴婢与主斗者斩：唐绞（此系阶级制度，科刑殊失其平）
妻殴夫者杖一百：唐徒一年
殴夫之祖父母、父母者斩：唐绞
殴祖父母、父母者斩：唐同

三犯加重之例，如盗贼犯徒刑三次者，唐流三千里，明则加重为绞。八议减轻之制，虽与唐同，惟加以限制，如五品以上官吏之父母妻子，得邀此特典，而六品以下则否。是轻重限制之间，亦自有其区别也。

第三款 刑之执行及其消灭

明时司刑狱之官，京师有刑部、都察院、大理寺，是称"三法司"。每岁秋审，公卿会议，将死刑监候人犯（有斩监候、绞监候）核其情节，分为"情实""缓决""可矜"三种，仍由皇帝判断，如御笔勾决，即令行刑。其免勾者，至来秋再核，亦有监禁终身或减等发落者。此种制度，虽以司法行政最高机关(如刑部)及监察最高机关(如都察院)之会议,最终取决于一国之元首,不免干涉司法独立之权限。然死刑之执行,既区分为"情实""缓决""可矜"之三种,分别处理之,往往有因是而得平反者,亦未始非慎重处刑之道也。

徒刑之属于湖广(即今湖南、湖北)、江西等省者,多发于兴国、黄梅、新喻、进贤等处,充铁炉之役;属浙江、江淮(即今江苏)等省者,多发于两浙、两淮之盐场。

流刑则皆发于两广(即广东、广西)、福建等省烟瘴之地,以为安置。如在上列烟瘴地犯罪而处流刑者,则改送于迤北边塞之地。

凡死刑应减等,而流徒不足以蔽其辜,则以"发遣""充军"处之。

> 按,此种刑制为特别之规定,不在五刑之列。

发遣多在边疆之地,而军罪则分为五:曰附近、曰近边、曰边远、曰极边、曰烟瘴,自二千至四千里不等。发遣及充军之附加刑,并杖一百。

至于刑之消灭,凡人死亡或刑之执行完毕及恩赦皆属之。此制与唐宋时代相同,惟稍加以限制,如诸奸邪、进谗言及教唆杀人者,不在大赦之列。又强盗及谋、故杀亦然。

第七节 清代之法典

第一款 法典编纂制度

清初命刑部尚书吴达海、侍郎党崇雅等,详绎明律,参以国制。书成,命范文程、洪承畴等审定,名曰《大清律集解》(以律文有难明之义,未足之语增入小注)。其律文一承明律而损益之,大抵因者多而革者少。更仿明制,于律文之外,附例十卷。康熙时,复行校正,并将所有条例,酌定其应去应存。雍正时,命朱轼等详加分晰而后颁行。乾隆元年,总修律例,逐条考正,分律为四百三十六门,四十七卷,定例一千四百九条,遂名为《大清律例》,分为十年大修,五年小修,历嘉庆、道光、咸丰年间,迭次增修。至同治纂修以后,例文增至一千九百九十二条,此外又增章程百有余条,不免涉于繁苛矣。

清季因条例纷繁,迨光绪三十一年,经刑部奏请删除三百四十四条,并经修律大臣奏准删除数十条。其后大加修订,删繁就简,较前代已觉进步矣。

宣统元年,采辑新法,兼用旧典。经修订后,定名曰"现行刑律"。计删去二十余门,共存律文四百十四条,又经宪政编查馆核定,更去数条,缮写黄册,颁行京外,则与旧律大有不同矣。

所谓《大清现行刑律》,其总目如下:

(一)名例(分上下二卷); (二)职制; (三)公式;
(四)户役; (五)田宅; (六)婚姻;
(七)仓库(分上下二卷); (八)课程; (九)钱债;
(十)市廛; (十一)祭祀; (十二)礼制; (十三)宫卫;
(十四)军政; (十五)关津; (十六)厩牧; (十七)邮驿;
(十八)贼盗(分上中下三卷); (十九)人命;
(二十)斗殴(分上下二卷); (二一)诉讼; (二二)受赃;
(二三)诈伪; (二四)犯奸; (二五)杂犯; (二六)捕亡;
(二七)断狱(分上下二卷); (二八)营造; (二九)河防。

就中如"名例",即刑法之总则也。如"职制""公式""仓库""课程""祭祀""礼制""宫卫""军政""厩牧""邮驿""营造""河防"等等皆属于行政法视。如"户役""田宅""婚姻""钱债""市廛"则属于民法及商法。"诉讼""断狱""捕亡"则又属于诉讼法。唯"贼盗""人命""斗殴""受赃""诈伪""犯奸"及"杂犯"始属于刑法耳。观其编制,殊不免有混合之嫌,然清代法制,原本于唐、宋、明三代之旧律,其立法之用意,凡以法律制裁者,皆包括于刑律之中,虽其分晰不若现代之谨严,然不可谓非一代法典之所在也。

第二款 刑名

清代之刑名,其初分笞、杖、徒、流、死五刑,皆与明代相同,无庸复述。至清季则大加改革,废除身体刑(即笞、杖)而代以罚金,即徒、流二罪所附杖刑(按,此制,宋、明二代及清初皆用之)亦一概删除。而明代于流刑外,所谓发遣、充军诸制(不在五刑之列),并有发遣为奴之称,皆废置之,改为遣刑(列入五刑),并改为安置及当差等名目。至死刑只存绞、斩二种,凡宋代之凌迟,明代之磔刑,清初之戮尸、挫尸等残酷诸刑一律废除。虽尚未臻于完善,然实为近代刑法改良之一大动机矣。列举如下:

(一)罚金刑(分为十等)

一等罚:银五钱(收赎折半下同);二等罚:银一两;三等罚:银一两五钱;四等罚:银二两;五等罚:银二两五钱;六等罚:银五两;七等罚:银七两五钱;八等罚:银十两;九等罚:银十二两五钱;十等罚:银十五两。

按,罚金之等第,凡分为十,旧律笞一十至笞五十,改为一等罚至五等罚;旧律杖六十至杖一百,改为六等罚至十等罚。一至五以五钱为一等,五钱起,二两五钱止;六至十以二两五钱为一等,自五两起至十五两止。凡无力出银者,以银五钱折工作二日。唯十恶、奸盗等项,不准罚金,从重实行工作。

(二)徒刑(分为五等)

一年,依限工作(收赎银十两);一年半,依限工作(收赎银十二两五钱);二年,依限工作(收赎银十五两);二年半,依限工作(收赎银十七两五钱);三年,依限工作(收赎银二十两)。

  按,徒刑五等,其年限虽均照旧制,其不同之点,则均改在本地收所工作,限满释放,并不若宋、明之发配远方也。

  又收赎之法,即汉、唐时赎刑之遗制。凡老幼、废疾及过失杀伤、情可矜悯者,均准收赎。

  按,清初有纳赎、捐赎,各项图说至清季一概废除,唯捐赎之法附载于例文外,其注明于律文者,只留收赎之名。

  其为律不应收赎者,无论徒、流、遣刑,均不准赎。妇女有犯,仍照旧罚金,亦不准收赎。

(三)流刑(分为三等)

二千里,工作六年(收赎银二十五两);二千五百里,工作八年(收赎银三十两);三千里,工作十年(收赎银三十五两)。

  按,流刑三等,均仍其旧,唯分别情节轻重。其为赦款所不原者,照旧发配;若非赦款所不原者,免其发配,均收入本地习艺所,按年工作;其情重发配者,均在配所照上年限工作。

（四）遣刑（分二等）

极边足四千里及烟瘴地方安置，俱工作十二年（收赎银三十五两）；新疆当差，工作年限同上（收赎银数亦同）。

按，明代及清初之旧律，有五军之名（军罪分附近、近边、边远、极边、烟瘴五种），至宣统时，已一律改易，附近充军改为流二千里，近边军改为流二千五百里，边远军改为流三千里，旧律极边四千里充军改为极边四千里安置，烟瘴充军亦改为烟瘴安置。而发遣为奴之名，俱改为当差，此亦一大改革也。至极边、烟瘴两项，谓之"内遣"，新疆当差（律文为"酌拨种地当差"），谓之"外遣"，合为三遣，以为满流加等之用。内、外遣之到配工作年限，虽各相同，唯外遣人犯，限满不准释回，即在配所安置，实含有移民实边之政策。

（五）死刑（分二等）

绞、斩（收赎银四十两）。

按，死刑分斩、绞二项，凡清初沿袭宋、明时代之凌迟、枭示以及雍、乾两朝之戮尸、挫尸诸种酷刑，已一概废除矣。又死刑之执行，旧有"斩立决、绞立决"及"斩监候、绞监候"之区别。自此次改革，如旧律凌迟、枭示之罪，均改为斩立决；旧律斩立决，均改为绞立决；旧律绞立决，均改为绞监候；旧律斩监候，均改绞监候（所谓"立决"者，即立时处决之义；"监候"者，即付诸监所，候秋审、朝审分别情实、缓决、矜、疑等类，奏请定夺）。至旧律内所有戮尸、挫尸、缘坐、枷号、夹棍、铁杆、石墩、迁徙、鞭责各色一扫无遗。自秦汉以逮宋明，伤残人道诸刑罚，可谓一大改良矣。

第三款　刑之轻重及加减

《名例》所规定之"十恶""八议"，一从唐制。如犯十恶等罪，为常赦所不原，若奉恩旨，得减等。而八议者犯罪，须先奏闻，奉旨推问，然后将应议之状，再行奏请，并取自上裁，即应议者之父祖亦同。而文武官有犯公罪及私罪之区分，则本于明律。犯公罪者较犯私罪为轻，犯公罪仅罚俸降级而止；若犯私罪，则罚俸降级外，并有革职离任之规定。

犯罪之应减者，若为从减（即从犯）、自首减、故失减、公罪递减之类，并得累减。凡徒、流、遣人又犯罪者，如已发而未论决，则从重科断；已决而又犯罪，重于本罪者亦同。其重犯（即再犯）徒、流、遣各罪，俱分别加役五年、三年、一年。

按，此种加减例，明、清二朝，皆用之。若一人犯数罪，其情节俱轻，按之各律，均在可以减等之列者，准其以次递减。盖加罪有限制而减罪无限制，寻常加罪，止准加二等，即各律有递加专条者，亦只加至满流而止，不能加入于死。若减则不然，如果情有可原，由一等可减至五等，且有减至七等、九等者，更有减尽不科者。再加罪则斩、绞为两项，三流分三层，逐层递加，共作五层。减罪则二死为一减，均减为流，三流为一减，均减为徒。此皆杜深刻罗织之渐，而处以宽厚之意也。

各刑名之下，皆附收赎银数，与现代易科罚金之制略同，唯立法之用意则异。如凡犯死罪，非常赦所不原，而祖父母（高、曾同）、父母年龄七十以上，及有笃废疾，而其家又无以次成丁之人，照律收赎，俾其存留养亲。犯徒流者亦同。

又凡年七十以上、十五以下及废疾，犯流罪以下收赎；八十以上、十岁以下及废疾，犯杀人应死者，议拟奏闻，取自上裁；盗及伤人者，亦收赎，余皆勿论；九十以上、七岁以下，虽有死罪不加刑。又规定犯罪时虽未老疾，而事发时老疾者，依老疾论。若在徒年项内，老疾亦如之（谓如徒役三年，限未满，年已七十；或限尚未满，而成废疾，其残余之刑，准其折算收赎）。犯罪时幼小，事发时长大，依幼小论。凡此皆寓有矜恤之意也。

第四款　刑之执行

司刑之官，京师有三法司（即刑部、都察院、大理寺），与明代相同。地方审刑拟罪之权，概属于州县。由州县而府、而直隶州、而道、而按察使、而督抚，层层覆审，如供词不符，即发回再审。由督抚达于刑部、大理寺无异议，而狱始具焉。凡绞、斩诸刑，除即时执行外，必须入于秋审情实，而始定其执行。其他则分为缓决及可矜二种，至来秋再核，或从轻发落。若可矜则有准其收赎者，即老幼废疾之类是也。

凡犯人不服其地方官之处断者，得以控诉于府、道，抗告于按察使等；又不服，亦得上告于京师都察院。用意颇密，与现代所行之"四级三审"制，大致相符。又有廷讯之例，天子亲自临鞫（即御前会审制），则非常之狱也。

第五款　刑之消灭

凡行刑权之消灭，如犯人死亡及执行完毕等皆是，与宋明之制相同。而赦免其罪,则有常赦、恩赦二种。为常赦所不原者(如十恶等),若奉减等恩旨则减死从流、流从徒、徒从罚金,亦准此查办。其间颇示以限制,并不若宋明之滥。兹列举其条款大概如下:

(一)恩赦不准援免各犯罪名(如谋反及大逆,谋杀祖父母、父母等罪)共五十一条;

(二)恩赦不准援免酌入缓决各犯罪名(如谋杀、故杀等罪)共四十九条;

(三)恩赦不准援免仍准减等各犯罪名(如窃盗三犯及诱拐等罪)共九条;

(四)恩赦准予援免各犯罪名(如诬告及斗殴、杀人等罪)共三十三条。

> 按,常赦从严,恩赦从宽。盖常赦为恒有之事,过宽则人思侥幸;恩赦为非常之典,过严则恩难普及,其用意固截然不同。至清季则以恩赦之条款,作为常赦款目,大失定例之本意矣。

清自末季为取消领事裁判权计,锐意改良司法制度,组织法院及制定各项法律,由宪政编查馆核定,呈准颁行(其中有未及公布入民国后采用之者)。殊有足供之纪述,列举如下:

(1)《法院编制法》,凡一百六十四条。(宣统元年公布)

(2)《公司条例》,凡一百三十一条。(光绪二十九年公布)

(3)《商人通例》,凡九条。(同上)

(4)《著作权律》,凡五十条。(光绪二十四年公布)

(5)《违警律》,凡四十五条。(同上)

(6)《暂行新刑律》,分二编共四百十一条。

（7）《刑事诉讼律草案》，分六编共五百十五条。

（8）《民事诉讼律草案》，分四编共八百条。

（9）《民律草案》，分五编（总则、债权、物权、亲属、继承）共一千五百六十九条。①

---

① 《中国法制史》还有第七章教育制度、第八章职官制度、第九章兵制，因与本书主旨无关，从略。

第二编

中国法研究

关于救济金融之抵押权问题[1]

上海自近年以来,金融枯竭、经济衰落,银钱各业以及一切商店宣告清理或破产者,几于月必数起,故操奇计赢者,咸呈动摇不宁之状态。论者谓银价提高,地产惨落,而外商方面对于地产押款,概不容纳,以致金融涩滞,影响及于百业。此势有必至,理有固然者也。

夫上海地产,向占金融上之重心,欲谋济倾扶危之策,在地产商亦曾拟具办法,呈请政府救济,但迄未获得相当之效果。于是最近复由上海银行公会、钱业公会、市商会集合,三大团体联名呈请于行政院,请求将不动产抵押事件,另订单行法规,以鼓励地产之流通,不得谓非持之有故,言之成理。兹就其法律上之见解,引申其说,并加以论断焉。

一、债权人实行抵押权,应使其直接有效也

考银、钱、市三团体之呈文,核其大意,不外使抵押权行使之迅速。故其扼要之言谓:

> 欲鼓励地产之受押,先当使受押人贷出之款,届期易于收回,

---

[1] 原载于《信托季刊》1936年创刊号,第189—192页。

而欲使贷款易于收回,必先使抵押权之行使,迅速有效。查英国衡平法①与美国各州之法律,大多数均承认抵押权人有权与债务人约定于债权届期不清偿时,即由抵押权人自行拍卖抵押物。德国及瑞士《民法》,则规定抵押债权到期不清偿,抵押权人得请求依照执行法办理。一则抵押权人得自行拍卖,一则须由国家机关执行,此为英美与德瑞法律不同之点;而其处分,无经诉请法院判决确定则同。吾国现行《民法》第八百七十三条第一项所载"抵押权人,于债权已届清偿期,而未受清偿者,得声请法院,拍卖抵押物,就其卖得价金而受清偿"云云,本系采用德、瑞两国法制,推立法原意,抵押权届期不偿,由法院拍卖抵押物,其所以保护债务人者,较之英美法制,已为深切,殊无诉经判决之必要也。

上述法律上之见解,殊无可訾议。要之,就法言法,依《民法》第八七三条第一项规定,本已予以限制,为债务人保障其利益,其条件可分为四:

（一）须于债权已届清偿期。若债权清偿期并未届满,则抵押权人并不得就抵押物声请法院拍卖。

（二）债权虽已届清偿期须债务人不为清偿。若债务人届期清偿,则债权即行消灭,即抵押权亦随之消灭。

（三）须声请法院拍卖。备具上述二条件,抵押权人自得声请法院,将所受人抵押物依照执行法办理,以为拍卖。此与德、瑞二国法律

---

① 衡平法是英国历史上区别于普通法的一套规则体系。由于英国原有的普通法院审理程序复杂,往往难以及时提供救济措施,法官开始在审判中给予一种基于公平和正义原则的保护措施,并于14世纪通过一系列判例逐渐发展建立起一套完整的衡平法制度及其相适应的衡平法院(Court of Chancery),直到19世纪普通法院与衡平法院合并,衡平法的规则融入现代英美法中。

所规定,初无二致。而必经法院拍卖者,所以昭慎重,并寓维护债务人之利益,其用意至为深切。较诸英美立法,由抵押权人得自行拍卖者,固迥不相同矣。

(四)须就其卖得金而受清偿。抵押权为担保金钱债权之从权利,一方就抵押物拍卖,以达清偿之目的,一方以抵押物变卖而得之金钱,抵偿债权。若"代物清偿"(前大理院解为以产抵偿),本为法律所许,但观于同法第八七三条第二项规定:"约定于债权已届清偿期,而未为清偿时,抵押物之所有权,移属于抵押权人者,其约定为无效。"故就抵押物移属于抵押权人,即使当事人间相互约定,法律上不能认为有效,只能以拍卖所得之金,以行使其受偿之权利也。

由上观之,抵押权人既不得自行拍卖其抵押物,复不能将抵押物之所有权,自由约定移属于抵押权人。其保护社会经济之原则,固已深切著明。若犹鳃鳃过虑谓必诉经法院判决确定,始予以执行,则实行抵押权之谓何?直与普通所谓无担保之债权,又何以异乎?

查《民律草案》第一千一百五十条规定"抵押权人,实行权利时,得请求审判衙门,拍卖其抵押物,就其卖得金清偿债权。前项拍卖,准用执行律之规定"云云,核该条法文之意义,大致与现行《民法》第八七三条之规定相同。唯第二项所谓"拍卖准用执行之规定"则为现行《民法》所无。按《民律草案》立法之意旨,其不必诉经判决,一经请求,即予执行,殊属非常明显。核诸该条之理由所载:"已至清偿期,债务人不清偿其债务,应使抵押权人实行其抵押权,实行之法,以抵押物变价为适当,变价之法,即依执行律将抵押物拍卖是也。"现行《民法》,虽无如《民律草案》之特别规定,然法条之意义,既属相同,则拍卖之方法,当然依《执行规则》办理,其无须诉经判决,盖无可疑矣。

二、实行抵押权不能泥于判例也

《民法总则》第一条规定:"民事,法律所未规定者,依习惯,无习惯者,依法理。"良以大陆法系之国家,其法律必有明确之规定,并非如英美法系之以判例为法规也。现行《民法》第八七三条第一项,关于抵押权人实行抵押权,固已有明文规定,自无另加注释之必要。即就法理言之,该条固为保护债权人之利益,而于债务人之利益,亦未尝不加以维护。且就立法之精神而论,原为使抵押权人实行抵押权而设,欲使抵押权人实行抵押权,则非就其抵押物,实行拍卖以为清偿不可,盖非是不足以达实行抵押权之目的也。且此种抵押事件,当事人于事前必先书立押据,并交付不动产之契据等件,其抵押契约方告成立。抵押权人若经向法院声请,提出上项证物,法院民事执行处自可传讯当事人,若债务人愿诚意履行,其执行或可从缓,否则即可开始强制执行,查封其不动产,以为拍卖,按之执行程序,殊属适合。至于第三人对于该项不动产有权利者,依照执行法规,亦得提起异议之诉,在法律上自不患无救济之余地也。

然观于最高法院二十年抗字第七七号之民事决定及司法院四九三号解释,则谓此类事件非经诉请法院判决确定,不得执行。于是抵押权人欲实行抵押权,不免发生几多波折矣。兹将最高法院决定之原文节录如下:

  《民法》第八百七十三条,虽规定抵押权人于债权已届清偿期而未受清偿者,得声请法院拍卖抵押物,就其卖得价金而受清偿。但依同法第七百五十八条，不动产物权，依法律行为而取得、设定、丧失及变更者，非经登记，不生效力。而为《民法物权编施行法》第三条第一项"《民法物权编》所规定之登记，另以法律定之"。故抵押权人苟未能依该项所谓之《登记法》为登记者，即不能谓系依《物权编》规定已经登记之抵押权。现在该《物权编施行法》所谓之《登记法》，既尚未制定施行，且《拍卖法》亦尚未制定施行，对于拍卖之程序，尚未有严密之法规。故司法院统一解释法令会议第四九三号解释，谓抵押权人对抵押物欲实行其抵押权，非经诉请法院判决确定，不得执行。

由上述观之，推最高法院决定之理由，不外以《物权编施行法》所谓之《登记法》，尚未制定施行，即《拍卖法》亦未订有严密之法规，认为抵押权人如实行抵押权，在以上两法规未臻完备时，诚恐对于债务人不动产之执行，不免发生危害，而经诉请法院判决，自较为审慎周详，其用意诚未可厚非。然使此《登记法》《拍卖法》一日不见诸制定施行，则将该法条停止适用乎？窃期期以为不可也。况《不动产登记条例》虽未合于《物权编》所谓之《登记法》，但施行登记制度地方，各级法院固依据该条例为登记，初未见其有弊端发生。而《民事诉讼执行规则》及《民事执行补订办法》，执行法院亦已资为援用者十余年，拍卖程序亦尚具有条理也。故必俟《登记法》及《拍卖法》正式制定施行后，抵押权人始可就抵押物实行抵押权，则社会经济必致顿挫于无形，要非立法者之本意也。

诚哉上海银、钱、市三团体之言曰：

（诉请法院判决之结果，）则使债务人虽明知讼必败诉，亦得以三审终结之法条为迁延时间之工具，迁延愈久，负担利息愈重，债权债务，两俱不利。而握有资金者，鉴于抵押权之保障薄弱，势必视地产押款为畏途。此种心理,传布甚速,万一将来上海地产竟至不能押借款项,不知社会经济,作何景象。而地产为全市财富之最大部分,目前银根枯竭,尤宜尽量鼓励地产之流通,以回复其信用,否则市况恐无昭苏之日。基上理由,拟请政府俯念上海特殊情形,另订单行法规或条例,使行使抵押权,不受司法院第四九三号解释之限制,或由司法院变更解释。凡已施行《不动产登记条例》地方,及抵押权经常声请法院备案者,得依《民法》第八百七十三条之规定,由抵押权人径行声请拍卖抵押物,无须诉经判决确定,一面并请将《民法物权编施行法》第三条第一项所称《登记法》及民事执行之《拍卖法》,制定公布,以期贯彻而遵循……

综上所述,其所以谋法律之补救,鼓励地产之流通,以发展社会经济,可谓洞中肯綮者矣。

结　论

法律因时代为变迁,尤应适合社会之需要。若从拘泥成规,不足以灵敏其运用,虽有良法美意,反形扞格。况征诸《民法》第八七三条第一项,固已有明文规定耶。徒以司法院之解释及最高法院之判例,法院致受其拘束,不克尽行法之能事,诚为遗憾!今政府已有鉴于此,于民国二十四年十一月三日财政部布告:行将增设不动产抵押放款银行,修正不动产抵押法令,以谋地产之活泼,不日呈准次第施行云云。此项布告之日,适作者属稿之时,可谓不谋而合。今后银、钱各界得庆昭苏,胥利赖之矣。

中国币制之变迁[1]

我国古代以农业立国,"使民日中为市,交易而退,各得其所"。所谓交易之道,农出粟,女出布,以物易物而已。迨人群进化,始知以物易物之不便,于是"易中"之制兴。然其时易中之法,漫无定准,山居者以皮,水居者以贝(贝为古代货币之一种,故文字若货财、买卖、贩卖、赁贷等,悉从贝字),但皮若割裂不完,贝又携带不便,皆为商业之梗。盖此种制度,实为初民时代货币之权舆,其简陋可知。

史称黄帝"范金为货",始有"泉刀"之制。虞夏之际,始用金、银、铜钱、刀布、龟贝之属,是为中国有货币之始。然《史记·平准书》云:"龟贝、金钱、刀布之属,所从来久远,自高辛氏之前,靡得而记云。"《汉书·食货志》亦云:"金钱布帛之用,夏殷以前,其详靡记。"可知古代货币制度,尚未确定,盖可断言。

人类之始,知能未启,凡经济上之财货仅取其直接有效用者,以为赡身之具,如金属之效用,属于间接者,取为货币之用,不过谋交易之代价而已。管子之言曰:"三币,握之非有补于暖也,食之非有补于饱也。先王以守财物,以御人事,而平天下也;是以命之曰衡,勿一高一下,不得有调也[2]。"则后世所行之金属货币,揆之民生需要,诚如管子所云,殆有"饥不可以为食,寒不可以为衣",较诸布帛菽粟之不能须臾离者,奚可以道里计哉。

---

[1] 原载于《信托季刊》1936年创刊号,第239—242页。
[2] 原为此句应为"命之曰衡,衡者,使物一高一下,不得有常"。

由此言之，所谓金属货币之制，必在交易殷繁之时代，乃取之以为代价物之标准。周初，以"珠玉为上币，黄金为中币，刀布为下币"，在当时币制上已形进化。但以珠玉、黄金为高等货币，实以奢侈品、装饰品作为最高之代价，不足以言币制也。然其时之信用代价亦继之而兴。《周礼》所称："凡买卖者，质剂焉，质剂券书，大市以质（长券），小市以剂（短券）。"盖已由实物而生信用，故有圜法之实物代价，乃有质剂之信用代价，此种信用，实缘人群公德发达使然。论者谓后世票据之起源，亦即证券之滥觞也。此为中国币制史上革命之第一时期。

自是厥后，秦以"上币为黄金，下币为铜钱，而珠玉、龟贝、银、锡之属，为器饰宝藏，不为币"。从可知我国币制在周秦间已定黄金为本位，而以铜为辅币，至秦以珠玉、龟贝、银、锡为器饰，不列为币，可谓币制上之新趋势矣。至于钱法之变迁，历代沿革不一，秦之半两、汉之五铢、唐之当十，即一朝之中，亦时有改革，变迁靡定，颇形紊乱，而民间盗铸私毁之风亦日盛。

唐宋以来，币制上渐生改革之动机。唐置飞券钞引，以甲地之钱，得执券至乙地取之，颇类似今之汇票。宋置"交子""会子"，直以之代现钱，实为中国纸币推行之始。马贵与氏《通考》曰："以尺楮而代数斤之铜，赍轻用重，千里之远，数万之缗，一夫之力，克日可到。"可见宋代"交""会"之效用矣。此为中国币制史上革命之第二时期。惜其时推行未能统一，有"川引""淮引""湖会"之分。而关于准备库之设置，其初常发内库之银以救其弊，故金纸之价格，尚能保其平衡，而通行无阻；其后肆意滥发，于是楮愈多而愈贱，民间折阅日甚，其所以便民者转为病民，此非法之不善，乃行之者不得其道故也。

元造"交钞"及"中统宝钞""至元宝钞"，印发之数每年自数十万至数百万。各路立平准行用库，以交换金纸，且立回易库，许交换新旧钞。

凡丁钱、田钱，皆司纳"交钞"，天下遂大流通。明仿宋之"交""会"、元之"宝钞"，发行大明通行"宝钞"，每钞一贯，准钞千文，银一两，四贯准黄金一两（按，明时金银价值之低可知）。禁民间不得以金银物货相交易，违者罪之，告发者就以其物给赏，以金银易钞者听。此为中国币制史上革命之第三时期。元明之钞法，较宋代所行之"交子""会子"，法制上更形进步，推行之广，一时人民皆乐于通用。惟其后以旧钞（即破烂之钞）易新钞，不能自由，而缘法为奸，伪造者亦日众，此其组织盖犹未尽善也。

清初用"银两"为货币，以生银块化成，分为元宝、铢、锭三种，统称为"银两"，此为中国货币确定为银本位之始。惟平量之差，几难究诘，通常有"库平""关平""曹平""市平"之分，币制遂形紊乱。通商以后，外币侵入，有西班牙及墨西哥银圆，流行市尘，遂夺吾银两之席，于是自行改铸银圆以挽救之。然其时我国之白银逐年流出，即鸦片贸易一项，盛时岁输出五千万两，咸同以降，银价涨至一倍以上。由是银日少而日贵（清初银一两换制银七八百文，至是乃增至一倍），其影响乃致铜钱低折，物价沸腾。

清季施行纸币始于光绪时，设度支部银行，旋改大清银行（即今中国银行），继设交通银行，皆为国家机关，俱有发行纸币权，信用昭著，以迄于今。

民国肇造，百端待举，而于清代之银两制，虽民间已改用银圆，惟银两制迄未废除，金融之紊乱概可想见。至纸币之发行，除中国、交通二银行外，商办之银行发行纸币者，虽亦恒有，然外商银行之纸币，转多充斥于市面，利权之外溢至斯已极。而海关贸易历年之报告，均入超于出，白银之外流，即无美国之购银政策①发生，已有岌岌不可终日之势。

---

① 应指1934年6月美国政府颁布的《白银收购法案》，该法案授权美国财政部在国内外市场大量收购白银。此政策使中国银元对美元汇价骤然上升，引发白银外流，并导致中国货币奇缺和严重的经济恐慌。

前财长宋子文氏有鉴于银两制之弊,首先毅然废除之,公私行使一律改用银圆,可谓币制上已开一新纪元矣。

《易》曰:"穷则变,变则通。"《商君书》曰:"非常之原,黎民惧焉,及臻厥成,天下晏如也。"我国白银之流出,对外贸易每岁入超,自清季至民国,其入超之数额辄数万万元,此种漏卮,每岁白银源源流出,在此三十年中,虽无精确之统计,概言之,当在一百二三十万万元以上,其数字至可惊人。故即无美国购银政策发生,实已达民穷财尽之时。况自民国二十三年七月起至十月中旬,此三个半月之短期间,因美国提高银价,奸商偷运之银又达二万万元以上。二十三年十月十五日,我国财政部亟谋制止资源外溢,于是施行征收银出口税兼课平衡税,冀图挽救,卒莫拯狂澜于既倒,近来国内通货,益加紧缩,工商凋敝,百业坐是不振,经济之崩溃,可立而待,此试危急存亡之秋也。

财长孔祥熙氏内鉴国内之危机,外应国际之趋势,知非努力自救,复兴经济,不足以保存国家之命脉,谋货币金融之永久安定。特于二十四年十一月三日以紧急处置,发出布告办法,盖参照近今各国之先例而成。细绎六项办法,概括言之,一方确定中央、中国、交通三银行所发行之钞票为法币,以期纸币之统一,使公私皆便于通用;一方巩固法币之信用,设发行准备管理委员会,以保管其准备金;又一方则规定现在流通市面之其他各银行之旧钞,逐渐收回,而银钱各业及民间之藏有银币或银块者,兑换法币,俾准备金之充实。质言之,使现银集中,以制止资源之外流,为此次布告办法之唯一方针,故既非通货膨胀,亦非放弃银本位,实行其纸币政策也。

近世国家对于通货管理方法,多已采用,诚属有利无弊。则其毅然停止行使硬币,现银国有一点,实为复兴全国经济之唯一出路,可断言也。

民国十七年,举行全国经济会议时,财政专家即主张将中央银行成为全国最高金融机关,集中发行,充实准备,俾成为银行之银行。今则合中、中、交三银行,为发行法币之机关,其力量更自加厚。况自民国十七年以至今日,国际货币政策竞争益烈,于此而不亟图改革,其危亡之情形,尤百倍于曩时。故财政当局,执断然之处置,施行以来,结果甚佳。此固可见民族团结之力、爱国之诚,与友邦之敦于睦谊、尊重信约,同时亦可见时势之需要矣。

综合言之,其利益约有五端:停止现银行用后,足杜绝私运,则国内现存之白银,不致罄尽,一也;我国货币,各地不同,极为复杂错综,自新政策推行,可收整齐统一之效,二也;法币既臻确定,则市场筹码必有显著之增加,其有裨益于一般之工商业,自无待言,三也;政府就国际汇兑,既加以统制,则直接可图对外贸易之发展,间接可谋内地农村之复兴,四也;全国金融中心之机构巩固,则对于各种工商业之进展,其扶植力益形坚强,五也。兹就其荦荦大者言之,则政府之实行币制革命,诚为空前之举,其有造于国家民族,殆非浅鲜。

虽然,此次改革国内贸易固已一致行使法币,而对外贸易仍有需乎白银。我国既向为入超之国,则欲完全杜绝白银之外流,要当继续国货运动,以塞其漏卮。故民族经济之复兴,尚待于国民之努力焉。

对于《强制执行法》之意见[1]

古代法律制度尚未完备,权利之实行,全任个人之私力,对于债务人之自由及财产,施以拘束、押收或处分,以为报复。迨文化发展,法律渐明,于是权利之争执,必诉诸国家机关之裁判。由私力之执行,一变而为公力之执行,由人身之执行,一变而为财产之执行。征诸各国成例,莫不以个人之私力,图私权之执行,实有背于公序良俗,故欲借私权之保障,必赖国家之公力,依强制执行方法,俾权利者对于义务者,以法律之保障,得享一定之利益。盖国家保护私权之目的,不仅以裁判机关确定权利之存在为已尽其能事,最后必使权利者,获得实在之满足,此《强制执行法》之所由设也。

由前言之,则关于强制执行法规,以国家之公力行之,似属于公法,而依保护私权之目的,则又似属于私法。要之,强制执行,由国家机关裁判确定之结果,以执行确定之裁判,其目的因为保护私人之权利,然执行行为,实为国家机关发展其确定裁判之效力,其属于公法无疑。

至强制执行,为一种程序法,固不待言。然究为诉讼事件,抑为非诉讼事件,学者主张不一。德、日二国立法例,则主张前说,以为诉讼判决,必有待于执行,故于民事诉讼法殿以强制执行法。奥地利立法例,则主张后说,以强制执行乃诉讼判决后之行为,且经判决后亦有不须执行者,故关于强制执行法,于民事诉讼外另订之。我国即采取奥国主

---

[1] 载于《中华法学杂志》1936年新编第1卷第3期,第42—51页。

义,而认为非讼事件也。

我国自清季由修订法律馆延日人松冈义正博士编成《强制执行律草案》,唯未经审查公布施行。而清季所颁行之《各级审判试办章程》[①]中,间有数条关于执行之规定,然条文简略,不切实用。迨民国元年,广西省曾制定有《强制执行章程》之单行法规,一时为南方诸省所采用。至民国九年,旋由前司法部通令废止,当时各地厅所援用者,依京师地方审判厅所订之《执行处规则》《不动产变卖章程》以及假扣押、假处分等规则,然亦偏而不全。嗣由前司法部并合上述各种规则,经民九公布,至民十四修正施行,定名为《民事执行规则》,内容均未完备。国府于民十六令准暂行援用,但各地方法院于执行事件,援用上感觉缺点甚多,于是司法行政部于民国二十二年五月间,复有《民事执行补订办法》[②]之颁行,然亦不过为一时权宜之计,以为补充之规定。立法院鉴于此项法律之需要,故从事制定《强制执行法》,于二十五年七月三日例会通过,唯尚未见诸施行。兹编之作,盖就其研究之所得,参以现行法制及他国之学说,以期相互说明,有所贡献,俾理论与适用,皆足供参考焉。

一、执行机关之制度

关于执行机关之设置,各国立法例,不一其致。有以执行事务,为独立之机关,不属于法院者,如德、法等国是。德之执达员可受委托为送达传唤及执行之官吏,他方面又有为当事人之受任者之地位,故执达

---

① 此处应为《各级审判厅试办章程》。
② 应为《补订民事执行办法》,下文同。

员行为之开始及续行,通常受债权人之指示,又受取债务人之支款及其他之给付,由债权人与以支付收取书据之权;又其所为之扣押,即时且直接对于债权人发生效力。就其职责言之:(1)当执行各种之执行行为时,对于债权人、债务人及第三人自负责任,独立而为行为,法院对于其行为无指示之权;(2)执达员对于债务人及其他第三人,如违背职务,则应受法律上之制裁。有以简单事件,委请执达吏专行之;重大事件,则由区裁判所为执行法院者,如日本是。故日本对于强制执行,分为二种:(A)执达吏专行事件,即对于金钱、债权之执行,只须当事人交付判决正本及执行书,交付于执达吏,即可依职权执行之;(B)为裁判所命令事件,即对于特种之执行,如财产权之执行、船舶之执行,必由当事人声请于执行裁判所,由执行裁判所命令执达吏执行之。有以法院所任命之执行官、法院书记及庭丁组织而成执行机关者,如奥国是。奥之执行机关,若委任公证人参与强制执行时,亦得属于执行人员之一,而所谓执行官者,系由司法总长所任命之官吏为之,较诸德国之执达员有实施国家之强制权,并为债权人之受任者,实行强制执行,则迥不相同。盖奥国强制执行法上,所谓执行机关,仅以法院内部之委任为活动之国家机关,执行官不过在法院委任与监督之下,实施其行动而已。

我国执行机关依《民事执行规则》及《补订民事执行办法》,均规定以推事、书记官、执达员三种人员组成之,而书记官关于查封拍卖事件,依推事命令为之,执达员则承推事、书记官之督饬,实施强制执行事务。即立法院制定之《强制执行法》,其第一条,民事强制执行事务,于地方法院设民事执行处办理之;第二条,民事执行处置专任之推事及书记官办理执行事务,但在事务较简之法院,得由推事及书记官兼办之;第三条,强制执行事件,由推事、书记官督同执达员办理之。上述各条之规定,殆与奥地利制度大致相同,而与德、日二国之制,则绝不相似。唯

《强制执行律草案》系成于日人松冈义正之手,其执行机关之规定颇与德、日制度相近。该草案第三十六条规定,强制执行依承发吏实施之。第三十八条至三十九条,债权人得交付执行正本于承发吏,声请为强制执行,承发吏有代债权人作成受偿书交付清偿之债务人,及对于清偿之债务人交付执行正本之权限。由上观之,与德国执行机关专属于执达员之行为,殆已从同。唯第五十条,关于执行方法及程序,有声请及异议时,由执行审判衙门裁判之。而第五十一条规定,审判衙门执行行为之处分及其行为之共力(例如嘱托协助行为)属执行审判衙门之管辖。是该草案对于执行机关,虽分为二,而实施强制执行者,则专属于承发吏(执达员),仅以声请或异议上之裁判及处分或嘱托行为属于执行法院。而按诸我国现行法制,倒似无采取之可能也。

要知我国所以不采执达员专行主义者,其目的在预防执达员之舞文弄墨、玩法作弊,故必以推事专其责任,书记官为之督饬,立法不可谓不谨严。然查各执行法院对于执行事件,不出于债务人之延宕,即由于执行程序之太繁,有开庭传讯至十余次而仍未执行完毕者,即执行查封及拍卖,立必动经数月之久,不动产之鉴定价值往往减价再减价,甚至减价至五次之多,其结果由债权人承受或出于强制管理,而债权人因迭次费用之增加(传票送达费、查封费、鉴定费、拍卖费、保管费等),实已得不偿失,其效果几等于零。然此种程序,债务人尚有财产可供执行,若必经讯问之程序,在狡黠之债务人,一经传案执行,即席卷所有、尽室偕行,即欲实施强制执行而不可得,债权人亦徒呼负负而已。故欲一扫前弊,非将执行程序节省不可。例如开始执行,设经债权人提出声请,并指明查封之标的物者,法院即应实施执行查封,初不必再经传讯之程序也,此其一。如经查封之结果,鉴定价值,动产以一次为限,不动产应以第二次减价为限,若至三次或五次,不特旷日持久,且有妨害债权、债务两方之利益,此其二。综而言之,执行事件应以迅速敏捷为主要,在法定期间内(《强制执行法》第四十二条)应即完成其任务,今各法院有迁延至数年而未能完结者,殊非保护私权之道也。

复次,我国执行机关之组织,虽较德、法、日诸国为严密,但各地方法院每皆注重于审判,而不注重于执行,故执行处推事多以候补或学习推事充之,或竟以此繁重之事务,责诸一人,而事务较简之法院,依法属于民庭推事之兼办(《强制执行法》第二条),既忙于审理狱讼,复使其兼顾执行,精神安能贯注？而欲其不延误难矣。况执行推事负监督指挥之责任,而为之助理及实施者,则犹赖于书记官、执达员。此种人员对于执行事务,与债权、债务人尤有直接之关系。故执行推事,既必须遴选勤慎干练之人员(《补订办法》第一条参照)。然书记官及执达员,亦须厉行惩奖规则,方足以策其勤惰,促其进行。但一按诸实际,书记官之任用资格,或经过考试及法校毕业,学识与才能尚有相当之程度；而执达员一职,待遇菲薄,为国家所不重视,既无训练,尤鲜操守,其进身之途径,大率由夤缘请托而来,束身自好者,固亦不乏其人,然以此种职务为利薮者,其需索之风,尚难尽泯,甚至便利债务人以种种之机会,致债权者徒唤奈何。故一般社会,对于现行执行制度,啧有烦言,匪无故也。

二、声请执行与职权执行

强制执行事件,我国现行法例上,分声请主义及职权主义为二种。日本立法例,依民事不干涉主义之原则,限于债权人基于私权保护之请求权,要求为强制执行之开始实行,国家机关始予以补助行为。质言之,仅依债权人之声请加以助力而已。我国《强制执行律草案》采取日制,亦依声请主义行之,其第一条规定,债权人得依本律之所规定,请求强制执行。此外尚有执行正本,亦依声请付与之。该草案第十条规定,强制执行,非有执行正本不得为之,执行正本由第一审审判衙门书记官依声请付与之。而《民事执行规则》,系采声请主义与职权主义并行制度,且以判决正本为执行根据,此外并无执行正本之规定,基第四条第一、二、三各项,因于强制执行,由民事执行处依声请或以职权为之,民事案件判决确定后,本厅审理各庭应将判决正本移付民事执行处,应为强制执行事件,民事执行处接到判决正本声请书后,应即实施强制执行。就上开法条,从可知依声请执行与职权执行并重,唯其中应依职权执行者,共分几种,并无列举之规定,不可谓非立法上之疏漏。唯《强制执行法》第五条规定,强制执行因债权人之声请为之,但假扣押、假处分及假执行之裁判,其执行以职权为之。法文比较,甚为明显,但仅以假扣押、假处分及假执行之裁判,为职权执行,其范围又不免太狭。盖假扣押或假处分之执行,依该法第一百三十二条规定,应于假扣押或假处分之裁定送达后立即开始,或与送达同时为之。是立法原则,对于此种事件,本应紧急处置。至假执行事件,依《民事诉讼法》规定,亦属保全执行,自应以职权执行,立法固无不当。然查《民事执行补订办法》第四条,法院应酌量事件情形,如认为适当时,即应依职权开始,执行者有四,例如:

(1) 确定判决命被告履行扶养义务者;

(2) 所命给付之判决其金额或价额较微者;

(3) 就《民诉法》第三百九十三条第二项第一款至第五款(按,即新《民诉法》第四百零二条第二项各款)所为被告败诉之判决者;

(4) 为假扣押或假处分之裁定者。

就中第四款规定与《强制执行法》从同外,其他各款则为《强制执行法》所无。查旧《民诉法》第三八一条，关于依职权宣告假执行者，仅有上开之第一、三两款，在新《民诉法》第三八九条，则增为五款，法院皆应依职权宣告假执行，而在审判方面，对于新《民诉》之规定，每有脱漏而未为宣告，虽原告尚得依同法第二三三条之规定，声请补充判决，然已辗转稽延。况《强制执行法》既为独立法规，则关于应依职权宣告假执行而漏未宣告者，似应采新《民诉法》立法之精神，以此种判决不问其有无宣告假执行即应列于职权执行之范围，以期迅速解决，良以新《民诉法》第三八九条第一项所列之五款，皆为简易而明确之事件故应依职权宣告假执行，明于强制执行亦应依职权为之，较为适当。

至于裁判正本，应由民事审理各庭，移付于民事执行处，在《执行规则》第四条与《强制执行法》第七条，有同样之规定。唯事实上民事诉讼事件繁多之法院，对于"移付"之手续，视为具文而不实行，故除假扣押或假处分及假执行事件必须移付执行外，依《强制执行法》第七条，法院于民事裁判得为强制执行时，应将裁判正本移付执行处。则法院对于一切民事案件，即应注意于不变期间，该裁判一经确定，立即移付执行。此种移付按照上开法条，亦应以职权为之，民事执行处乃得据以开始执行。在《民事执行规则》援用之时期，法院视"移付"为具文而不见诸实行者，此后本法施行之日，民事各庭书记官要当注意及之。一方依《民事诉讼法》第三九八条规定，法院书记官于判决确定证明书之付与，固当依当事人之请求为之，而此则应出于职权行为也。盖民事执行处对于声请执行事件，虽经债权人提出裁判正本，究不能明悉该裁判是否确定，往往必经调查或讯问方式，始能开始执行，如是辗转时日，执行上即不免多所窒碍。故为迅速执行起见，法院于民事裁判得为强制执行时，自应将裁判正本，有移付民事执行处之必要也。

三、财产执行与人身执行

基于金钱给付之债权与担保债权之抵押及质权，此种强制执行之标的，当然就债务人之财产以为执行。至于人身不得为强制执行之标的，此为法例上所公认，例如应为婚姻之判决、应为夫妇同居之判决，即不能适用直接强制执行之方法。在《民事执行规则》第八十八条第二项及《强制执行法》第一百二十八条第二项，有明文规定。故对于人身之执行，除命债务人交付子女或被诱人者，得用直接强制方法，将该子女或被诱人取交债权人外，其他皆不能适用。盖强制执行之目的，亦只对于债务人财产为查封拍卖，以为抵偿，并无拘束其身体之必要。故《执行规则》第八十九条仅规定得为管收或处以过怠金外，其他并无何种规定，而《补订办法》第三十三条，则分别规定管收之原因，如（一）债务人有隐匿或处分财产之嫌疑者；（二）审酌情形，认债务人显能履行而故不履行者；（三）于调查执行标的物时，拒绝陈述或陈述不实者；（四）有逃匿之虞者。其管收后之处分，则规定遇有上述第一项情形时，并须送交检察官，函询债权人，如愿告诉时，依《刑法》第三八四条（按，即新《刑法》第三五六条）诉追。在《强制执行法》第二十二条第一项各款之规定大致相同，唯对于管收之期限及管收后之处分，则未有明文规定，仅于同法第二十六条载明管收条例另定之。而在《补订办法》中，则依管收民事被告人规则，以管收不得逾三月之期限；且有管收期满，如管收债务人于发生新原因时，得再行管收之规定。是债务人之管收期限，既定三月以下，期满释放后，如遇有新原因之发生，仍得再为管收，如是一次以至二三次，执行固嫌濡滞，而核诸强制执行之原则，以财产为执行者,一变而为人身之执行,而且一再管收,有类于刑事徒刑屡犯执行矣。加以债务人管收期满,其履行债务之义务并不因而免除(《强制执行法》第二五条明文规定),则较诸刑事之罚金易科劳役为折算者,轻重亦不相当,立法上之对于债务人,亦未免失之过苛。虽《强制执行法》并未有得再管收之规定,但关于管收期限,既未示以限制,则于管收条例未经另行制定以前,自属仍暂行援用民事管收被告人规则之规定。然查《破产法》第七十一条,破产人有逃亡或隐匿、毁弃其财产之虞时,法院得签发押票将破产人羁押,而其羁押期间有不得超过一个月之限制。则关于强制执行事件,如债务人有上述管收原因之一,法院认为有管收之必要时,当可准用《破产法》之规定而定管收之期限;虽破产程序与执行程序不同,但就债务人之财产以供清偿,则事属同一,且该法第七十一条规定羁押之原因,又与上述管收之原因正复相同。故臆见以为执行管收之期间,得准用《破产法》之规定,以一个月为限也。

复次,在《强制执行法》第二十三条第三款所定之情形,得为拘提管收者,按照其情形,实为毁损债权之行为,与《刑法》第三五六条规定债务人于将受强制执行之际意图损害债权人之债权,而毁灭、处分或隐匿其财产之行为相合,殆已触犯刑事嫌疑。不过该条之罪,须告诉乃论,唯在执行法院不妨谕知债权人提起自诉,以资救济,要非仅以拘提管收,为尽执行之能事也。

四、抗议、异议与抗告

在《执行规则》及《补订办法》中,所规定当事人或利害关系人对于执行推事、书记官、执达员(承发吏),所得提起抗议者,其要件为违背职务上之义务及执行延滞,或其他侵害利益,皆得提起抗议。而执行法院院长对之,尚须为分别准驳之裁断,经裁断后当事人或利害关系人又得向上级长官为不服之声明。如是辗转时日,则执行程序自不免多所延滞。况除抗议外,复规定得声明异议,性质既复类似,而程序更形复杂,与强制执行迅捷之原则亦多抵触。故《强制执行法》第十二条第一项规定,当事人或利害关系人对于强制执行之命令,或对于执行推事、书记官、执达员实施强制执行之方法,强制执行时应遵守之程序,或其他侵害利益之情事,得于强制执行程序终结前,为声请或声明异议,但强制执行不因而停止。按其立法上之意旨,将旧法所定得为抗议之事件,已归纳于得为声请、声明异议中,以求其简捷,而该条但书之规定,尤足以表现强制执行速结之精神而收其效果,则新法实优于旧法。盖当事人或利害关系人在债务人方面,每借抗议或异议,利用此种程序以图拖延之方法,在法律上自应规定不因声请或声明异议而停止执行,庶足以杜其流弊,防其延滞。至对于抗议或异议之裁断,提出抗告及声明之期间,在《执行规则》及《补订办法》皆定为七日者,而《强制执行法》第十二条第三项则规定对于前项声请及声明异议之裁定,其抗告期间改定五日,以期缩短其程序,俾不致久延不决。虽依《民事诉讼法》第四七九条,对于裁定得为抗告,但有不许抗告之规定者不在此限。同法第四八八条,抗告除别有规定外,无停止执行之效力。原法院或审判长得在抗告法院裁定前,停止原裁定之执行;抗告法院得在裁定前停止原裁定之执行,或为其他必要处分。然关于强制执行事件,就上述之当事人或利害关系人,对于声请或声明异议之裁定虽无不许抗告之限制,但在声明或声请中,即规定执行不因而停止,观于本法第十二条第一项之规定自明,则虽提起抗告,自无停止执行之效力。至债务人有回复原状之声请(即因迟误不变期间,追复上诉)或提起再审之诉,及债务人或利害关系人提起异议之诉,或对于抵押权之强制执行所为之裁定起告抗告时,《执行规则》第五条关于回复原状及再审之声请,虽有不停止执行之规定,但对于第三人异议之诉,第四三条及第五四条第二项有应行停止拍卖等等,立法颇嫌疏略。而《补订办法》第五条,则以须上诉审法院或再审法院有停止原判决执行之裁定及命债务人提出相当确实之保证为限,但对于异议之诉或抵押权强制执行之裁定而为抗告时是否停止执行,则法无明文,援用上亦觉不便,故《强制执行法》第十八条综合上项事件,俱以不停止强制执行为原则,而该条但书之规定,则以法院因必要情形或命当事人提出相当确实担保,而为停止强制执行之裁定者,不在此限,不可谓非立法上之进步也。良以债务人之追复上诉,提起再审,或对于抵押权强制执行裁定之抗告,每得遂其拖延之计,甚至一再上诉及抗告,于是影响于强制执行者甚巨。即利害关系第三人之异议之诉,亦多于债务人相勾串,借此抵抗其执行。该法既规定不停止强制执行,俾达速结之目的,唯有其他必要之情形,亦须命其提出担保,方可为停止之裁定,庶债权人不致因停止强制执行而受损害,如是事实与法律兼顾。设债务人或第三人若败诉时,则赔偿债权人之损害,亦得借此担保以供执行也。

五、船舶之执行

船舶在多数国家均设有登记制度,视为不动产而加以保护。然依执行法上之立法例,各国亦不一致:有登记后视为不动产,否则视为动产,适用动产执行之规定者,如德国是;有不问船舶登记与否,均适用不动产之执行方法者,如日本是。以实质言,船舶本为流动之物,故我国

《民法》第六六条及第六七条称不动产者,谓土地及其定着物;称动产者,谓前条所称不动产以外之物。则所谓不动产者,专指土地及其定着物(即房屋)而言,其意义甚为明显。《执行律草案》第三一九条至第三二八条,对于船舶之强制执行,系采日制,其强制拍卖之方法,准用不动产强制执行之规定。唯因船舶之性质与土地房屋究不相同,故于不动产之执行外,而于船舶之执行,另设为特别之规定。《执行规则》则无规定之明文,而《补订办法》第二十一条则定明准用不动产之规定。至德国之执行法所视为不动产者,以登记为要件,否则视为动产。然按之我国《船舶登记法》,亦不过以登记为受法律上之保障,并非因登记即发生不动产之效力。故两种立法例,各有短长,为学者争论上之问题,究应视为不动产与否,未易肯定。《强制执行法》第一百一十四条规定,船舶之强制执行准用关于不动产执行之规定。与《补订办法》相同,惟即列入不动产执行章中,并非如《执行律草案》有特别之规定。而该法同条第二项所载,前项船舶以《海商法》所规定者为限,则我国最新之立法例,实较德、日二国为优。查《海商法》第一条,本法称船舶者,谓在海上航行及在与海相通能供海船行驶之水上航行之船舶。从可知该法所定之船舶,其吨数、容量、体积,必形庞大,而其价值亦属甚高,则《执行法》上以船舶视不动产,准用不动产执行之规定者,即依《海商法》所称之船舶,定其标准,自属适当。观于该法第二条各款所列之船舶,如(一)总吨数不及二十吨或容量不及二百担者,(二)专用于公务者,(三)以橹棹为主要运输之方法者,是项船舶,除船舶碰撞外,不适用该法之规定。故《强制执行法》所定船舶准用不动产执行之规定,以《海商法》所称之船舶为限,则其第二条所列举之船舶,既为《海商法》所不适用者,即应视为动产,准用动产执行之规定无疑,初不关于登记与否而定其动产与不动产,自较德、日二国立法例为改进矣。

六、登记制度

关于金钱、债权之强制执行，既以债务人之动产或不动产为执行之标的，除对于动产执行查封时，尚可检查启视债务人居住所、事务所、仓库、箱柜及其他藏置物品之处所（《强制执行法》第四十八条前段参照）以为查封拍卖外，若关于不动产之执行及其共有部分之执行，或经界分割之执行、船舶之执行及其船舶股份之执行，又公司、商店及其合伙财产股份之执行，以上事件必须经过详审之调查，否则易滋隐匿、顶替之情弊。而债务人往往勾串第三人出而提起异议之诉及确认之诉，以图损害债权，虽强制执行，依法不因而停止，然事实上既启诉讼之纠纷，执行上遂感觉多少之困难。《强制执行法》第十九条，强制执行事件有调查之必要时，除命债权人查报外，执行推事得自行或命书记官调查之。然此种调查手续，既属繁复，除债权人应有调查陈报之义务外，但执行推事及书记官，每不与社会相接近，欲从事于实地调查债务人之财产状况，类多扞格而不克实行。故法律上虽有此规定，实亦等于具文而已。近年来我国司法机关虽逐渐完备，而登记机关则未经设立或未实行者殆占多数，如不动产之登记、法人之登记、船舶之登记以及商号及商标之登记、户籍之登记等等。此类登记虽属于司法行政或专属于特别行政之机关，然对于执行机关予以调查之助力者，实不在少。例如强制执行债务人之不动产时，业经实施查封或定期拍卖，据债权人之查报确属债务人所有，忽有第三人就执行之不动产，主张其为自己所有以排除强制执行，若在施行登记制度之地方，执行法院即可函询不动产登记处所，嘱托调查其真相，以期明确，执行自臻其顺利。或抵押权人在他债权人声请强制执行债务人之不动产之际,出而主张优先权,执行法院欲明其真伪,亦可径向登记处调查以定其分配。至假处分事件,对于不动产上之权利,如以假处分之裁定,禁止其设定、转动或变更者,法院应嘱托登记机关,将该裁定登记于不动产登记簿。此项规定在旧《民诉法》第五〇一条第三项定有明文,而现行《民诉法》则删除之。鄙意此项规定应有加入之必要,盖非是不足以达保全债权之目的也。其他如公司之是否合法登记、合伙商店之股份若干、船舶籍之管辖、共有财产之部分、债务人之居住所等,若实施登记制度,则法院一经调查,易于明了。强制执行上,债务人即欲隐匿其财产,或为不实之陈报,或迁移其居住所而为逃亡,不难一索即得,应强制执行乃得收其效果,故实施登记制度,实予执行机关之助力不少也。

七、结论

我国现行之执行机关之组织,以推事、书记官及执达员构成之,故就法律言,执达员为执行人员之一,而执行推事任监督、调查、指挥之地位,书记官则对于执达员有指挥督饬之责。就事实言,执行推事之职务,除监督、调查及指挥外,虽对于执行事件负有专责,而实施强制执行如查封、鉴价、拍卖及保管等事项,必以执达员行之,故执达员实为强制执行上重要之人员。我国向无执达员之名,旧时关于送达执行之事务,概由胥吏充之。自清季《法院编制法》施行后,地方审判厅遂设有承发吏之专职。据该法第一四四条规定:(一)为发送审检两厅之文书;(二)为受审检两厅之命令,执行判断及没收之物件;(三)为当事人有所声请,实行通知催传。然其后因法规之变更,关于刑事及检察方面之送达执行，已不属于承发吏，故承发吏唯一之职务，专任民事上之送达执行，尤其是对于强制执行事件，与人民权义关系，至深且巨。自国民政府改订《法院组织法》以来，关于承发吏一职，已改称"执达员"，所以废去从前胥吏之观念并重其职责，而依一般法例，自属公务员之地位。惟关于执达员之考试任用及其职务等，在该法固未有详细规定，亦无其他另行制定，查该法第五十二条规定，执达员之职务：（一）送达文件；（二）执行依法令应由执达员执行之裁判；（三）其他职务上之事项。惟其任用之资格，则略而未载，窃以为执达员既负有依法令执行裁判之职责，其任务不可谓不重要。况既列为公务员，而于强制执行事件，对于债权人、债务人尤有直接之关系，为用甚宏，初未可以等闲视之。今各地方法院及分院里皆设置执达员，第征之法院历来事实，其成绩殊鲜可纪录，而从来胥吏之积习，犹未汰除。至法院对于执达员之地位及待遇、任用既无严格之规定，俸给亦甚低微，故欲改弦而更张之，非严定其任用资格，加以训练养成其人才，并优其俸给之待遇，方克收其执行上之效率。盖执达员既居执行重要之地位，自非具有法学知识及社会经验，要难胜任愉快，而欲求吸收人才，则待遇亦不可不优。在《法院编制法》第一四九条规定，承发吏由司法部及高等审判厅长派充，并得委任地方审判厅长派充之，其重视承发吏一职而认为司法官吏可知。前司法部所定《承发吏考试任用章程》分别规定其积极资格与消极资格，关于积极资格有二：（一）应试资格，则规定年在二十五岁以上，须身体健全及品行端正者；（二）免试资格，则须中学以上或法律、法政、监狱，警察学校一年半以上毕业者，书记官考试及格或曾办理书记事务满三年以上，或现充及曾充学习书记官者。故以最低限度言之，其任用及待遇应与书记官相等。至该章程所定消极资格，则以曾受徒刑以上之宣告或曾受惩戒处褫职者，其他有精神病或曾充胥役及失财产上之信用者,皆在不得任用之列也。又该章程并规定承发吏奉委后一月内,须缴保证金,保证金额五十元以上,三百元以下,缴纳保证金后,法院给予执照,承发吏非有执照不得执行职务。至于违法渎职等之行为在刑事上责任,因公务员身份特别加重,固无待言。而民事上因故意或过失侵害他人权利及违背其职务者,依《民法》及《民事诉讼法》亦分别规定其赔偿责任。惟现今各地方法院之设置执达员,对于其任用及待遇尚未提高,虽订有惩奖规则,根本既为改善,自无效果之可言也。

综而论之,执行员既为构成执行机关人员之一,而其对于实施强制执行事务,所谓依法令执行裁判,尤属重要之职务。依我国现行法制,地方法院专设民事执行处,虽非如德、法等国,以执达员为独立执行机关,亦非如日本执达员负有专行事件之责。但执行处仅有一二推事、书记官任监督指挥之职,而其实施强制执行也,必以执达员行之,则严其考试,定其资格,隆其待遇,明定其惩奖,以及任用应由何种机关委任、监督责任之范围应如何规定,自非另定执达员任用条例、执达员服务规则,不足以增进强制执行之效率也。

现代法律与民生主义[1]

一、绪言

孙中山先生之言曰:"社会之所以有进化,是由于大多数的经济利益相调和,不是由于社会上大多数之利益有冲突。社会上大多数经济利益相调和,就是为大多数谋利益,大多数有利益,社会才有进步。"中国现时社会上迫切之需要,在人民财产之保障,在生活之安全,在社会经济利益之均衡与发展,法律之功用即在担负此种职务,以促成社会之进步,凡此几无不以三民主义为唯一依据。可知现代之法律,既未可效法欧洲十八世纪唯心主义之法学家,偏重于主观理解;亦未可如十九世纪唯物主义之法学家,只知注重物质环境对于法律之影响。故现代法律,必注意于整个民族的社会生活与社会力量之规范,而使之集向于三民主义之实际建树。然三民主义包括民族、民权、民生之三方面,而民生主义,尤属重要。盖十八世纪至十九世纪初叶之时代思想,以政治为中心,法律之为用,即在如何维持政治上地位之平等,今则时代思想已由政治中心而入于经济中心。三民主义之民族、民权,均不过为达到民生目的之基础工作。此点戴季陶氏于《孙文主义之哲学基础》一书中

---

[1] 原载于《中华法学杂志》1937年新编第1卷第10期,第1—8页。

言之甚详。戴氏之言曰:"中山先生精神全部是注在民生主义。""先生所领袖之国民革命最初之动因、最后之目的,都在于民生。"又曰:"三民主义思想之基础,是民生哲学。""三民主义原理全部包含于民生主义之内,其全部哲学,可总名之曰'民生哲学'。"故与其研究法律与三民主义之全部关系,毋宁研究法律与民生主义一部关系之较为切要。中山先生于《民生主义第一讲》曾下民生之定义曰:"民生即是人民的生活、社会的生存、国民的生计、群众的生命。"是现代法律之目的,即在如何充实人民之生活,维持国家之生存,发展国民之生计,与夫保障群众之生命也。

二、我国新法典之社会化

(甲)民法改造与民生之关系

民法与吾人日常生活之准绳,对于社会为共同生活之要素。拿破仑《民法法典》主张个人主义,后之模仿法国民法者,亦无不重视个人主义。其说以为个人权利天所赋予,法律须以保护个人权利为目的,故有称十九世纪之民法,为个人主义之领域者。然其结果造成欧洲社会经济分配不匀之现象,迨社会连带关系之论兴,个人主义始有逐渐崩溃之势。瑞士《民法》及《债务法》无论矣,近如苏俄《民法》、暹罗《民法》、土耳其《民法》,未有不限制个人主义而侧重社会之利益者。于是《民法法典》之实质,遂由个人主义之时期,进于社会主义时期。昔之以权利为本位者,今则以社会为本位矣。我国现行《民法》以三民主义为主干,三民主义即以民生为中心,则现行民法之社会化,已可概见。

兹举其荦荦数端而概论之如下。

（一）所有权行使之限制。个人主义法律下所有权之保护，观于法国《人权宣言》第十七条曰："所有权者，神圣不可侵犯之权利也。"而《拿破仑法典》第五百四十四条及第四十五条曰："所有权者，对于物得有绝对使用收益及处分之权利也。"是个人对于所有权之行使，绝无限制。逮至法儒孔德（Aug. Comte）出，始以实证哲学说明个人与社会之关系，大旨谓"个人不能离社会而生存，对于社会应各务相当任务"。法国波铎（Bordeaux）①大学教授狄骥氏（Duguit）取孔德所有权任务之说更扩而充之，谓："持有财产者，处持有人之地位，可以管理或利用所持有财产以满足社会之需要；国家所以以所有权给予之者，正欲巩固其地位，使能本社会需要而尽管理与利用之责而已。如其违反社会需要，而不能尽管理、利用之责者，国家自得而干涉之、制止之。"自此说昌明以后，各国法制虽未公然抛弃传统之权利说，然最近立法已有倾于任务说之趋势。中山先生所倡导之民生主义，纯以社会利益为出发点，故现行法之基于社会任务说而规定者，亦不一其例。其见于《民法》者，如第一百四十八条规定，权利行使不得以损害他人为主要目的；第七百六十五条规定，所有人于法定限制之范围内，得自由使用收益处分其所有物，并排除他人之干涉；第七百七十三条"土地所有权，除法令有限制外……如他人之干涉，无碍其所有权之行使者，不得排除之"。我国现行《民法》对于所有权所加之限制，尤不只此。各国法律除苏俄《新民法》外，未有不承认卖买契约之效力大于租赁契约者。独我国《民法》第四百二十五条规定："出租人之租赁物于交付后，纵将其所有权让与第三人，其租赁契约对于受让人仍继续存在。"凡此，均所以表现法律

---

① 即波尔多，法国西南部城市。

之社会化,而民生主义为其根据者也。

（二）契约自由原则之限制。契约有绝对之自由,此为个人主义法律哲学上基本原则。其意以为人类对于自身行为利害之审度,殆无有过于己者,国家法律之能事即在尽量除去个人行为自由之障碍,使有充分发展之机会。斯宾塞尔①氏故认"放任主义为立法之最当准则"。殊不知契约为共同生活之方法,其意思之自由必有一定之范畴,而后始足共营共同生活。否则以强凌弱,以众暴寡,凭借一己之政治或经济地位,以取得利己之契约,是为片面之自由而已。民生主义之立法,必以社会整个利益为依归。就《民法》而言,例如法律行为,系乘他人之急迫轻率或无经验,使其为财产之给付或为给付之约定者,《民法》第七十四条明定,如依当时情形显失公平者,法院得因利害关系人之声请撤销其法律行为,或轻其给付,以资保护。其有重利盘剥者,则于第二百零五条规定,约定利率超过20%者,债权人对于超过部分之利息无请求权。其以折扣或他法巧取利益者,并于第二百零六条特设禁止之规定。又如当事人虽有违约金之约定,但已履行债务之一部者,依照第二百五十一条规定,法院得比照债权人因一部履行所受之利益减少违约金。如约定之违约金额过高者,依照第二百五十二条规定,法院并得减至相当之数。此均可见契约自由之说,已由绝对而趋入相对之境矣。以上二者均为民法社会化之荦荦大者。此外尚有最足称道之二点:一即民事责任之不必以过失为要件,一即性别之废止是。就前一点言之,在个人主义下,不有过失,不负损害赔偿之责,今则基于"社会连带关系"说,于某种情状下,虽无过失,亦不容其不负相当之责任。例如第一百八十七条,无行为能力或限制行为能力人不法侵害他人之权利者,与其

---

① 指英国哲学家斯宾塞(Herbert Spencer, 1820—1903),以将进化论学说应用于社会学领域而闻名,主张政府实行放任主义的治理理念。

法定代理人连带负损害赔偿责任;第一百八十八条,受雇人因执行职务不法侵害他人之权利者,由雇用人与行为人连带负损害赔偿责任。此种规定,盖均以社会本位为出发点也。兹更就后一点言之,世界各国民法,对于妻之行为能力,大都加以限制。我国历次民法草案亦然。此种立法,固与男女平等之原则不合,而以原有行为能力之人,强行拟制其为无行为能力,致使社会组织偏而不全,殊与社会生存及国民生计发生极大之障碍。我国依据中山先生遗教,于《民法总则》行为能力之规定中,男女间不复再有轩轾,以期社会得以整个发展,永无畸形之弊。是则我国民法所独到之进步,而他国所未尝有也。

(乙) 土地法与民生之要素

土地为人类生存不可或缺之要素,即宇宙间一切生物,亦莫能离土地而可以生活者。盖法律学上土地之定义,包括水陆及一切天然物力而言,不仅为一般见解之地的表面而已。世界各国之土地制度代有变更,而人类因此问题,竞争至为激烈。自有生民以来,于某一时代某一部分人类,在所谓文明的社会中,对此关系人类生存之土地问题,未有适当之解决。中山先生于民生主义中,集其全力于土地问题,反复申论,而其解决办法则首在法律。读《民生主义第三讲》,其言曰:

> 中国要增加粮食的生产,便要在政治、法律上,制出种种规定保护农民。中国的人口,农民是占大多数,至少有八九成。但是他们由很辛苦勤劳得来的粮食,被地主夺去大半,自己得到手的,几乎不能够自养,这是很不公平的。我们要增加粮食生产,便要规定法律,对于农民的权利有一种鼓励、有一种保障……现在的农民,都不是耕自己的田,都是替地主来耕田,所生产的农品,大半是被

地主夺去了。这是一个很重大的问题,我们应该马上用政治和法律来解决,如果不能够解决这个问题,民生问题便无从解决。

观此可知民生解决之要件,即在法律。故现时法律之是否适应此种需要,实有检讨之必要。中山先生于其所著《建国方略》及《三民主义》中,对于解决土地问题所垂训于吾人者,首在"平均地权",以防止土地之集中。其论民生要素也,则以衣、食、住、行、乐五者为大要。然"平均地权"则为解决衣、食、住、行、乐之基本方法。《土地法》第七条揭明土地所有权之要旨曰:中华民国领域内之土地,属于中华民国国民全体。然如何可使土地属之国民全体,其法不外两途:一方扩展公有土地;一方限制私有土地。《土地法》对于公有土地之扩张,不遗余力。其第八条规定,不得为私有土地者,计有八项:一、可通运之水道;二、天然形成之湖泽而为公共需用者;三、公共交通道路;四、矿泉地;五、瀑布地;六、公共需用之天然水源;七、名胜古迹;八、其他法令禁止之私有土地。第九条规定,水道湖泽之私有岸地,因坍没或浸蚀而变成水道或湖泽之一部分者,其所有权视为消灭。如其土地所有权未经人民取得者,则于第十二条内明定其为公有土地。如其已经人民取得而为国家公事业之所需者,复于第三百三十五条定有征收私有土地之规定。凡此,均所以力谋公有土地之逐渐增加也。更就另一方面观之,私有土地使用收益处分之权,则限制綦严,甚至整个之所有权亦同受限制,依照《土地法》第十四条之规定,地方政府对于私有土地,得斟酌地方需要、土地种类及土地性质,分别限制个人或团体所有土地面积之最高额。其于处分权所加之限制,则于第十六条及第十七条定之,政府对于私有土地所有权之移转、设定负担或租赁,认为有妨害国家政策者,得制止之。所有农地、林地、牧地、渔地、盐地、要塞、军备区域及领域边境之土地，均不得移转设定或租赁于外国人。其于使用权所加之限制，观于《土地使用》一编所定，土地得就国家经济政策、地方需要情形及其所能供使用之性质，编为各种使用地，凡一经编为某种使用地者，即不得供其他用途之使用。至于收益权上所加之限制，当以地租及房租之规定最为显著，如第一百七十七条，地租不得超过耕地正产物收获总额千分之三百七十五，约定租金，超过千分之三百七十五者，应减为千分之三百七十五；又第一百六十四条规定，自房屋标准租金施行日起，凡原定租金超过标准租金者，承租人得依标准租金额支付，原定租金少于标准租金者，依其原定，出租人均不得用任何名目加租。此皆土地法对于私有土地权所加之限制也。此外土地税率采渐进办法，对于不劳而获之土地增益，则依累进法以征收土地增值税，以期土地之因社会改良所增加之价值仍还之社会，不为私人所垄断，是又实施"平均地权"之基本方案也。虽然地权之平均非可期之一朝一夕，其于人民生活要素之衣、食、住、行、乐各项，则为人生所不可须臾或离，是又安得无相当之规定？除衣之一项，关于工业者多，关于土地者少，兹姑不论外，其余食、住、行、乐问题，均于土地法有直接关系。特略举一斑如下：

（1）食的问题。中山先生解决民食问题方案即在"耕者有其田"。故法律之功用，则于佃户之耕作权，须先有充分之保护。故租用耕地契约，除依第一百七十二条出租人收回，及发生第一百八十条规定之原因外，均视为继续耕作之契约，地主不得随意收回。如出租人出卖耕地时，依第一百七十三条规定，承租人依同样条件有优先承买之权。如其土地所有人将其土地任意荒废者，除征收不在地主税外，如承租人继续耕作十年以上者，并得依第一百七十五条之规定，请求征收其耕地。此均所以止私人之垄断致有妨民食也。

（2）住的问题。工业革命以后，人民集中都市，都市房屋供不应求,此为各国普遍现象,我国自不能例外。故《土地法》第一百六十一条规定,市内房屋应以所有房屋总数2%为准备房屋,如准备房屋继续六个月不及房屋总数1%时,应依第一百六十二条规定,为房屋之救济。所谓房屋救济者,即规定房屋标准租金、减免新建筑房屋之税款及建筑市民住宅是也。

（3）行的问题。公路河川不得占为私有,我国历代法律对于侵占公路,悬为厉禁。故《土地法》第八条有对于可通运之水道及公共交通道路不得为私有之规定,谓为因袭的法律亦无不可。惟此仅就已成道路者加以保护,尚不过为排除私人垄断之消极规定而已。若就积极方面加以规定者,则依《土地征收法》规定,政府如为公共利益之所需,得随时征收土地。如土地已公布为街道而尚未公布征收者,依照第一百五十三条规定,亦不得为一切建筑。如街道狭小有重划之必要者,依照次条规定,于未重划前,市政府亦得禁止建筑。此均为民生谋行的问题上之便利而已。

（4）乐的问题。乐为意识表现,非经济行为,似已超出法律范围,尤以土地法之范围极狭,似无甚关系。然民生主义自应包括"乐"之意义在内。故娱乐之机会,应由于法律所赋与。例如《土地法》第一百五十八条规定,地段之一部保留为将来供同一事业之使用,或为花园、草场、运动场,而经改良者,需用土地人,不适用请求征收之规定者是。综上以观,民生主义于《土地法》为实施之工具明矣。

（丙）劳动法规与社会经济益利之调和

近世社会问题之起源,以劳工问题为中心,劳工问题之发生,以劳工法规为解决。法律使劳资双方得以各安其业,关系社会之前途,至巨且大。吾国《劳动法规》之制定,悉本中山先生遗教,吾人欲明其法理所在，自不能不先于中山先生之阶级协调主义加以认识。

胡汉民氏对现行劳动法规制定，曾加以演辞曰：

> 劳动问题中，最主要的是劳动条件，而劳动条件最主要的是工资和时间。假如工作的时间太长，是于劳动者的健康有害的，太短是于生产力有损的。三民主义的立场，则认劳动者的康健与社会一般的康健有关，而生产力之减少，又是与社会一般经济利益有关。所以国家不能任企业家与工人任意处置工作时间问题，而必须以法律的力量，就社会利益的标准，来干涉工人的工作时间，为之规定一个最适宜的限度。同样地，三民主义的立法，不能任资本家以最低的工资给工人，因为最低之工资不足以保养工人的生活；同时亦不能任劳动者任意要求最高的工资，因为如此，就不足以维持生产事业。必须就社会全体的利益，而以法律约束资产家与劳动者于相互有利的范围中，然后才可使生产得不断地发展，而保障社会全体之福利。

据此，可知中山先生认社会之进化纯系于劳动协调，而胡氏之立法亦系依据协调主义以促进社会之进步。一方为保护劳动者之利益计，竭力防止资本家之压迫；他方为社会利益计，亦不能不顾及资本家之生产力，而防止劳动者之破坏。虽其间直接利于劳动者，未必不间接利于资本家；直接利于资本家者，亦未必不间接利于劳动者，本无绝对界限可寻。然为研究便利计，自不妨分别"保护劳力"与"保护资方"而论列之也。

（一）侧重资方利益者。我国生产事业之不发达，较之欧美日本，直瞠乎其后，一般人之生活，多在水线以下，欲为劳工谋真正永久之幸福者,当以增加生产为首要。有生产而后有分配,若生产不增加,而仅谋劳动一阶级之利益,则在事实上势必偏枯,不但于民族经济有害,且因其足以摧残幼稚之工业,而劳工自身亦不免失业之危险。中山先生谓我国无资本家,仅不过"大贫""小贫"之分者,殆即指此。盖我国之所谓资本家者,就国际地位论,不过为欧美日本之劳动者。就民族地位论,同为欧美日本之被压迫阶级,其有待于国家之保护固与劳动阶级等。惟自民国十五年以来,劳资纠纷迭起,推厥原因,缺少适当之调处机关者。故十九年有《劳资争议处理法》及《团体协约法》之公布,后者于第二节明定限制,所以树共信之基,前者订明处理程序,所以息互争之渐,均所以为保护生产而设也。《团体协约法》中,对于工人之任用及职务支配之权,均予雇主以充分保护。该法第二节规定雇主雇用工人,限于一定工人团体之团员者,雇主于一定之情形下不受限制,如规定雇主雇用工人应依工人团体所定轮雇工人表之次序者,或限制雇主之自由去取者,或限制雇主采用新式机器,或改良生产,或限制雇主买入制成品,或加工品之规定者,其规定均无效。又如约定于原定时间外之工作,须加给工资者,依照第十一条规定,不得超过工资之二倍,其超过二倍者视为二倍。又第十二条规定,工人因办理会务而请假者,每月平均不得超过三十小时,此均规定劳资间平时之相互关系也。设一旦发生争议,则应依《劳资争议处理法》第三条规定,由主管行政官署召集调解委员会调解之,调解之不成立者,依次条规定,应付仲裁委员会仲裁,但在调解及仲裁期内,雇主不得停业或开除工人,工人亦不得罢工。此均所以防止纠纷之发生,而借以保护资方之生产力也。

(二)侧重劳方利益者。保护劳方之利益,依中国国民党《第一次代表大会宣言》内,对于劳工法之制定,即有明白宣示。其言曰:

国民党之主张，则以为工人之失业者，国家当为谋救济之道，尤当为之制定劳工法，以改良工人之生活。此外如养老之制、育儿之制、周恤废疾者之制、普及教育之制，有相辅而行之性质者，皆当努力以求其实现，凡此皆民生主义所有事也。

观此，可知劳工利益之应行保护，已毋庸再为理论之探讨。按十八年公布之《工厂法》其内容，要不外工人生活之保护、健康之保护及其他福利之保护。关于生活之保护者，首有第五章工资之规定，以免劳动所得有不敷生活之危险；次有第六章工作契约修正之规定，以免工人有顿时失业之虞。其关于健康之保护者，如第三章工作时间、第四章休假及休息、第八章工厂安全与卫生设备。而女工、童工之保护，则于第二章中更列特殊之规定。关于其他福利者，则分别规定于第七、第十、第十一各章。至于工人团体之组织，更有十八年公布之《工会法》，以诱掖之、扶植之。是均所以提高工人地位，借以谋整个民生问题之解决耳。

要之，就其大体言之，《劳资争议处理法》及《团体协约法》之利益于工人阶级者，未必少于资产阶级；而《工厂法》与《工会法》之利于资产阶级者，亦未必少于工人阶级。要在适应社会实际情形，谋得社会经济之调和而已。

三、结论

我国立法，向取因袭主义，秦汉而还，历魏晋、六朝、宋、元、明以迄于清，代相因袭，无不以《九章律》为滥觞。及清季末叶，欧风东渐，变法维新,创法律编修馆,拟成民商诸法草案,形式上似已脱离因袭政策。然一按其实际,则固因袭欧美及日本法律也。虽因袭来源有中外之不同,而其不适于时代地域之需要则一。我国旧有法律之不适时代需要,固无论矣。如其沿袭欧美而成者,则不蹈个人主义之覆辙,即将入社会主义之窠臼,集其全力于某一阶级之利益。否则如从个人主义,则今日欧美社会阶级斗争之现象,亦将重演于中国,其为患也更无穷期矣。今观现行法律,既不因袭古人,复不迷信欧美,本诸民生主义之目标,内审国情,外观世变,以完成一富有民族特性之法律。我国法制思想,殆已由因袭时代而入于创造时代矣。

我国之现行《民法》《土地法》及劳动法规,为民生主义下之立法,其原则为社会生存进化之极则,其方针为适应生存目的之正轨,其内容为富于创作性、改造性之规范。不仅可用以拯救中国之社会经济利益,即对于世界过去法律思想之错误,亦不无有所供献也。

所得税与各种赋税之比较[1]

关于我国制定《所得税暂行条例》，已于民国二十五年七月九日立法院通过，而《所得税施行细则》亦于同年八月十八日行政院通过（各该条文详载《信托季刊》第一卷第四期），近已见诸实行。此种制度是否优良，并是否推行尽善？在世界各国，已成为公开评论的问题。据现今财政学泰斗塞里格曼（Edwin R. A. Seligman）[2]所著之《所得税论》一书（*The Income Tax: A Study of the History, Theory, and Practice of Income Taxation at Home and Abroad*）其中所述，美、法等国对于所得税制度，正成为政治问题之中心；在英国于最近将所得税制之重要问题加以改造，始视为赋税制度中永久之一部；至于德国之普鲁士联邦所得税，于近今二十年间，已告成功，故各联邦均有一致拥护所得税之运动；其他各国，有已经采用者，亦有正在预备采用者；综合言之，是种倾向所得税制度，已成为一般普遍的趋势。

我国自裁撤厘金及废除苛杂捐税、烟赌各税以来，一方对于不良之税制加以改革，以减轻人民之负担；一方即谋代以改良之税制，以充裕国家之经济，尤其当国难非常严重时期，不可不预筹一种直接税之国家收入，且涵有普遍及公平的原则，此所得税制度施行之所由来也。虽然

---

[1] 原载于《信托季刊》1937年第2卷第2期，第125—136页。
[2] 即艾德温·赛利格曼（Edwin R. A. Seligman, 1861—1939），美国经济学家，边际效用理论在美国的主要传播者。其主要经济学著作《所得税论》（1914）曾于20世纪30年代译为中文，由商务印书馆出版发行。

当推行伊始,在纳税者多疑虑负担之加重,而在征收方面,尤须加以审慎之调查,且研究将来推行之是否有无流弊,至差别待遇问题、免税问题及分级课税问题,必经事实上、学理上种种之检讨,方克推行尽善。兹编不嫌词费,特为分别提出论述之。

一、租税标准之发展

租税者,国家或公共团体为谋其本身之生存与发展,而依一般标准,对于其团员强制征收其所需之一般经费也。按照塞里格曼(Seligman)之说明,其发展分为六大时代:(1) 人民自愿捐助政府时代;(2) 政府请求人民捐助时代;(3) 人民补助政府时代;(4) 人民为国家牺牲时代;(5) 政府以纳税为人民的义务时代;(6) 政府运用其职权强制人民纳税时代。以现代而论,即属于后之阶段。然此种时代之划分,亦仅就事实上之变迁言之,若依课税之标准,从私产发达、经济阶级渐渐分化之情形立论,按塞里格曼之述明,可分为三种:

(A) 以财产为赋税之标准

此种标准,曾阅数百年悠久历史,在此时期,私人的经济生活,其财产大部分为土地及土地之附属物,质言之,即为一种不动产税。厥后原始的工商业渐次发达,私人财产种类日渐复杂,于是课税制度亦日渐繁多,而所谓土地及附属品融合而成为一般财产税,其时大都为各国所从同,认为适合于租税之公平标准。惟其后经济阶级之分化与生活复杂之状况日渐显明,于是一般之财产税实际应用上已发生困难,而其理论之基础,亦渐呈动摇之势。故以财产为课税之标准,不免有下列之缺点:

（甲）财产与产物间之关系，每不能与通常之理想相符。即以土地之出产而论，例如农民所有田亩，其价值大致相同，但就中甲农因幸获年丰，乙农则寨遭岁歉，故其收获遂致悬殊，而其应缴纳之赋税则属同额。又如地上建筑之房屋，业主以出租为利益，但甲业主之屋已出租与人，乙业主之屋则终年无人过问，然乙业主虽并无所得，亦须与甲业主负担同额之捐税。此等实例，不胜枚举，可知一般财产与其出产，往往不能相同也。

（乙）财产所得与劳力所得之比较，不同之点颇多。在经济发展最初阶段中，财产所有人大部分皆负担纳税，至于无产阶级，除应缴人丁税外，或竟完全无税。时至现代，操各种职业而获得优遇之薪给者，所在多有，于是劳力所得者之地位日占重要，虽较诸财产所得者，其劳逸不能相提并论，然以获得优越之薪给——盈千累万，乃竟完全不负少数之公共费用，则以财产所得为课税之标准，社会上或致发生不平之鸣也。

（丙）"财产"二字，在法律上之意义与在经济上之意义，显有严格之区别。法律上之所谓"财产"，系指个人对于物之所有权，或对于物之权利而言，至财产之出产最后如何划分则非所问。经济上之所谓"财产"——则常指财富而言——是指个人对于其所占有物的服务之管理权，设使服务或出产之一部有须分割与他人之时（例如负债方面），即无所谓财富可言。如有某甲拥有价值万元之田产，出而抵押仅得款五千元，则其财富从经济方面观之，只能成为五千之数额，而其负债之一部，必须从资产中减除。但在法律上而论，则认为该财产为一万元之价值，故政府课税时，即按照一万元之财产而使其纳税。换言之，关于财产所有权人之情形如何、消费若干，均在所不问。则承认财产为纳税能力之标准，显有困难而易致失其平均。

（丁）在最初财产状况，组织简单，用于生产事业者居多，惟至现代,消费之财产与生产资本以及属于享用的财产或属于取所得的财产,种类之不同,均须加以正确之区别。例如个人私有之园林、美术及图书馆,并非为取得所得而设,尚须加费用以为维持,设以此种财产与所得财产相提并论,实际上颇滋疑问。故仅就财产为单位而定课税,不计及财产之种类及由财产而生之所得或费用,在现代恐难推行尽利。

（戊）依一般财产税之历史而论,在工业发展之社会,就各种财富之种类一一列举,势所难能。而租税之普遍为财政上重要原则之一,要无人不能不予以承认。但既不克就各种财富一一征及之,则其弊不免有漏免或重税之虞。在原始所假定按照各个人有形之财产,以谋课税之公平者,降至现代,因财产之分散且各种无形财产之日多,于是上述之理论,已不复有存在之价值。盖此种税别,并不能达到公平与普遍之目的,而成为一种畸形之制度矣。

（B）以用费及产物为课税之标准

此种阶段,自中古末叶以至十六七世纪,由一般财产上课税一变而为用费之课税,使每人皆负担纳税成为一致之趋势。当时大租税改革案,如蒲丁（Bodin）①、贝蒂（Petty）②及荷培斯（Hobbes）③等,泰半皆受此种影响。盖无论何人,不问其为贫为富,皆需有用费,是以此种税制,即因之发生,其形式即为对于消费者之直接及间接的课税,如商业及贸易上之课税,其最后仍属于消费者之本身。故欧洲当十八世纪,所谓一般消费税或单一消费税,成为公法学家研究之重心,实现于税制上亦复不少。

---

① 指法国法学家让·博丹（Jean Bodin, 1530—1596）。
② 指英国经济学家威廉·配第（William Petty, 1623—1687）。
③ 指英国政治哲学家霍布斯（Thomas Hobbes, 1588—1679）。

但就实际而论,虽消费税比较一般财产为改进,惟此种制度,不久亦发生缺点。例如富者对于财产之课税,大部分或多隐匿而不报,即征诸消费税,无论用费如何奢侈,亦仅占收入之一小部分;而贫者对于消费之课税,其收入之比例,每较用费为低,结果除维持生活之用外,绝对无余。故此种税制,成为最低阶级之重大负担,在现代民论发达,以用费为纳税能力之标准,自不复存在。当法国大革命之际,不特要求废除财产税,且要求整个废除消费税。迨十九世纪以来,世界进步之国家对于消费税制,亦经努力使其缩小。至现代所谓以用费为课税,盖已不成为唯一之标准矣。

复次,依上所述,财产税及消费税均不能合乎公平与普遍之原则,因此种制度之失败,于是租税改革家谋所以补救之方法,即就财产之出产以定课税之标准,庶可收获下列之效果:(一)就个人收入物产之数量,按照其数量纳税,若无收入之物产,即无所谓纳税;(二)并非对于财产全体而课税,只就财产之出产物而课税,如是则可免调查之烦难及非法之逃税。质言之,财产之构成分为若干成分,租税即按其各个成分之出品而定其税率也。欧洲各国自十七世纪以至十九世纪之前半期,即施行此种税制,按其性质,实为对物而非对人,对财产之产物课税,财产之属于何人所有则非所问。故在法国,称为"物税"(taxes réelles)系对以前之"人税"(taxes personnelles)而言,为法国大革命时所创造之制度。在德国称为出产税,系对以前的财产税而言。而在英国,则于十九世纪之末,始臻发达,系由土地税、房屋税及其他特征税所合成者也。

上述出产为纳税能力之标准,税制比较上已有显著之进步,惟不久因工业革命之后,其弱点遂渐形显露。盖对物课税,实际上仍由人缴纳而为支付,并非由物为缴纳,则在私权制度下,每种财产属于个人所有,而对于财产之出产课税是无异对于个人之收入课税,设吾人观察各个人之情状各有不同,即可知对于出产课税制度之未能尽善。例如两处毗连之土地,其出产原自相同,但一则出于天产之丰厚,一则由于人工之努力,则其出产即应有总出产与纯出产之区分。虽现代之税制改良,有除去其耕作之费用,只就纯出产为课税,然按诸各种情形,尚不免多所柄凿。假使一农人之田亩由抵押或转购而来,则其最后之纯盈余,必少他一农人,换言之,以一种土地之纯出产,并不足表示该业主之纯收入也。对物课税,结果仍课诸"物"之所有人。就其个人之真正纳税能力,实与其个人之情形有相连之关系。且现代财富之数量增加,致富之机会亦甚多,故分级课税(graduated taxation)之问题因之发生。况对物课税与出产课税之制度,核与累进之原则,尤不能符合,往往贫农或拥有广漠之田地,而富者挟有巨额之财产,但其土地则分为零星数处,欲施以累进税制而不能,其不合于时势之需要也固宜。

(C) 以所得为课税之标准

从上述各种之阶段发展,迄于现代,按照各个人负担纳税之能力,而定课税之标准,即所得税是也。"所得"云者,包含财产之收入与劳力之所得而言。而计其所得之类别,则可分为三:(一) 总所得;(二) 纯所得;(三) 净所得。前二者之别,例如一工厂获利十万元,然全年经营之费用耗去其五万元,机器生财折旧又去其二万元,平时流动资金借银行为周转者,全年利息又占三万元,三项合计,共为十万元,若以"总所得"之意义言之,该厂固明有所得十万元,但从"纯所得"计算之,可谓毫无所得。在现代所征之所得税,虽大都以"纯所得"为标准,然进一步言之,则理想中之所得税,要当以"净所得"为其标准。所谓"净所得"者,由纯所得中再扣除其家庭及一己必需之费用后,所净余之所得也。例如有二人同营一业,获利万元,二人分之,各得纯所得五千金。

惟一人既无父母又无家室子女之累,个人生活负担较轻;而其他一人,则须上事父母,俯蓄妻子,其个人又身弱多病,终岁医药亦复不赀。如是,则以"纯所得"测定纳税之能力,实未准确,故必以"净所得"为课税之标准,方能免偏颇之虞。更有进者,例如工人由辛勤工作所得之一千元,与拥有巨万财产之富翁由投机所得之一千元,是否应受同样之待遇,显为困难之问题。如果对于各种性质及各种数额之所得,均一律课以相同之税率,是绝不能符合纳税能力之理想标准也。最后更假定二人,一则以巨大之资本投于商业,享有一定收入;而另一人则将同样额数之资本,为企业起见,购进若干亩地产,但截至现在尚未至时机,所以未经出租,如是,则后者之一人,因其并无所得,即根本认为无纳税能力否乎?

由上述数个问题,虽所得税制为适合现代之需要,但依此新标准即可废弃一切旧标准,将一切直接税完全废止,而仅代以单一的所得税,其势固有所难能。如须建设一种圆满之税制,则于所得为标准外,必另以其他的标准为补充而后可。是以现代税制中并非专恃所得为课税,且即使在直接税之中,亦不仅有所得税一种,如上述之财产税、出产税、用费税等,亦可用为测量能力之一部标准,以资补救,即如当财富不用于营利而用于享乐之时,当财产用于投机之时,当财产虽一时至无出产但其价值甚巨之时,则财产皆可用为一部分之标准,故对于个人征税无法实行时,则对于财产课税,实为必要。至于因所得额数无法确定之时,或因其个人住所无定,其财产税或所得税无法征收之时,则仍可对其用费征税。所以认所得税在一切租税中为最完善之税制,要为一种皮相之谈,即从理论上言之,所得税亦非在一切租税中所能认为普遍公平之税制。若以直接税而论,吾人亦只能认租税之制度,大致应按照各阶级中之纳税人之所得而征课,若凭单一之所得税即可完全与理想相符,实非确论也。

虽然,上述各种情形,惟以所得税之行政效率逐渐加以改善,则将正确之所得税加入税制之中,实为一种进步,而在社会及财政原则上,所得税占一重要位置,殆无疑义。

二、租税之体系

租税体系者,整理租税使其适合于一切原则而成为一个组织体之谓也。征收之方法,有用单税制或用复税制,但现代学者多主张用复税制以组织租税体系者,换言之,租税体系乃联合各种租税系统而成一组织体之谓。惟租税系统之选择,学者亦不一其说,因之遂形成多数不同之租税体系,分列于下:

(1)有以直接税、间接税为组织者。其直税系统分为:所得税、财产税、营业税(出产税);间税系统,则为消费税(用餐税)。然依吾人观察,即可知消费税中之使用物税、奢侈税、房租税等,均为可以转嫁者,但决非所谓间接税;而财产税(如房屋税)与营业税(如销售税),亦有可以转嫁者,必不能括于直接税之内。总之,间税、直税之界划不明,此种体系,殊难谓其成立。

(2)以物税、人税为组织者。其体系分为对人税系统与对物税系统:对人税系统中,则有所得税、人丁税、灶税、窗户税、阶级税;对物税系统则有财产税、营业税、货物税(即消费税)。此体系亦难赞同,如窗户税、灶税,明以物为标准,财产税、营业税,明系向所有之自然人征税。故对人税及对物税,有时亦难分别也。

(3)以收得税、流通税、消费税为组织者。此体系以国民经济为其出发点,谓租税之税源,不外个人经济之收入,盖个人先由收入经济取得经常收得,次由临时或偶然事件增加临时利得,终由支出经济上之消费。故欲测定纳税能力之标准,不得不就其经常收得、临时利得与消费三方面征课之:关于收入方面者,谓为收得税;关于临时利得者,称为流通税;关于消费方面者,称为消费税。集合此三者成为租税体系,且与普遍原则又相符合。如消费税虽常对于贫人征课,而收得税则当课之于富者,能流通税则可补以上二税之遗漏。且于流通税中增加不劳利得税,消费税中除日用品课税外而加以奢侈之重税,则此体系亦与财政原则及平等原则相符也。兹列表于下以明之:

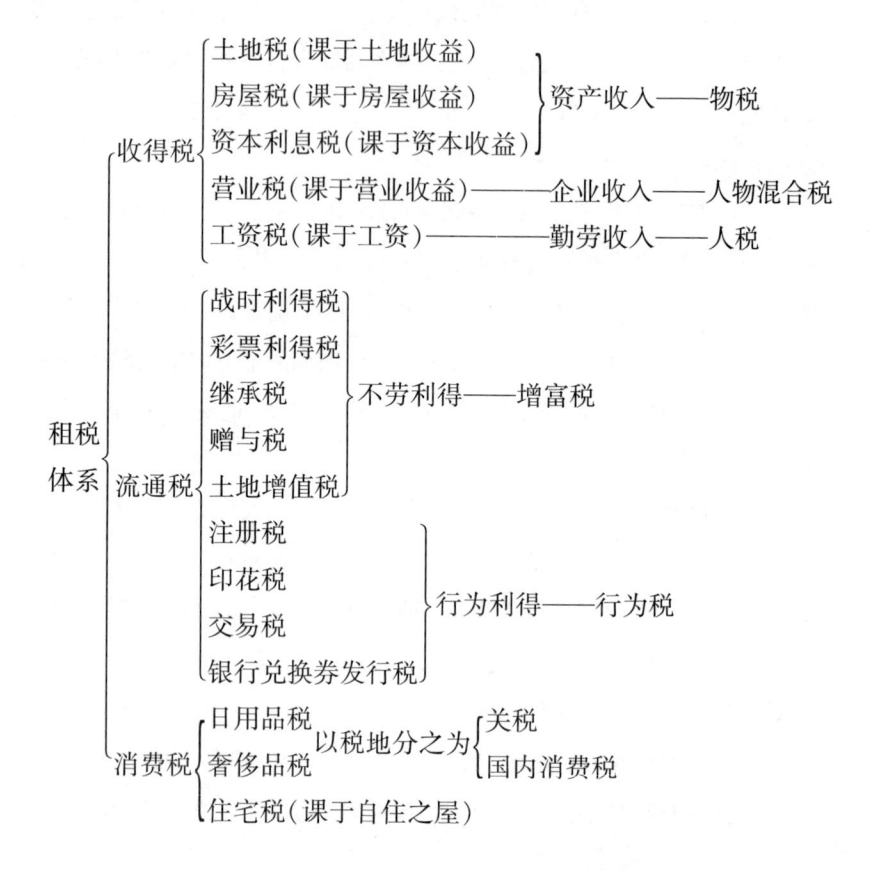

```
                  ┌ 土地税(课于土地收益)    ┐
                  │ 房屋税(课于房屋收益)    ├ 资产收入——物税
          ┌ 收得税┤ 资本利息税(课于资本收益)┘
          │      │ 营业税(课于营业收益)——企业收入——人物混合税
          │      └ 工资税(课于工资)——————勤劳收入——人税
          │
          │       ┌ 战时利得税 ┐
          │       │ 彩票利得税 │
          │       │ 继承税     ├ 不劳利得——增富税
 租税     │       │ 赠与税     │
 体系─────┤ 流通税┤ 土地增值税 ┘
          │       │ 注册税     ┐
          │       │ 印花税     │
          │       │ 交易税     ├ 行为利得——行为税
          │       └ 银行兑换券发行税 ┘
          │
          │       ┌ 日用品税  ┐                ┌ 关税
          └ 消费税┤ 奢侈品税  ├ 以税地分之为 ──┤
                  │           ┘                └ 国内消费税
                  └ 住宅税(课于自住之屋)
```

上列一表，在原则及理想上似甚完备，惟此表关于条件有应加以附带说明之必要，约分为：（一）收得税依上表所列各种租税，不能贯彻财产及收益重税之意旨，必以一般财产税或一般所得税为补充之规定，又工资一项，应定某种数额以下，免除其税；（二）流通税关于增富税一项，应适用较重之累进税率；（三）消费税以日用品关于生活必需者，应免其税，而奢侈品应加重其税。如此三种附带条件，则上列之租税体系，方合乎正义，否则尚不能谓为尽美尽善也。

（4）以收益税、所得税、行为税、消费税为组织者。其体系分为四项，即所得税（限于薪资税）——勤劳所得者；而收益税则包括土地税、房屋税、营业税、资本利息税；至流通税及消费税，则均与前表相同。但此体系就中收益税与所得税之区别，最难分明（后当详论之）。现代租税体系上，大都以所得税为中心，收益税为辅助，而所得税则有"一般所得税""个别所得税"与"特别所得税"之分，前二者兹不具论，后者即俸给或工资税，属于勤劳所得，一名狭义所得税，惟亦有以之属于个别所得税之中者，但以所得税仅限于薪资税，不如仍称之为特别所得税较为适当也。收益税中如含有此项者，为广义收益税（或合称收得税）；反是，如此项另名为所得税，则为狭义收益税矣。具此表应有附带之条件，亦与上表相同，故此体系亦尚不能谓其尽合也。

（5）以一般所得税、补助税、行为税、消费税为组织者。所谓一般所得税，盖网罗个人一切资产所得、一切企业所得及一切勤劳所得之税也。确定以所有为租税之主体，以所得为课税客体，并以所得额为课税标准。换言之，即综合个人种种之所得，而就个人经济上之纯所得，从而征课之。故一般所得税，较诸前述所得税以限于薪资税——勤劳所得者为标准之偏狭，自属进步，已为学者所公认。惟既以一般所得税为主，其补助税——有主张为个别所得税者，或主张为收益税者，或主张为一般财产税者,而自学理上言之,则应以一般财产税为一般所得税之补助税。虽在事实上动产不易调查,即一般财产税,不能包括一切财产在内,而退为个别财产税或不动产税,然无论如何,仍应以一般财产税为标的也。兹列租税体系表如下:

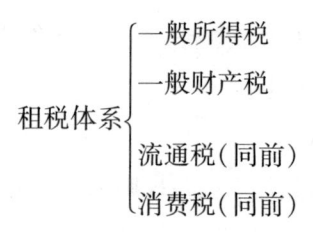

$$
租税体系\begin{cases} 一般所得税 \\ 一般财产税 \\ 流通税(同前) \\ 消费税(同前) \end{cases}
$$

上列一表,为现代薪税制之标准,且为适合学理上之理想的制度。

三、所得税与收益税之区别

财政学上之有所得税、收益税二种名词,肇源于德国之租税制度。德国学者之主张,从个人之收入分为物的收入与人的收入两方面。故一为资产及企业之收入,一为勤劳及人格上之收入,此二种因定课税上之区别,遂称前者为收益税,后者为所得税(前节所述第四种租税体系,即依此标准而区分之)。然此种区别标准,核与各国税制,则显有出入,例如英国个别所得税制度分所得为五类:第一类为私有土地、房屋之所得,第二类为使用耕作土地之所得,第三类为年金、利息等支自国库之所得,第四类为企业与外国殖民地债券利息之所得,第五类为官吏、公吏与公司职员等之薪俸、恩给金之所得。其税制殆混合收益与所得二种,而成为个别所得。如日本则以公债、社债、定期存款之动产的利息,列于第二种所得。其他诸国通例,亦以资产不使用于自己企业者之收入称为所得。然此种制度与上述收益与所得之区别,显多相反,而依经济学家之见解,则以所得与收益相较,因收益之中,尚含有应支与他人之负担,所有人不能将全部供自己之用,若所得则为由收益中已经扣除应支部分之精计,所有人可将全部归自己之自由处分者也。此说固有一部分解答之理由,然通常事实上对于房屋之赁价、动产之利息,明明谓为收益而附于收益税系统中,则将何词以应之?又有为之解释曰:所得乃从个人经济的主体观之,收益乃纯从财源观之。故所得税名为主体税,以其税额须酌量各种状况而定;收益税则又名客体税,因其收益之多少而定其纳税之金额。易辞言之,凡含有主体性而参酌个人之各方面以定税额者,谓之所得税;反是,不参酌个人之情形而径以收益定其税额者,谓之收益税。此种理论,要为较合事实而与学理相符也。总之,所得税与收益税区别之标准,不外下列三种:

（一）物的收入与人的收入；

（二）纯收入与分配所得；

（三）是否参酌所得人之情形而定税额。

上列三说,在学理上与一部分事实上,则兼采后二者之混合说,而以后说为主,以第二说为辅,自为不易之定论。至首说则因物的收入与人的收入根本上实难分别,如企业收入确为资本与勤劳之结合的收入,而必强分之为物的收入,其区别要难谓其分明,则于事实及学理之不合,固已判然矣。

四、所得税之意义及其种类

吾人对于"所得"二字,必先具有明确之观念,盖所得并非仅从某种经济活动中所得的收入,必须减去其费用若干,而后能定其所得之数额,故所谓所得者,当指纯所得而言,绝非总所得可知。复次,一人于其收入中减去依赖该项收入之各种费用后,所剩余下的供本人之享用的所得,学者谓之净所得(clear income)。此种概念在现代财政上尚未能完全采用,但实际上亦已相当的顾及,即如扶养费或抚恤金以及意外之费用等等,英美各国均有规定减免之办法,故现代税制采取所得之概念,已比较纯所得稍为进步,而于净所得亦有一部分之接近。

所得之意义,为一种流动之财富,故必须以一定期间估计之。对于所得而为课税,实即指常年之所得而言。严格言之,所得系在某一期间所流入的财富,课税之标准既以纯所得为范围,自必于一定期间,依常年估计,以定其税额。故一般学者对于所得之概念,认为一种经常的收入,方为所得,如偶然所得,例如投机所获之利益,则课所得税时应限于来源比较有恒的收入,而对于偶然的一时收入当另以方法征课之也。

所得之意义既如上述,尚有两点须加以注意。如欲以个人之所得为其能力之标准,则对于所得之性质及数额,首当加以区别。在财政学上所认为主要之原则,即为"一律"及"普遍",但欲区别所得之性质及数额,又似与两种原则不能相合。所谓对于所得之性质加以区别者,即通常称为"差别待遇"(differentiation),而对于其数额加以区别者,即通常称为"分级课税"(graduation),此二问题将于后节详述之。

各国所得税制,其种类约分为二:(1)一般所得税(即综合所得税），(2) 个别所得税（即部分所得税）。前者不追溯所得之来源，只综合个人各方面之所得而课其全体，所谓"综合课税制度"（system of the "lumpsum" income tax）是。后者区别其所得之来源，依其种类而为课税，所谓"源泉课税制度"（system of collection at the source）是。例如：前节所述英国所得税之种类，即为个别所得税；而日本之所得税，分为：（一）法人所得；（二）在所得税法施行地所付之公债或公司债利息；（三）普通个人所得等，则为一般所得税。此外亦有收益税为个别所得税者，但二者亦自有其分别，前既述明，无待赘言。

征课所税之方法，有应注意之五点。（一）最低生活税免税。（二）轻课少额所得——此法分为二：（甲）税率减轻法；（乙）用扣除审查法，将应扣除之事项从内扣除之。（三）适用累进税率。（四）重课大所得与资产所得。（五）轻课勤劳所得——其法亦有二，即扣除审定及差别税率是也。

五、差别待遇、分级课税及免税等问题

（1）差别待遇问题。租税以一律平等为原则，惟对于各种所得税之征课，只能相对的平等。盖同一额数之所得，如其来源不同，则其纳税之能力亦常各异。故吾人不能不承认相对的平等，不但适合差别待遇之方法，事实与学理上，亦不能不有差别待遇。至此种差别待遇，应行使至如何程度，庶不致与相对的平等相背驰，此实为唯一问题也。

美国法庭对于"一律平等"名词之解释，以为关于应当纳税之各种收入或各种营业，并非必须与以绝对相同的待遇，方为一律。在事实上一种合理的划分，任何事件均认为合法，故在划分中对于不同所得，自

应有差别待遇。所得税上所谓差别待遇之原则,即对于各种不同的所得,与以不同的待遇。惟此种不同的所得,究指何种种类而言?现代最流行之区别,即为"劳获之所得"(earned income)及"不劳而获之所得"(unearned income)两种。上述区别所根据之原理,系就一种所得主要为个人之劳动而来;而其他一种则并非由于个人之劳动。此种区别在学说上分为数种名词:或名为临时所得及永久所得;或名为劳力所得及财产所得;或名为自生所得及固定所得。此类所得欲予严格之分界,颇感困难,虽由于财产所得,然其中亦有需要劳力之经营。然降至现代,财产之增加,例如由个人勤劳而来之所得,要不能与由股票或债票而来之所得同样待遇,此为社会所公认。盖因公司之经营,执票人实际上根本并未躬亲其事也。

差别待遇之原则,应行使至如何程度,自为一种争论之问题。大多数国家对于劳力所得及财产所得,已行使一种比较温和的差别。但亦有少数国家,如意大利,其差别待遇之程度更为进步,而将所得分为暂时的(temporary)、永久的(permanent)及固定的(fixed)三种。将来逐渐进步,当有一更为精美的差别方法,而分类亦必更为繁密,似无可疑也。

上述差别待遇之种类,若进论其差别待遇之额数,则应视乎所采用原则之奚若,上述课税制度,既舍弃其绝对平等之原理,而采取相对平等之学说。是此种相对程度,若适用过当,其结果或将劳力之所得完全免税,而对于某种财产之所得加以极高之税率,实际上等于将其没收。惟此种情形,在法治国家不特可声请其平等之解释,即社会上亦有合理的公共感觉之制裁,各国行使差别待遇之方法,绝未闻有误用相对之程度。故吾人认明绝对平等实有害于公平,不能因相对的程度恐有误用之虞,而即反对相对的平等之采用也。

（2）分级课税问题。按照所得数额而予以差别待遇之方式，即为分级课税（graduation）法是也。分级课税云者，系对于不同数额之所得课以不同税率之谓。关于此问题，吾人于事实及学理上不可不加以研究者也。

普通所谓比例课税，为对于被课物品无论若干数量均课以同一之税率。但分级课税，当财产或所得之数额增加时，其税率有随而递增或随而递减者，此种税率约分为三：

(a)累进税，此税率即随所得数额之增加而递增；

(b)逆进税，此税率系随所得数额之增加而递减；

(c)累退税，此税率之递增以一定限度内为止，过此则为比例。

上述三种税率，即所谓分级课税是也。就中累退税之比例税率，为一种常态税率。换言之，在一定限度之内为累进，而在限度之下，则税率即逐渐减退，故名累退税。至逆进税（regressive taxation），在学理上虽有此名词，而按诸实际颇难举例以证明之。所有对于所得之分级课税，不外累进（progressive）及累退（degressive）二种。欲明累进税或累退税，即就何种计算分级之起点，盖即使为累进税，其累进程度，亦终有止境。分级之起点，尚嫌武断。在一方面所谓累进税，在他方面或亦称为累退税。然以普通所称为累退税者，大半系限于税率最低之所得税——例如3%或4.5%——而所谓累进税者，则应用于普通税率最高之时也。

（3）免税问题。此问题分为两方面：一方面即规定一种限度，凡在此限度下之所得，完全免税，而所得在此限度之上者，课以一律之税率；第二方面，即不规定免税数额，而按所得数额之多少，予以不同之待遇。故此问题根本上分为两种，前者为免税问题，后者即为分级课税问题。

免税问题，并不限于所得税，且古代已有行之。欧洲当罗马末叶，关于多数特权阶级——如贵族、教士、律师等等——皆取得此种免税之权利。法国当中古时代,推行尤盛,此种特权已成习见之事。迨十八世纪租税改革家,乃改用普遍的原则,行使一般消费税(general excise)以补救之。

降至现代,免税之性质与已往大不相同。中古免税之优待限于特权阶级,无能力纳税者反重其负担。但现代免税之原则,系根据能力说(faculty theory)而来,其目的为减轻无能力纳税者之负担。即如美国之一般所得税,推行之初,对于低额之财产及某一种之财产(如技术上之工具等)完全免税。在此种根据能力原则予以免税外,至现代则对于慈善教育及科学机关以及类似之机关,亦皆免税。因此种机关既已克尽公众之职务,即不应再强迫其对于公家收入,再为缴纳也。

现代所得税中之免税问题,较之财产税中之免税问题尤为重要,因在财产税中,大多数人之收入是由努力而来,有此原因,所以得为免税。假使其人并无财产,仅有所得,即可不纳财产税。惟现代所得税为税制中主要部分,于是免税问题遂形严重,尤其是关于最低生活必需费的免税问题,更应注意。

所谓最低生活必需费免税者,即维持一家生存之所得以最低标准不予以征税是也。反对此制者,英国考翰教授(Professor Gustav Cohn)①主张,从经济的及政治的两种性质以为论据,依经济方面,以为供给政府之费用,必须视个人必需费用同一重要;依政治方面,以为如有大部分人免税,则在普选制度下每个人有投票权,而对于经费之供给仅有一小部分投票人担负,尤非适当。

上述二说,虽不无理由,然第一说以租税为个人用费之一部,绝不

---

① 此处似指德国经济学家古斯塔夫·科恩(Gustav Cohn, 1840—1910),其支持税收平等原则,反对针对最低生活费进行免税。

能成立，如果所得仅敷其最低生活必需之用而租税复从而侵蚀之，则此最低生活必需之费用必须以他种方法维持之。现代民治国家，关于民众生活之救济，以通常生活费用为标准，若因课其所得以致生活标准降低，尚须设法为之提高，安能再从而课税乎？至第二说以政治的论据之主张，如是所得税为国家唯一之财源，尚有可言。但现代各国于所得税外，其他直接或间接之课税，并不只一种，则此种论据，亦不得谓有理由。

至于最低限度之多少，应视各国之情形而定。免税之限度，已随民治主义而日益提高，其原则与差别待遇之方法，同出于一源，例如美国以四千元为免税限度，其实例也。

战时经济问题[1]

现代之战争,不决于枪炮,而决于物力。物力者何？即经济问题是已。一九一四年之欧洲大战,德意志之军所向无敌,挟其克虏伯之大炮、齐伯林之巨型飞机,当者辄靡。然血战四年,卒因经济之崩溃而顿遭挫败,割地丧师,为城下之盟,"殷鉴不远",此其故可深长思矣。德国当大战以后,失去其领土12.4%、人口12%、农业生产12%至15%、工业生产10%、煤铁矿之生产74%,损失奇重,几无复兴之望。但德国终能艰难奋斗,储备国力,经济建设与军备建设经过十余年之努力恢复,居然已战胜其横逆之境遇,一跃而臻富强的地位,至今已雄飞欧洲大陆,造成不可侮之势力。其次为苏联,当革命后实行五年计划,其工业生产额增加二倍以上,比之欧战前增加三倍以上。其第二届五年计划所特重者,为工业电气化、农业集团化,以期苏联成为农工并重之国家。苏、德二国经济之复兴,与其民族之复兴,诚为惊人的发展,而其大规模的、有系统的经济计划,即为"经济自足"政策(Autarchy)。其目的无论在平时或战时,要以本国所有者供本国之用,充分利用地理环境,尽力开发天然富源,树立稳健的经济秩序,建设巩固的整个单位,以适应平时或战时之需要。

我国以地大物博号称于世,其版图占全世界面积8%,人口占全世界五分之一,然生产落后、经济竭蹶,不待战时已然。美国安

---

[1] 原载于《信托季刊》1938年第3卷第1、2期合刊,第91—97页。

立德（J. Arnold）[①]曾言："中国四百三十兆人民所有之生产力，与美国一百二十兆人比拟，只得九分之一。"此何以故？要亦对于"地尽其利，人尽其才，物畅其流"之要旨，未能充发其力量，有以致之也。就我国经济重心而论，太偏于沿海区域，无论交通、税收及农工商各实业，皆侧重于东南沿海各省。此种畸形的发展，在平时显然是受国际经济侵略之影响，一遇战事发生，则为首当其冲的地位。以交通上之铁道，如京沪、沪杭甬、平津、津浦、陇海、平汉等线（平绥不计外），于东部沿海各地，均能互相联络，而于西南及西北各省（陇海仅通至陕西之宝鸡），则多付阙如。至税收一项，历年收入约在七万万元左右，其中税收所占比例最大，约相当金额四分之三至五分之四，考其地域分配，亦极不平均，就中如沿海之河北、山东、江苏、浙江、福建、广东六省，竟占国税全额80%强，安徽、江西、湖南、湖北、四川五省约占15%，其余各省仅合占5%（东北暂未列入）。至于地方政府之收入，合省县及直辖市计之，每年约在六万五千万元左右，其中税收所占比例，相当于全额十分之七弱，就地域分配言，上述河北等之沿海六省所收约占全额55%，安徽等五省占20%，其余各省仅合占25%。此足证明地方税收与经济发达程度的关系，极为显著。今则河北、山东与江苏、浙江之沿海四省已沦为战区，国家税收与人民经济显已受重大之打击，无可讳言。

  中国过去之经济事业，如贸易、工厂、采矿、航业、铁道大都居于被动地位，其性质非为本国之经济建设，而大半属于外资之经营。即以铁道为例，以事先漫无计划，一听外资之支配，故大抵偏于滨海而忽于内地，偏于东北而忽于西南，贪营目前之近利，而不从事于远大之筹略，故

  [①] 安立德（Julean Herbert Arnold，1875—1946），美国在华外交官，曾先后担任美国驻上海副领事、驻汉口总领事、驻华商务参赞等职。

综观全局,未尝不深慨过去当轴之绝无整个经济之计划。试以苏联五年计划为借鉴,当帝俄时代以圣彼得堡为经济中心,但地虽滨海而资源缺乏,所输入之煤半仰给于英国。苏联有鉴于此,向其中部发展,借多纳斯(Dontz,在乌克兰)①之大煤田及莫斯科附近泥炭及煤,蔚然成为最大工业区。而乌克兰(Ukraine)及外高加索(Transcaucasius)多以僻处内陆交通不便为言,但苏联已建立永久而伟大之经济基础,有七十五万匹马力之水电厂,推为世界第一,即在乌克兰②。其计划在利用第聂伯河(Dnieper)筑坝蓄水,复以水力发电。电厂距黑海二百英里,已于一九二七年开工,有多种工业如铜铁、焦炭、制铝等,皆凭借水力而勃兴。至乌拉尔(Ural)区域,距海更远,且属山地,但因其地产金属矿及森林颇富,为建设冶金业及化学工业之最良地方,是以苏联亦尽力经营,拟造成重要工业中心。一方因为取材便利,一方实为安全设想,一旦战事发生,即不致受左右之攻击也。

  我国为长期抗战计,必须于国防建设与经济建设同时并进,尤应注意于大陆的发展。吾人并非忘却海洋与天空,但为"失之东隅,收之桑榆"计,替整个国家打算,就内陆充分发挥其经济力量,始足以储备增加抗战之力量。昔萧何关中运粟,源源不绝,乃能成兴汉灭楚之功;艺祖③积大盈之库藏,征讨不庭,始克建奠定中原之业,历史上先民昭示吾人者,因深且远也。

  自九一八以还,东北四省之沦陷,其损失殆不可以数计:土地占有全国面积11.5%、人口占全国总数7.5%,而其天然富源之雄厚,无可伦

---

① 指今乌克兰的顿巴斯地区(Donbass)。
② 指第聂伯河水电站,位于乌克兰第聂伯河下游扎波罗热市(Zaporozhye)附近,于1927年开建,1939年建成投产,为当时世界上最大的水电站。
③ "艺祖"始见于《尚书》,指才艺文德的祖先,为太祖或高祖的通称,此处指宋太祖赵匡胤。

比。即以农作物一项而论，如大豆每年产额一亿担，占全国总产额 37%，高粱亦占全国总产额 37%，小麦占 21%，东北在我国农业上之地位已可概见。矿产中以煤铁与煤油为最重要。东北四省年产煤九百余万吨，约占全国总产量三分之一。我国铁矿殊为贫之，全国储量十一亿三千万吨，而辽宁一省独占全国铁矿储量 77%，察哈尔占 9%，辽宁鞍山、本溪湖二铁矿年产铁五十万吨，今已成为日本之钢铁业外府。煤油矿在我国亦至为缺乏，总储量估计为三十六亿桶（每桶四十二加仑），但辽宁之抚顺页岩油之储量约有十九亿桶，已占全国总量 53%，故抚顺页岩油之富殆居东亚之首席，与美、苏二国所产几成为三分之一，其重要可知。我国在战前除煤铁尚足以自给外，而钢铁之需要年达六十万吨，大部分仰给于英、德诸国，至长江中游湖北大冶、安徽繁昌之铁矿，反以矿石输往日本，故在平时已不曾"助长""继富"，削弱资源。又煤油一项，在陕西虽最有希望，兼有天然油与页岩油，钻探油井之结果颇佳，唯产额尚不足计。故我国至少在目前非仰给外国煤油不可，二十五年度进口数量（包含煤油、柴油、汽油三项）共达七千五百万元。以上钢铁与煤油之需要，在战前状况已复如是，则今后之亟须有待于开发，实为经济上重要之问题也。

善夫马寅初先生之言曰：

> 现代战争，系两国间或数国间经济能力之战争，胜败关键，固系于前方战士之忠勇奋斗，亦须视国家之经济能力能否持久以为断……故除军队动员之外，尚有所谓农工业动员、金融动员、交通动员、财政动员等等。农工业动员与交通动员之目的，在使生产与消费维持其平衡状态，是关于战时之物质问题。金融动员与财政动员之目的，在如何利用物质以应付长期抗战，是关于筹措战费之

方法问题。

从上述归纳言之,关于战时之经济问题,实已包括无遗。若分析言之,所谓农业动员方法,不外使战区之农民移殖垦荒,一方使其生活有所倚赖,不致流离失所;一方使粮食源源生产不绝,储为后方之供给。即未陷战区之地方,亦应奖励并资助其耕作,俾加紧生产。例如川、湘等省,素称产米丰富之区,因宜增加其收获;而滇、黔、甘等省,尤宜铲除鸦片,改植小麦及杂粮;陕西一省于棉花之外,亦当于宜稻宜麦之区,勤加其培植;至宁夏、青海,虽因气候及土壤之关系,不适宜于农产而于畜牧、森林加意使其发展,未尝不足为农业之副产品,储为国用;而闽、粤、桂三省,地近热带,农产物易于生长,广东一省以产米著称,闽、桂二省虽地多丘陵,除产米外,当因地制宜,栽植小麦、高粱、玉蜀黍、山蔬、马铃薯等以资补助。总使地尽其利,人无游民而后止。昔日俄战争,三岛之农民,后方尽力耕作,供给源源不绝,卒能战胜强俄,其原因亦正坐此。

按,我国政府,最近已发起"种植粮食"及"节省粮食"之运动:"劝令民众多种甘薯、芋、花生、大豆等生产众多之植物,少种棉花及烟草,惟为避免棉花缺乏起见,劝民众尽量利用旧服,勿制新衣,并禁止酿酒,以防消耗米谷。"凡兹荦荦数端,皆所以增进农产,调节粮食,储为抗战之资也。

工业动员,莫善于工业分散化,现代各先进工业国家,皆凭此目标积极进行,虽其原因不一,而欲使工业在战争中获得安全之保障,则为其主要之原因。当欧战后,英国以农产区域之东盎格鲁(East Anglo)

及肯德（Kent）等地方①，改为新式工厂荟萃之所；美国以田纳西河流域（Tennessee Valley）进行电气化工业，为将来地方工业化之预备；而上述苏联以乌拉尔山区为重要工业之中心。凡此者，皆欲使工业分散化，以维持其战时经济于不敝。我国工业落后，而近年来之棉织及纺纱、缫丝、面粉等工厂大都集中于沿江沿海各区，未能注意于内陆之发展，故此次战事遂为彼方炮火集矢之的，摧毁无遗。以重工业而论，我国炼铁工厂，除察哈尔之龙烟公司、湖北之汉冶萍公司（汉阳、大冶）皆已停办外，仅有六河沟公司（设于湖北谌家矶）、山西保晋公司（设于阳泉），其炼铁能力与产量本甚微弱，而山西一省今亦沦为战区。实业部计划原有在安徽当涂开设炼铁厂之议，然尚嫌其接近长江流域。故胡庶华先生近主张设在湖南，并分设于粤、川二省，四川之铁矿已探得极丰富之矿区，足供炼钢之用，以备长期之需要。

我国此后重工业，事实上固应向西南发展，如湖南之锑与铅、锌，江西之钨，湖北、四川之铁，云南之铜与锡，陕西、四川之煤与煤油，皆为全国著名之矿产，且均属军事上之要需，以之供各种冶炼工业之用，诚有取之不尽、用之不竭之慨。即轻工业之设施，如陕西、湖北之棉花，四川、湖南、湖北之桐油，安徽、两湖之茶，四川、广东之丝，设厂制造，尤足供国内外输出贸易之大宗。江浙沿江沿海等省之工厂家，亟宜乘此时机，移其视线向内陆发展，投资于西南各省之生产事业，不特开发西南之富源，且足以谋企业之安全，于国计民生，两有裨益。

上述农工矿各业，关于战时经济之处置，颇形重要。今我政府亦早注意及此，故于民国二十七年一月间特设经济部以专其职责，成立以

---

① 今译为肯特，系英国英格兰东南部的一个非都市郡，"东盎格鲁"当指东英格兰地区（East of England），系英国英格兰领土的一部分，包括诺福克（Norfolk）、萨弗克（Suffolk）、剑桥（Cambridgeshire）、埃塞克斯（Essex）等郡。

来，对于生产工作积极推进不遗余力。最近据经济部发表其主张，就重要者而言，约有四点：

一、促进农业生产。对已耕之地，继续推广施肥、改良种子、防止病虫、促进水利。对于未耕荒地，与各省政府选定区域，设法垦殖。又为使农业生产得以顺利进行起见，对于农村金融及农产运销，亦同时注重，务使后方民众其生产能力不但可以满足前方后方之需要，且有剩余产品可以运销国外，以易战时必需之资料，如粮食、棉花、桐油等项，皆由政府设法购销。

二、建设基本工矿。基本工矿事业，为国防力量之来源，经济部秉抗战与建国同时进行之宗旨，对于此种事业之基础，期在最短期内妥为奠定，且将此种事业分布于内地各处，现在如钢铁、铜、电气、煤矿等事业，均已分头进行，期于最近期内得有成效。

三、提倡民营事业。各种轻工业及人民办理已有成绩之化学、机械、电工、纺织、造纸等工业，皆当由社会人士出面负责推进，政府对于法定手续当迅速处理，并当以保息、补助等各项方法协助鼓励。此外如购买原料运输货品等工作，政府亦当予人民以种种方便，期使民营事业在内地各处逐渐活动。

四、发展对外贸易。对外贸易，其目的在以本国货品输出国外，易得资金，并以此资金赍回国内所需要之货品。在此抗战期内，对外贸易尤有其重大之使命。政府现在对于主要出口货物，如桐油、茶叶，已专设公司经营，经济部亦已加入股份；对于若干特殊矿产，如锑、钨等项，已集中管理。此外对于各友邦并拟订立"以物易物"办法，凡国外市场所需要之货品，为本国所能供给者，当设法提倡增加生产，以便国货之输出日有进步。

以上所述经济部最近之主张，关于农工矿各项事业之办法至为详尽,但运输货品及对外贸易,尚有赖于交通以谋输出入之孔道,故交通动员尤为运用战时经济之唯一要素。我国沿海各省除津浦、胶济及京沪、沪杭甬等铁道已沦为战区不能利用外,其他通海之道,虽可借广九线输出香港,滇越线亦与安南海防取得联络,但广九线时有攻袭之虞,而滇越一线则运费太巨,且与内陆尚不能衔接,运输上颇形羁滞。故我国此后交通,将致力于西南与西北之发展,如成渝、川湘、湘黔、湘桂及川滇等铁道,以谋完成西南铁路网;一方则由陕西宝鸡延长至成都,以沟通西北与西南之连接。公路方面,西北则由西兰路直达新疆塔城,与苏联交通;西南则展筑滇缅路,与密芝那衔接而出盘谷①。如是则公路与铁道呵成一气,脉络贯通,不特军事上资其便捷,而于货物之运输、国外之贸易,亦另辟蹊径,此后西南各省一转移间将成为我国经济之命脉矣。

所谓增加农产与工矿基本建设,一方面因为人民生计着想,同时亦为重视国防经济。在过去的种种建设,既偏于沿海区域,现已成不可挽救之势,此后无论国防的经济建设或经济的国防建设,而于人民生计之保障,方有解决之途径。盖目前最大的问题,系整个民族的存亡问题,在御侮救亡之大前提下,农工商业的趋势已由东南大都市而移向内陆,最近重庆、贵阳、昆明等市人口激增,此种现象实为生产与消费均集中于内地发展之形态。至于我国商人从前不愿在内地设厂而偏麇集于沿海各埠者,其原因不外:(一) 通商口岸,外商借不平等条约只须纳5%的出口税,可以通行无阻,中国厂家或挂洋商牌号以冀得优待;(二) 厂中所需要之材料均需向都市就近购买;(三) 输路可通各地,交通比较便利;(四) 机械修理装配,在内地无此等工匠。今则一切情形已非昔比,且自甲午之战后所订《马关条约》,许日人在通商口岸设立工厂,故

---

① 密芝那即 Myitkyina,缅甸城市,今译作密支那;盘古应指 Bangkok,即今泰国首都曼谷。

当平时工厂业之竞争,已形不敌,受其打击或被其吸收者比比皆是。一旦战事发生即处处遭其破坏,在有识者早已引为隐忧,今果然矣。况原料本仰给于内地,而内地之日常用品又都仰给于各埠之工厂供给,如此往复运输,成本实嫌过巨,今以内地之原料供大宗生产,农工合作,并与内地消费作平均之支配,既可抵制外货经济之侵略,且可保持企业之安全,故今日之战事,正为发展内地工业之最好机会无疑。例如日本昔日之工厂皆集中于大阪,嗣即渐次转移于内地,固我国前事之师也。

虽然,上述之一切问题,固足使生产与消费为平衡之发展,所谓战时物质问题,俾有相当之解决。但如何利用物质以应付战事之费用,则财政动员与金融动员亦属经济动员中之重要条件。凡一国之金融与财政俱有相连之关系,尤其在战时更有不可分之征象,故综括言之,直为整个单位。

就战前金融而论,近年来银行之发展似有"一日千里"之势,全国银行数达一百五十家左右。但实收资本数,依二十三年《银行年鉴》所载,其总额仅约二亿六千五百万元,较之美国花旗银行一行资本美金一亿二千七百五十万元,固难望其项背,即比之日本专就正金、三井、住友等银行之实收资本,已达日金二亿九千五百万元,亦不免相形见绌。以言存款,则根据《交行通信》之报告,国内一百家左右银行及信托公司之存款数达二十七亿元以上,而较之美国花旗银行一家存款已达美金十三亿元,故我国金融业上其根本亦殊嫌薄弱。所谓用之于生产的农民放款,其数仅一二百万元,不免有"杯水车薪"之感。

以言我国在战前金融之动态,各省多不一致。例如两广、四川及云、贵、新、陕等省,银币与钞票之行使,大都省自为政。自新货币制度施行以来,过去的情形已渐改变为集中与统制,而其遏止资本之逃亡及金融恐慌之爆发,为思患预防之政策,故至战事发生,金融基础之巩固,实为显著之效果。

惟资本之逃亡,莫重于外汇问题,世界各国统制外汇,在平时已然。我国两年来本取无限供给外汇之原则,故自华北事变后,其时一般投机家及怀疑法币者,即纷纷提存以购外汇,迨"八一三"沪战起后,益不可遏。财部有鉴于此,一面颁布《非常时期安定人心办法》七条,以限制提存;一面令饬中、中、交、农四行组织贴放委员会,调剂市面。其结果,中、中、交、农四行法币发行总额至二十六年底为十六亿四千万元,约较六月份增加二亿三千万元,大部分为八月间应付提存所增发,故统制外汇,实为战时不可缓之图。最近实施外汇集中统制买卖,我国之措施,识者已嫌其过迟,盖至是为外汇投机,始渐告绝迹,而过去在战事中之八个月间,资金之逃亡殆不止二亿三千万元之巨也。

至我国实施统制外汇之办法,其特点实与各国不同:(一)外汇买卖数量,并不加限制,凡有正当用途者,均可申请购买;(二)外汇购买核准后,按照法定汇价售与外汇;(三)银行因顾客正当需要购买外汇,除于其本行商业所取得及其自有者相抵外,如有不敷,得向中央银行总行或香港办事处申请购买。此种措施,中外要常加以谅解,而日渐稳定。盖我国在战时统制外汇,任何人应无异议,况在统制经济政策之下,并非不许有自由放任之现象发生,实为一种折中办法,较诸目前严厉实行统制经济之德国与苏联,实不可同日而语。

至于我国财政在平时之状况,中央之收入不外关税、盐税、统税及其他收入,近年收入总额达六亿三千二百六十四万五千元,就中以关税收入占 68.69%,唯因大宗走私之影响,收入已逐年递减,加以战事发生于河北、山东、江浙等沿海各省,尤受重大之打击(已述于前)。则此后于国际贸易应如何挽回颓势,使关税恢复其繁荣,当于农工矿各业扶助增加其生产,按照经济部所定办法,俾国货输出日有进步,如是人民之生计有所解决，而关税亦可获得资源之供给矣。

就战事发生后之国际贸易情形，在此期内，进口贸易价值凡三亿四千七百三十七万一千元，较之上半期约减45%，较之二十五年度下半期约减28%；出口贸易价值凡三亿五千五百三十九万七千元，较之上半期约减26%，较之二十五年度下半期约减47%。而去年下半期之关税收入，较上半期亦减去35%，此后减少之趋势，因大宗走私及人民购买力之式微，进口贸易尤有显著之形象。以主要国别言，日本减缩最剧，仅及20%，已由第二位降落至第五位。若以主要商品而论，进口方面如金属矿砂、羊毛、棉花等等，多数均减50%以上，除汽油一项增加外，其他皆形锐减；出口方面，植物油、皮货、棉花、芝麻、花生、羊毛、丝等，均极不振；唯茶叶、猪鬃、锡块、钨砂、蛋类及抽纱品等，反较上半期为增加。此则由于商品本身为海外所需要，而其对于外汇市况之稳定，要亦具有极大之功效。此外尚有值得吾人注意者，在此战争期内我国对外贸易已由入超国家一变而为出超国家，计自二十六年度九月间至年底，出超额达五千三百六十余万元，虽收获不多，此后我国在中部及西南、西北各省，努力开发其富源，于农工矿各业，增加其生产力量，以谋自给自足，一方则致力交通，输出贸易日见进步，巩固其出超之地位，诚为我国经济之唯一出路也。

要而论之，就一般经济学家主张，计划经济与统制经济在本质上完全不同，而计划（planned）比统制（controlled）又似稍觉妥善，惟我国目前所应采取计划经济政策，必须于计划之中含有统制的作用，统制之中亦含有计划之意义，方为适应环境之方法。盖当此战争期内，无论在国防方面或改善人民生计方面，均应实行特殊措置，即应实行战时统制的方法，如是则于我国经济之复兴与民族之复兴，其有豸乎？

《非常时期评定物价及取缔投机操纵办法》要论[①]

按:本办法系于民国二十八年二月二十日经济部令公布。盖自国军西撤以来,政府对于各沦陷区域之经济措施,深感窒碍,驯至工商事业,失其调整,百物腾贵,日益加甚,而尤以日用品:纱、布、食粮、煤及焦炭等,生活指数,较战前增至五倍或六倍以上,上海一隅[②],为游资集中之地,各挟操奇计赢之术,乘间投机垄断,以求善价而沽。由是物价归其操纵,供需失其平衡。夫"衣食足而知荣辱",民生日用之所需如布帛菽粟,为衣食之主要品,为企求人类间之共存共荣,为维护自然界之博爱兼爱,固应亟谋所以挽救之方也。本办法自公布施行后,迩来上海市商会与租界当局,固已规划进行其平价之方法矣,但本法内容,国人或尚未深悉,而租界当局及司法机关亦未实施其取缔投机操纵之办法,兹就部令公布该办法之意义有所阐明,以供国人之参考焉。

[①] 原载于《信托季刊》1940年第5卷第1、2期合刊,第45—52页。
[②] 此处当指上海租界区。1937年11月淞沪会战后,日本侵略军占领上海除外国租界区之外的其他地区,租界内仍由英法控制并与国民政府保持一定联系,至1941年底太平洋战争爆发后,日军占领租界,上海全境沦陷。

一、日用必需品之规定

所谓日用必需品者,盖指除去奢侈消耗等品及其他非日用必需外,专就通常衣食及使用为每个人每日生活所必需者而言。例如(1)棉、丝、麻、羊毛及其制品;(2)食粮(米麦)、植物油、茶、糖、盐、煤及焦炭、煤油等。

上述各物品,参照《非常时期农矿工商管理条例》第一条第一、三等款所列举者(上开条例,二十七年十月六日公布)。当此非常时期,各地日用必需品所以腾贵之原因:或因环境之特殊,或因交通运输之不便,或因沦陷区域捐税之烦苛,以致造成今日之现象。故一方面须就各地日用必需品评定价格,以维持其经济之平衡;一方面须对于投机操纵者从严取缔,庶物价获得其平,民困得以稍苏矣(本办法第一条)。

二、平价委员会之设置

关于日用必需品平价事宜,自有设立平价委员会之必要,应由地方主管官署会同当地有关机关、商会或经营日用必需品之同业公会办理之。

所谓地方主管官署,在隶属行政院之市为社会局,在县为县政府,在市为市政府(按,隶属行政院之市为直辖市,例如重庆市,其他之市政府为省辖市,例如昆明市是)(本办法第三条第一、二两项),若以上海特区现状而论,则所谓地方主管官署,在事实上唯有属于租界当局矣。

平价委员会之组织,应由地方主管官署订定章程及其办事细则,再行呈报上级官署转报经济部备核(本办法第四条),所以昭郑重也。

上项委员会之委员,即由前述之机关团体(商会或同业公会)派员充任之。而主任委员则以地方主管官署所派委员为限。至商会或同业公会推派之委员人数,不得超过委员总数之半(本办法第三条第一、二两项)。

三、评定价格之方法

所谓日用必需品,虽通常为每人每日生活所必需,惟各该地实际情形均不相同,其价格自因而各异。例如甲地为产米之区,乙地为产麦之区,而丙地则为产棉之区,因甲地产米丰富,每年平均可产五百万石①,人口仅占三四万,则生产量与消费量相比例,每年至少可剩余四百五十万石,而以之运销于乙、丙两地;乙地麦之产量每年得七百万石,除消费外,剩余三百万石,以之运销于甲、丙两地;丙地产棉平均每年可收获四千三百五十万斤,因该地尚无纺织厂之设置,除零星消费外,而以四千三百万斤,大部运销于甲、乙两地及其他各地。如是则生产与消费,相支配各地之供需情形,自判然各别。则应行评定价格之日用必需品,自应由地方主管官署按照当地实际情形,以为随时指定(本办法第五条第一项)。如甲地既产米,则可以除去运输费用,而评定其相当之价格,并酌核消费之数量为评价之标准。

---

① 原文为"五,〇〇〇〇〇〇",为方便阅读予以修改,本文下同。

地方主管官署,既考察各该地供需之实际情形,从而指定当地日用必需品。例如某项物品生产若干、某项物品消费若干、某项物品为该地所缺乏、某项物品为该地所需要,应先行统计,造成简表加以说明,备文呈请上级官署核准,并转报经济部备核(本办法第五条第二项)。盖一方为酌盈剂虚,使运输流转,物尽其通;一方在谋所以增加生产量,俾地尽其利,而注重方面在对于日用必需品,必使其价格平均也。

四、平价之标准

平价委员会,负有评定日用必需品价格之任务。其所以平价之目的,必应就生产方面与消费方面兼顾并顾为其原则。若专顾生产方面着想而不及于消费者,固于供需之衡量,不得其准确;若专从消费方面着想而不及于生产者,亦于双方利益,不得其平衡。盖此种兼顾性质实为评定日用必需品价格之必要原则(本办法第六条第一项)。但平价之标准,尚须顾及运销成本及其经营所需之资本总额,统盘计划,并须酌加相当之利润,以资调剂,于情于法,庶得其平。兹参酌各项情形,而为平价之标准,分三款如下:

(1)各地方物品之生产及运销他地方之成本,在战前交通便利,运销成本亦较简易,此方需要,他方即源源供给,固无虑投机者操纵于其间。今就现状考之,如该地距战区较远,生活尚属安全,日用必需品之生产及运销成本并未受战时影响,即有之亦影响甚微,则平价委员会评定日用必需品之价格,应以战前三年或一年之平均价格为评定之标准(第六条第一款)。

(2)反之,该地方曾受战时之影响,以致日用必需品之生产量减少而运销成本转因之加增,则经营日用必需品之商人,如果依照战前之物品价格估计,以为评定,必致亏耗因而停业。故平价委员会对于此种情形,应以其战后之成本为缜密之调查,并再加相当之利润。换言之,即就物品之生产地之价格,将运销成本及应得之相当利润合并计算,而定其评定价格之标准(同条第二款)。

(3)成本与利润,在商业方面,必须兼顾予以维持,固矣,但物品之成本不易计算者,事所恒有。例如甲地之米运至乙地,在甲地生产颇丰,交通亦便,其成本自易于计算;如甲地生产歉收,而运至乙地,交通窒碍,是辗转运销,运费亦昂,成本自因而加重。平价委员会对于此种物品之成本,颇难于计算,将如何评定其价格乎?唯有变通方法,以其所需之资本总额,以为计算。例如甲地米之产值每石需十五元,运销乙地一万石,则所需之资本计十五万元,约计成本每石平均一元,如是其资本总额为十六万元,由此再加相当之利润,以为评定价格之标准(同条第三款)。

按,第二、第三款所规定之"相当利润",在本办法并未明示若干之利率,以法理衡之,要以不得超过百分之二十为断。此项相当之利润,应由平价委员酌拟,呈请地方主管官署核定之,并呈报上级官署转报经济部备核(同条第二项)。

五、平价之程序及其方法

物品平价之方法,必先由地方主管官署指定日用必需品,继则规定平价之标准，前条业已述明。平价委员会对于上项指定之日用必需品，自应依规定之标准办理。但其进行之程序，并非即可实施其平价，应先行拟具调查步骤：如物品之生产如何？运销之成本如何？战前之平均价格与战后之成本如何？而成本不易计算者，其经营所需之资本总额又如何？自须逐一调查，而其调查步骤亦必预为拟定，方不致有所疏漏。调查完竣后，再行拟具平价方法，由平价委员会召集当地机关团体如商会或同业公会所推派之委员及地方主管官署所派主任委员共同研讨其方法之施行，及该方法施行后利弊若何？决定后将该方法制成草案，连同调查步骤，备文呈请地方主管官署，经其核准后，方可从事办理平价事宜（本办法第七条）。

平价委员会既依平价之标准评定日用必需品之价格，其公布该项价格之机关，则属于地方主管官署。盖日用必需品评定之价格，一经公布即发生执行之效力，故须由平价委员会将评定日用必需品之价格，呈由地方主管官署公布之，诚以平价委员会仅为调查评议之机关，而地方主管公署则为监督执行之机关也。

若平价委员会所呈报评定日用必需品之价格，经地方主管官署之审核，认为调查未尽准确，评定尚非平充，有不适当之情形时，则该项评定之价格即不能予以公布，得令其重行调查以为评定（第八条），庶公布其价格，方足以昭示公允而以日用品获得其救济也。

六、地方主管署监督权之作用

平价委员会既就日用必需品之生产及运销情形从事调查，然关于当地生产或运销日用必需品之各工厂、商号之生产成本若何？购进之价格若何？售出之价格若何？以及存货数量若干？虽可为多方之调查，但各工厂、商号对于上述各项情形，往往意图隐匿或未能尽情提示，尤其是存货数量，该工厂、商号每多囤积居奇，不欲以真实之数量相告，则平价委员会之调查，自难得其真相。唯有呈请地方主管官署，命令当地生产或销售日用必需品之工厂、商号，应将其生产成本、购进与售出之价格及存货之数量，一一随时报告（第九条）。盖地方主管官署对于日用必需品之价格，有核准公布之权，而当地工厂、商号，则应有报告之义务也。

  上述工厂、商号应将生产及销售之价格、数量随时报告于地方主管官署，惟关于日用必需品在市场供给与需要之情形，平价委员会亦应随时予以注意，俾供需两方面，稳定其平均之价格。例如各工厂商号以其生产及转运之物品销售于市场，而市场需要甚殷，供给渐形匮乏，则评定之价格虽经公布，不免因之变动。至其所以变动之原因，或由于原料之缺乏，或由运输之阻碍，或由于人口之激增，或由季候之关系，凡此种种皆足以造成变动之原因，致供需不得其平。尤其工厂、商号往往借口于生产之低落、运销成本之加重，将大量存货故意匿不销售，以期投机操纵，破坏评定之价格，实为变动之重要原因。平价委员会虽可秉承地方主管官署所公布核对之价格，以谋制止其变动，但工厂、商号既借口于生产低落及运销成本之增高，对于评定之价格不克遵守，如果坚持评定之价格，则工厂、商号势必酿成停止供给，形同罢市。平价委员会对于此种情形，其唯一救济之办法，唯有自行办理运销，或委托其他机关办理，将当地日用必需品向他方购进而出售于当地，以达平价之目的而使市场供需状况得其平衡。但上项办理之方法，须调查当地市场供需之必要时，得呈请地方主管官署以定其进行（第十条第一项）。

  地方主管官署对于平价委员会前项之呈请，所谓自办运销或委托其他机关办理时,并未即可予以核准,应先拟具自办运销或委托其他机关办理之办法,呈请上级官署核准,并转报经济部备案。如果该项办法完善,得上级官署之核准,方可实行,否则平价委员会必须另行妥筹其他办法,以制止日用必需品价格之变动。盖自办运销或委托其他机关办理,固为一时救济之办法,但该办法之利弊,亦须斟酌施行。如用人不当或成绩不良,转滋流弊,自不可不预为防范,故上级官署既核准此项办法时,仍应负切实监督之责任,以免流弊丛生(第十条第二项)。

  按,所称上级官署者,本法虽未明定其机关,但参照第二条第二项规定,在隶属行政院之市为市政府,在县为县政府,在市(省辖府)亦为省政府,此即地方主管官署之上级官署也。

  平价委员会对于前项规定自办运销或委托其他机关办理,如经上级官署核准其办法时,即可着手办理以应市场上供需之救济,固矣。惟日用必需品价格变动之原因,或并非由于供给之缺乏,而由于囤积之居奇,则平价委员会即应调查各工厂、商号或私人是否对于日用必需品有大量之囤积,如果有上述情形,则市场价格之变动,其原因实由于此,为抑平日用必需品之价格,自得呈请地方主管官署命令该工厂、商号或私人。令其依照平价委员会之评定——经核准公布之价格出售,如抗不遵照即得用强制方法令其出售(第十一条)。此种强制出售方法,实为对于工厂、商号或私人囤积大量日用必需品者,预为取缔其投机操纵,下一最大之警告也。

  平价委员会之任务綦重,其按月办理者,如评定日用必需品之价格、注意价格之变动、自办运销或委托其他机关办理,其情形至不一致,以及市场供需之实际状况亦逐月不同,自应按月造具表册,呈报地方主管官署，再由地方主管官署逐级（即上级官署）转报经济部备核。而经济部对于是项呈报，非仅备案而已，所有平价委员会所评定价格之办法、调查市场供需之办法、自办运销或委托其他机构办理之办法，均须经其核定，或认上述各项办法有不适当时，则加以修改，以期推行尽善（第十二条）。盖经济部对于各地方之日用必需品平价方法，虽由地方主管官署直接办理，然经济部有统辖全国工商物品、调剂其价格之权，故其办法必需经其核定或修改也。

七、取缔投机操纵之罚则

工厂、商号对于日用必需品意图投机操纵，如有违反上列各款规定之一者，即应科以相当之罪刑，所谓违反上列各款之规定，即以示买卖上取缔其投机操纵；而所谓应科之罪刑，在本办法未有明文规定，应依《非常时期农矿工商管理条例》第三十一条办理，由平价委员会对某工厂、某商号或某私人意图投机操纵者，向法院提出检举，以定其应得之罪（第十三条）。兹将本条例所列举各款之规定，分别述明于下：

（1）生产或销售日用必需品之工厂、商号，在同业间原不禁其互为买卖，但其买卖之数量如超过实存之现货之数量时，则在禁止之列。盖实存之现货，为供给市场之需要，如果因同业间互为买卖之结果，以致超越实存现货之数量，势必对于公共市场无从供给，则互为买卖，形成互相垄断，物价因而腾涨，而市场日用必需品之供需情形，必致蒙其重大之影响，此其一。

（2）在市场出售之物品，有以最高价定其标准者，此项标准物虽有估定之价值，但日用必需品既由平价委员会评定其价格，自应受其限制。如生产或销售日用必需品之工厂、商号,依标准物之价格以买卖日用必需品,即属违反日用必需品评定之价格,又或以生产及购进之成本与售出价格所差之金额计算其盈亏,必致借口成本较重或利金亏损,将售出之日用必需品增价以冀获得盈余,则对于评定之价格,势必变动,自非法律所能许可,此其二。

（3）在市场上定期出货之日用必需品,原为供给市场之需要。例如棉布商号向织布工厂定有棉布若干匹之期货,预备应门市之用,该工厂自应按期交货,设非经营该项日用必需品之同业,因意图投机,亦向该工厂定棉布若干匹,取得期货,以便其私人之囤积,或乘间另与其他商店互为买卖,则市场之价格必致为其操纵,此应取缔者三。

（4）物品交易所之市场,虽属依法设立,然往往经营物品者,每多投机操纵,成为买空卖空之恶习。当此非常时期,地方主管官署既按照当地实际情形指定应行评定价格之日用必需品,则买卖日用必需品之工厂、商号,即应依照评定之价格为销售之标准,自不得另行设立类似交易所之市场,以便其操纵之企图,此应取缔者四。

上列各款之规定,关于生产或销售日用必需品之工厂、商号,有违反其一者,法院自应依《非常时期农矿工商管理条例》第三十一条论科。而本办法第十三条第一项末段所规定"向法院检举",虽未明定检举权应属于地方主管官署或有关机关、商会及经营日用必需品之同业公会,以事实衡之,平价委员会有调查评价之职责,而该会主任委员系由地方主管官署所派任,则秉承地方主管官署调查当地之工厂、商号有违反上列各款规定之一者,即得向管辖之法院提出检举,请求依法惩办,自属适当。

抑有进者,工厂、商号意图投机操纵,蒙其害者当在公众,设公众发觉工厂、商号有上述情弊,亦得向平价委员告发,如查有确据,自可据以向法院检举,当无不可。

按,《非常时期农矿工商管理条例》第三十一条规定之罚则,兹附录于下,并将同条例第十二条一并列入,以资参考:

上开条例第十二条:指定之企业及物品,其生产者或经营者不得有投机、垄断或其他操作行为。

第三十一条,违反第十二条之规定而有投机、垄断或其他操纵行为者,处五年以下有期徒刑并科所得利益一倍至三倍之罚金。

前项所述取缔投机、垄断或其他操作行为者,故处罚从严,而并科罚金之规定,则旨在惩治其不法所得取之利益,立法用意至为明显。然生产或销售日用必需品之工厂、商号有违反平价之处分者,亦应依《非常时期农矿工商管理条例》第三十二条第二款,向法院提出检举。所谓违反平价之处分,依下列各款之情形定之(第十四条第一项):

(1)本办法第九条规定:"地方主管官署命令当地经营日用必需品之工厂、商号,将生产成本、购进售出价格及存货数量随时报告。"所以为评定价格之标准及预防其囤积也。该工厂、商号对于是项命令,抗不呈报或呈报不实,姑无论其是否意图隐匿或有操纵之企图,而其违反平价之处分则属显然。

(2)平价委员会所评定日用必需品之价格,系呈由地方主管官署核准,予以公布。各工厂、商号自应依照办理,若不依其评定之价格出售,故为抬高或故为抑低,则市场情形必形紊乱,该工厂、商号对于公布评定之价格,不克遵依,自属违反平价之处分。

(3)工厂、商号或私人藏匿囤积大量日用必需品,自应依评定之价格源源出售,以供市场之需要。平价委员会依调查所得之情形,呈请地方主管官署命令其依评定之价格出售（第十一条），但该工厂、商号对于大量囤积之日用必需品，自奉命令后仍匿不出售，亦属违反平价之处分。

兹将《非常时期农矿工商管理条例》第三十二条第二款，举示于下：

> 第三十二条，有左列行为之一者，处一年以下有期徒刑、拘役或一千元以下罚金。
> 一、……
> 二、违反依第十三条、第十四条、第十五条、第十七条、第十九条或第二十三条规定所发之命令者。

通常《刑法》关于妨害社会法益之罪虽有分别规定，但对于物价之投机操纵者，则未有取缔处罚之办法，当兹非常时期，首在安定社会之生活及健全，经济部有鉴于此，故制定本办法并援用《非常时期农矿工商管理条例》规定之罚则，以资适用焉。

今就上海市场一论，所有日用必需品或非日用必需品，工厂、商号或私人其投机操纵之风，层出不穷，民生之痛苦，日益加厉，而租界当局虽亦加以取缔，唯提出检举仅依《违警罚法》之规定，以"十五日以下之拘留或十五元以下之罚金"，对于投机、垄断及其他操纵之行为者，不足以昭炯戒，俾有所警惕也。

第三编

比较法研究

比较宪法[1]

序

国家之成立,必无历久不敝之法,而有因时适宜之制;穷变通久,国运所趋,亦世运所系也。Mirkine Guetzévitch[2] 教授近著《战后欧洲新宪法》一书,其所论列,以为"各国之新宪法,虽各有不同,唯从历史的、社会的眼光观察之,皆有其相类之成分"。又云:"此种新宪法之条文,是在政治的、社会的与民族的革命潮流所制定。"其观察宪政改进之趋势,可谓洞烛靡遗。誉盦先生研究政治有年,纵览世界各国之宪典,以为吾国建设之方针,著为是书,目光之巨,采集之精。盖从民族、政治、社会革命过程中测验而成。篇末结论,以三民、五权与各国新宪法之精神相参证,为宪政史放一大异彩,并指示吾国建设上之新生命;其所贡献于世者,至可宝贵。

中华民国十九年七月
陈和铣[3] 撰

---

[1] 本书收录于上海法学编译社出版的法学丛书当中,由会文堂新记书局总发行,所录底本为民国十九年(1930年)八月版。

[2] 指鲍里斯·米尔金-盖泽维奇(Boris Mirkine‑Guetzévitch, 1892—1955),俄裔法国法学家,曾任巴黎比较法研究所所长。下文所称《战后欧洲新宪法》或指其于1928年发表的论文"Les tendances internationales des nouvelles constitutions européennes"。

[3] 陈和铣(1893—?)字孟钊,江西九江人。民国时期法学家、政治学家,时任江苏省政府委员兼教育厅厅长。

目　录

序
绪　论
第一章　立宪政体之各种形式
　　第一节　直接民政主义之立宪政体
　　第二节　三权分立主义之立宪政体
　　第三节　议院主义之立宪政体
　　第四节　社会主义之立宪政体
第二章　宪法之种类及范围
　　第一节　宪法种类之区别
　　第二节　宪法之范围
第三章　立法部之构造及组织
　　第一节　议会制度
　　第二节　选举与被选举之各种制度
　　第三节　议会之集散
　　第四节　议员之权利及义务
　　第五节　议事之各种规则
第四章　行政制度之比较
　　第一节　国民的政府
　　第二节　各国内阁制度之比较
　　　　第一款　议院内阁制度

第二款　联邦内阁制度

　　第三节　各国大总统制度之比较

　　　第一款　大总统（副总统）之选举

　　　第二款　大总统之资格

　　　第三款　大总统之任期及其继承

　　　第四款　大总统之权限

　　　第五款　大总统之责任

　　第四节　内阁之权限及其责任

　　第五节　司法院之组织

　　第六节　审计院制度

第五章　领土及人民

　　第一节　领土

　　第二节　人民之权利

　　　第一款　自由权

　　　第二款　参政权

　　第三节　人民之义务

结　论　各国新宪法与三民五权之比较

　　第一,欧战后世界宪法之新趋势

　　第二,世界宪法——三民主义精神之实现

　　第三,民族主义之趋势

　　第四,民权主义之趋势

　　第五,民生主义之趋势

　　第六,三权宪法与五权宪法

绪 论

现代世界各国之立宪制度,几成为共通之制度。于此而欲研究各国宪法之异同得失,参互比较,以为吾人考镜之资,则非从各国之历史、民族及其政治之趋势一一而探讨之,庶几能明了各国宪法之真相,而于我国将来建设之方针,得以有所裨助也。

(一)各国宪法成立之经过

(甲)英国代议制之发达

自来言宪法者,必推英为鼻祖。当十三世纪之初(一二六五年),英吉利已成立国会,实为世界代议制度之权舆。此种国会,盖基于三级会议(Three Estates)而成(三级者,即贵族、僧侣及市民)。当时欧洲大陆诸国,除瑞士为自古流传之民主制度、德意志及意大利国内自由市府维持其势力外,其他大多数之国家皆为君主专制政治。经十六世纪、十七世纪及十八世纪,各国之王权为军队与官僚所拥护,以保持其国家之统一,唯英国则自中世纪传来之国会制度至中世纪之末而益发达,成为一种真正的国民代表会议之议会。当十七世纪,欧洲君权主义之风潮及于英国,致启国王与国会之争,然未几而国会完全胜利,构成议院内阁制,英国之宪政史遂开一新纪元。国会既有政治上的优越势力,而英国宪法①之近代形式,亦依此渐成确定矣。

(乙)美国独立及法国大革命

---

① 与大部分国家不同,英国没有成文宪法,此处所指并非一部单一的法律文件,而是由制定法、判例、惯例构成的整个体系。

美洲大陆本为英国之殖民地，故开始即已建筑于本国传来的自由主义之上，惟其为新设之社会，不受本国传统之习惯所束缚，加以地广人稀、物产充裕，既无贫富之悬殊，更无阶级之差别，民主思想易于发达。遂于一七七六年，举十三州之地，与英国分离，更由十三州之组合而成为一大联邦，于一七八七年议定《北美合众国宪法》①，其所树立之制度为纯粹民主主义，故虽渊源于英国，与英国宪法则自有别。

《美国宪法》之成立，对于以后诸国之宪法发生显著之影响有四：(A)国民主权主义；(B)自由平等主义；(C)三权分立主义；(D)成文宪法主义。此外联邦制度亦依《美国宪法》始见于历史。迨十九世纪中叶及二十世纪之初，欧美多数国家大率仿效此制。

至于自由民主主义之运动，于十九世纪之所以普及全欧，遂生世界政治上之改造者，非由英国或美国之直接的影响，而法兰西之大革命，实为其原动力也。

法国大革命之原因，间接由于英美两国之制度与以重大之影响，直接则由于十七、十八世纪之孟德斯鸠及卢梭之思想，实有最大之势力。法之政治革命，其《人权宣言》(*Déclaration des Droits de l'Homme et du Citoyen*)不仅以法国自身之政治组织为目的，实通于一切人类、一切国家。人类之为人类，所必有之权利，其影响于一般人心，极为伟大。一七九一年即依此标准制定宪法，虽其后因改革太骤，宪法迄未实行，议会亦仅存其外形。然因此民主自由主义之思想，风靡全欧，而其影响迄于今日，依然不衰。

(丙) 欧洲诸国之政治改造

十九世纪前半期为欧洲诸国政治改造时代。此时期中，社会革命

---

① 即美国1787年宪法，此处所称"北美合众国"系指美国，下同。

主义虽已萌芽,然未成显著之运动。而政治革命之运动,则法兰西、英吉利、比利时、意大利、德意志及波兰诸国,前仆后继。此种运动,实由于拿坡仑①失败后,欧陆诸国互相联合,以权力压抑自由主义之反动力,故大都以改造政治为目的,为中流阶级及智识阶级所主张,而劳动阶级不与焉。就中改造成功者,则为英、法、比三国。法于七月革命后修改宪法,大扩张其选举权,政权移于中流社会。英则自一八三〇年改正《选举法》,倾覆自昔大地主政制,而中流阶级遂获有选举权。比则于一八三〇年脱离荷兰而独立,以自由主义制定宪法。比之宪法,虽为君主政体,主权则属于国民。此外德意志诸国因受法国七月革命之影响,于一八三一年至一八三三年建设一种以君主主义之立宪政治。西班牙亦于一八三四年起名义上为立宪国。葡萄牙于一八二六年、希腊于一八四三年,形式上为代议制度之国家。

要而论之,在十九世纪前半期之终,欧陆各国在形式上大多已树立代议制度,除奥地利及意大利诸小国尚持反动政策,外至俄罗斯及土耳其,则保守其君主专制政治不受动摇。

(丁)立宪制度之普及

十九世纪之后半期,欧洲诸国之立宪制度渐成普及之势。而于民主之倾向更为进步,政治上犹有重大之新趋势,其现象有三:

第一,民族统一运动。民族主义在前半期已与自由主义运动相关联。自一八四六年革命,一面为自由主义之运动,一面又为民族统一之行动。故在此时期而益加显著,意大利统一、德意志统一皆于此时期完成。

第二,社会主义运动。十九世纪前半期为政治革命,其后半期则社

---

① 即法国皇帝拿破仑(Napoléon Ⅰ, 1769—1821)。

会革命主义乃形发展,英法诸国之学者颇多倾向于此主义。而以德国之马克斯①为最著,其主义以政治上改造为不足,凡社会上之一切罪恶由于资本主义,欲谋人类之幸福,遂宣告与资本阶级相对抗,纠合万国劳动者,以期达此种目的。初起于德国,继蔓延于欧洲各国,几无不被其影响。

第三,帝国主义勃发。在此时期中,欧陆帝国主义最为极盛。各强国争相努力,以扩张领土,蚕食弱小民族,分割夺取,其势及于二十世纪,遂为世界大战之原因。

此种现象,虽对于宪政上有重大之影响,然为特别政治之研究,兹不具述。故以下仅从诸国立宪制度在此时期中之发达,说明于下:

· 意大利统一后(一八七一年)成为英国式之议院内阁的立宪君主国。

· 瑞典于一八六六年改正宪法,设立两院制之议会。

· 丹麦于一八六六年改造议会,并改正宪法,增广国会之权限。

· 德意志依普奥、普法两次战争后,组织南北联邦,改称德意志帝国,普鲁士国王遂称为德意志皇帝,成立帝国新宪法,自一八七一年发生效力,至大战前而未改。

· 奥地利与德国分离,至一八六七年与匈牙利协约共戴一君。而两国皆设立议会制度,惟其民族复杂,其议会仅由日耳曼及马扎尔民族为其代表。

· 巴尔干半岛诸国:(1)希腊由于一八六三年制定新宪法,修改一八四三年宪法,扩张议会权限;(2)罗马尼亚于一八六六年制定两院制之新宪法;(3)塞尔维亚亦于一八六九年成立一院制之议会;(4)布加

---

① 即马克思(Karl Marx, 1818—1883)。

利亚①则于一八七九年脱离土耳其而独立,亦设一院制之会议。

· 瑞士虽于一八四八年改为联邦组织,然于一八七四年更改定联邦宪法。

· 法兰西于普法战争失败后,拿坡仑第三②退位,至一八七五年议定新宪法,创设第三共和政府,其新宪法与第二共和政府多有不同之点,改定前次之一院制议会而为两院制,大总统不由国民直接选举而由议会选举,又不取三权分立主义,而取责任内阁主义。

· 英吉利自一八六七年至一八八四年两次改正《选举法》。前者将选举权扩张至职工阶级,后者将选举权扩张至农民,然未能达到普通选举。十九世纪之末,欧陆诸国已大部分取用普通选举,而于世界最古之立宪国——英国,尚留存此二十世纪之问题,此可想见英国政治之趋向矣。

· 西班牙于一八三四年始制定宪法,至一八六九年更定新宪,确立两院制之议会,下院则以普通选举选出。

· 日本之成为立宪国,在东亚方面为最早,自一八八九年(明治二十二年)颁定宪法,为君主立宪制,至今日未有变更。

(戊) 现代立宪政治之新潮

自二十世纪之初期世界大战后以迄现在,政治上乃发生大变化。革命运动续续以起,中国自一九一二年推翻专制而改为共和。迨世界大战告终,则素称专制政治之俄罗斯、土耳其亦一变从前之面目。此外则德意志、奥地利由帝国而变为民国,匈牙利与奥地利分离。至新兴之

---

① 即保加利亚,英文为 Bulgaria,下同。
② 即法国皇帝拿破仑三世(Napoléon Ⅲ, 1808—1873),下同。

国,如捷克斯洛佛克(Czeho-Slovakia)①、巨哥斯拉夫(Gugoslavia)②以及芬兰(Funland)③、波兰(Poland)等国,皆取纯粹民治共和制度。凡此者,皆于立宪政治有重大之影响者也。

俄罗斯本为极端专制之国,人民自由,悉被剥夺,故一部之智识阶级,因传播无政府主义及过激主义于农工社会,革命之机已勃乎不可遏。当日俄战争后,于一九〇五年发生第一次革命,设置国会,俄国遂加入立宪国之列,然政权仍操于政府。迨一九一七年欧战正酣之际,内部忽发生大革命,帝制政府忽然覆灭,混乱重混乱,革命复革命,乃产生劳农政府,以列宁为主脑,改称俄罗斯苏维埃社会主义联邦共和国④。于一九一八年依第五次全俄苏维埃大会之决议,通过《苏维埃共和国宪法》,以作俄罗斯苏维埃社会主义共和国之基本法。此基本法之全文,发表于全俄苏维埃中央执行委员之机关报,发生效力。其开章明义第一篇,即为《劳动阶级之权利宣言》⑤,在各国宪法中,实具有特殊之性质者也(以下当详述之)。

土耳其亦著称专制政治之国,虽于一八七六年曾经发布宪法,召集议会,然因俄土战争之结果,议会无期停止,宪法几等具文。于是一九〇八年革命爆发,宪法乃有复活之机,然亦仅为形式上之立宪国。至欧战以后,国土日蹙,外交日急,迨一九二二年凯末尔战胜希腊,驱逐土皇于君士坦丁以外,改建民国,制定新宪,遂成国会内阁之制度。

德意志之宪法大战前为军阀官僚所操纵,至一九一八年因大战之

---

① 即捷克斯洛伐克,英文为 Czecho-Slovakia,下同。
② 即南斯拉夫,英文为 Yugoslavia,下同。
③ 英文为 Finland,下同。
④ 今译为俄罗斯苏维埃联邦社会主义共和国,简称"苏俄",1922 年苏联成立,苏俄成为其加盟共和国。
⑤ 即《被剥削劳动人民权利宣言》,该宣言由列宁亲自起草。

挫败，遂废立国王，宣布共和，社会民主党组织国民代表委员会，于一九一九年公布新宪。选举基于平等，以纯粹民主主义为基础，且带有社会主义之色彩，与各国宪法之异点即在此。而联邦制虽与以前不同，然比较上大都倾向于统一方面；又规定联邦各州，当采用共和国家之宪法。

奥地利亦于大战后国王退位，宣布共和，于一九一九年组织国民宪法会议。然奥自战败，上下交困，故宪法之审议进行颇迟。至一九二〇年，新宪法始行发布，成为联邦共和国。至其宪法之内容，多模仿德国新宪法。

匈牙利于一九一八年与奥地利分离，宣布为独立共和国，逾年有劳农政府之组织，然未几即归于消灭。再树立共和政府，于一九二〇年更宣布王政，故国家尚在军阀执政之中，立宪政治未易实现。

大战后新兴之国如捷克斯洛佛克，则于一九二〇年施行宪法，而注重于自由的自治。波兰则于一九二一年公布宪法，其宣言"对于共和国一切公民，保障其平等，而于劳动之尊敬，承认其一切权力并予以特别之保护"。巨哥斯拉夫于一九二一年成立君主宪法，然其内容则倾向于社会主义。故巨、波二国，实具有劳农制度之色彩者也。

其他各国于此时期内，其宪法上发生变化亦甚多，如英国之贵族院改革问题及一九一一年之《国会法》、妇女参政权问题；爱尔兰改为自由联邦，而自治殖民地与本国之关系问题以及内阁制度之改造；法国则政教分离问题，皆对于宪政上有重大之影响。就中显著之变化，约有数端：(A)一般国民之政治上权利益加增进，对于选举权，一切国家几皆采用普通选举制；(B)女子参政权加以承认，为一般之趋势；(C)社会党及劳动党占政治界之重要势力，除少数极端一派外，其主张稳健着实者颇多。

(二) 近今宪法之趋势

近今宪政之改进,不外三种原动力:一为社会主义(socialism)之潮流,二为全民政治(democracy)之潮流,三为非议会主义(anti-parliamentarism)之潮流。此三种潮流其影响于代议政治者,正复不少,分述于下:

(甲) 职业代表制

自昔一般的代议制,大都沿袭英吉利中世纪遗传之制度,以人口及地域为选举之标准(质言之,即某一地域之中人口达若干额时准此选出若干代表),且当选之代表对于一切事务俱有代表选民之权。此种代议制度,深为现时英德诸国倡导,"业组"社会主义所反对,故主张职业代表制,以代替此旧式之代议制。其目的在令经济问题于国家政务中占一特殊地位,使劳动阶级于国家机关中占一特殊位置。而现今采用此制者,则有德意志与爱尔兰。

德国于一九一九年所颁布之新宪法,为社会党人之产物。其宪法对于普通议会仍设上下二院,但上院之权力极薄,下院之权力极大。故就实际言之,德国普通议会殆可称为一院制。但《德国宪法》,于此普通之侧更设立第三院名为"中央经济院",约言之即为一种经济议会。论其组织,系由各种实业之工人团体及其资本家分别选出之代表组织而成。论其职权,对于一切经济社会问题,有向普通议会提出议案之权,且对于联邦政府向普通议会提出之经济社会诸议案,有预先审议之权。

此种机关之性质,详细审察,与前述业组社会主义之原理,不无出入。其差异之点有二:(A)就其组织言,"中央经济院"并非纯粹之职工代表团体,而为职工与资本家之混合团体;(B)就其职权言,"中央经济院"与普通议会并非对等团体,前者仅为后者之咨议及建议团体。

但事属创举,此两种变通办法,势有必然,且其职权与普通议会不致发生权限上之冲突与争执,实为其优点。故经此制成立后,虽为期尚短,然德国最近发生多数倾向社会主义之法律及议案,大半出于"中央经济院"主持之力,其地位盖已呈日渐发育之状况矣。

爱尔兰自一九二一年与英国成立和平协约之后,即着手制定新宪法草案,虽尚未实行,但其宪法之特点则为职业代表制,且与德国相似而不同。其采用此制,不直接应用于议会本身之组织,而间接应用于行政上之组织,以其将行政机关之国务员分为两种:一则对议会负责任,其性质与英之内阁阁员相似;一则不对议会负责任,不由议会产生,而令各项职业团体得参与其任用之手续,且使各项职工得设立职工自治团体,此等职工团体并享有推荐国务员之权。

以上二国之制,虽与一般主张职业代表制之理想、之程式,俱不无出入,但与将来之发展,此其嚆矢矣。

(乙)比例选举制

大战前英、法两民治先进国,选举法尚属一种多数选举制(其义以各选举区之议员必须得有过半数选举票或得票最多者当选之谓)。十九世纪末期,瑞士及比利时即主张废除多数选举制,而代以比例选举制,在使各政团所出议员与各政团选民数额成比例(例如甲党得选出议员三人,乙党得选出议员二人,因三与二比恰当六万与四万之比)。其理由一则使少数党亦得选出相当数额之代表列席议会、发抒意见;一则可以减少多数党之专横,而令代议制与全民政治之精神相接近也。瑞、比二国之外,近今爱尔兰之新宪草亦采用此制组织行政机关。若德若法,战前战后,皆为混合内阁,更无论矣。可知现今一般之趋势,与英吉利十八九世纪传来之政党内阁制,已成打破,即英自大战以后,旧制亦归消灭。

（丙）女子参政权

女权问题,在十九世纪初期,欧美学者多倡导女子之解放,但承认女子享有选举权及被选权尚属例外。大战后女子参政乃成为一般原则,不独新造之共和国家俱于宪法中承认女子参政(如俄、德、奥、捷克诸宪法,概属如此),即英国宪法、美国联邦宪法亦各授女子以参政权矣。

至其运动之成功,一半固由于全民政治运动之潮流,一半原因仍为经济的原因。因最近列国女子参政之猛进,其得力于女劳动者之参加及社会党人之鼓吹与赞助,至为不少。

（丁）公民票决制

公民票决制,盖取议会所通过之法律案或宪法案付诸公民投票表决之谓也。大战前,此制先行于瑞士及美之联邦,其形式大率可分为两类:其一为强制的公民票决制,即议会所通过之法律案或宪法案,必须交付公民投票表决之谓;其一为自动的公民票决制,即议会所通过之法律或宪法案,必经公民若干人之联名请求,始付公民投票表决之谓。此两种形式俱系以公民与议会共同造法制,为议会单独造法制之代替。其根本目的在令公民与议会分掌国家造法之权也。

最近德、奥二国之新宪法所采用公民票决制,则有特殊之作用。德国之制,对于宪法案及法律案俱采自动的公民票决制,但要求召集公民票决之权,不仅属诸公民,总统及议会亦各有要求召集之权。奥之新宪法,不以此项要求之权委诸公民,而以属诸国会。盖德、奥之新制,具有两种作用:(一)总统与议会对于法律案意见不一致时,得以公民为裁判;(二)上院对于下院通过之宪法修改案不能同意时,亦得由公民为决定。是此种制度,不在使公民与议会均分立法权,而以公民为政府议会之仲裁人,实为公民票决制之特开生面者矣。

(戊) 两院制之衰落

英为两院制之发源地,然英之上院则自一九一一年《议会法》通过后,其势力且已大削,实权几全为下院一院所掌握。大战而后,新造诸国之宪法大率施行一院制,巨哥斯拉夫新宪法即依此规定,俄国更无论矣。其他德、奥、捷克等国,名虽保存上下两院,实际上上院不过保有否决下院法案之权,而并无完整之立法权,且其上院之否决权与英之上院相较,相差甚远。故德、奥、捷克之新宪法规定,凡上院不决之案,如复经下院多数可决,该案仍可成为法律,由总统径行公布。此种规定从严格言之,与其谓为两院制,不若直称之为一院制。

第一章 立宪政体之各种形式

于泛称立宪政体之国家,其政治组织,因国情国势之不同而生种种之差异。故所谓立宪政体,可分为数种形式,不仅从政体之分类方法为研究,乃专从法律上观察,以为区别,且依实际上政治的实权之所在,对于现代世界诸国,区别立宪政体形式,分述于下。

第一节 直接民政主义之立宪政体

直接民政主义之国,于瑞士联邦及瑞士诸州足以代表其制度。此外则美国诸州及新德国诸州,虽亦采用此制,然比之瑞士,其施行直接民政之范围,限于比较的狭小的部分。故特举瑞士为例,以证明之。瑞

士联邦及其各州之政治组织,比之其他立宪国,其显著之差异约有三点:

第一,显著之特色在于政府(执行机关)之组织。瑞士无论在联邦、在各州皆未有类似其他立宪国之责任内阁或政党内阁之制度,国务员对于议会不负责任,亦未有所谓内阁由同一政党组成、同其进退之事。先就联邦言之,在联邦中未有形似大总统独裁制之首领,执行权之机关仅有合议制之理事会(Bundesrat),大总统与内阁合集于一人,理事会之会员即为国务员。盖由于联邦议会及两院联合议会之选举,此种选举通常系议员中选举,各国务员殆常同时为议会之议员,国务员系由各党派(不仅为政党之关系,言语、宗教之差异亦间有之)而出,盖代表议会中各种势力。国务员除自行辞职或有特别事故之时外,通常于任期终了后尚能再行当选。约言之,理事会立于议会之委员会地位,遵从议会之议决而执行政务,议会之多数党虽无论如何变动,然理事会不因此种变更而去职。

至于各州执行权之首长,虽同为合议制之理事会,然与联邦不同。各州大都直接由国民选举,国务员之人数为五人乃至九人,其任期通常为三年或四年。邦理事会亦必由种种党派组成。依州之不同,其选举方法取比例代表主义,保障各党派,使其皆能选出国务员。在各州之内,国务员绝对不依议会之不信任而左右其进退,如多数立宪国之责任内阁制度,在瑞士可谓完全无之。唯理事会及国务员,无论自己属于何种党派,凡依国民投票或依议会多数议决者,皆忠实执行之。近今各州中亦间有采用直接依国民投票使国务员解职之制度,于此等州内,可谓国务员直接对国民负责。

第二,关于立法,有国民总会之诸州固不待言,而其他诸州亦普通采用国民投票制。关于宪法无论矣,即普通之立法,亦大多由国民自行决定。议会所占之地位，不及一般立宪国的议会之重要。其结果瑞士诸州之议会(Grossrat)皆为一院制，仅于联邦政府内因为除国民之代表机关外必要设立各州之代表机关，故采二院制［国民代表机关(Nationalrat)及各州代表机关(Ständerat)］。

第三，国家重要事件，直接依国民总会或以国民投票而决。此种不仅限于立法事件，关于行政之事件，例如募债、恩赦、官吏之任命等，亦依此制进行。

第二节　三权分立主义之立宪政体

代表此种主义者，为北美合众国。合众国之宪法，系于十八世纪末孟德斯鸠之三权分立说最有势力之时代所产生者也。当时参与制定宪法诸人，以为欲保持人民之自由，须将权力分于各种互相独立之机关，权力与权力间保持其平衡，使之互相牵掣，以权力最终之源泉保留于国民自身。国民依选举以行使其权力，同时立法、行政及司法三种权力分委之于各个机关，此等各机关极端互相完全独立，以行使其权限。

其政治组织之特征，以下例三点为显著：

（一）关于政府之组织

为行政部之首长且同时自当责任之冲者，为大总统。美国之总统，与法国及其他多数共和国之大总统依国务总理之辅弼而执行政权者，则迥乎不同。盖彼系以自己之责任以行使职权，其地位与他国之总理相当。大总统之下，虽有内阁，然其总理不同他国之总理须负责任，不过仅受大总统之命以为辅助，其任免全由大总统自身之信任，而非基于国会之信任。形式上总理之任命，上议院对于大总统之推荐，绝无异议而与以同意,此种成为确定之原则。

(二)政府与议会之关系

两者殆皆立于完全独立之地位,议会独立行使其立法权,政府亦不立于议会势力之下,而以独立之权能,以行使其行政权,此已成为一种原则。《美国宪法》与其他立宪国之最不同之特色,即在此一点。其结果:(甲)大总统不同法国及其他共和国须由议会所选举,而直接由国民选举,以担保大总统不为议会势力所支配。(乙)大总统并不依议会之信任与否而决其进退,故议会虽无论如何反对总统,于四年任期内依然在任。(丙)大总统及其辅助之国务员不特不能同时为议会之议员,除大总统报告政务、陈述希望之外,国务员殆全无出席议会发言之权能。因而议院内阁制,在法律上绝对不可能。(丁)立法权属于议会之专权,政府完全无提出法律案之权能,无论为预算、为募债、为税法,一切法案,均无例外。唯议员有提出权,唯议会能议决。政府之官吏,均无参与讨论、陈述政府意见之权。(戊)大总统关于立法上之权能,仅能表示其抗议。即大总统认议会议决之法律为不当时,有将其交还议会要求再议之权,于再议之时,如无各院三分之二之多数更将其可决,则不成为法律。此种抗议权,其效果虽有类于君主之不裁可权,然君主之不裁可权,无论何国几皆有名无实,实际上未有行使,反之美国大总统之抗议权则常常行使。(己)议会无质问政府、监督政府及议决不信任政府之权能。(庚)议会不待召集而定期自行集会、自行闭会,大总统完全无解散议会之权。

由前所述是政府与议会几立于隔绝之地位,其对于实际之施政上未免有扞格不相入之势矣。虽然美国之政治足以健全进行,而不致陷于停顿状态者,则有两大原因:

其一为政党之组织。美国之政党,有共和党及民主党两大党相对立,其他政党则无甚势力。因一切选举,常依政党之势力为转移,故大总统必然属于两大政党之一党。而于议会之内,其中之一党亦必占多数。通常于大总统选举得胜利之政党,而于议会之选举亦必为占多数之党派。因而大总统与议会之多数,往往为同一政党。而内阁为大总统所选派,亦当然属于自己之党派。故政府与议会之间,即依之以保持其调和。

其二委员会制度。议会中之委员会实为政府与议会接近之阶。政府之国务员及其他官吏虽不能出席于议会,然议会之委员会因审查之故需用证人,遂要求国务员等以证人名义出席,因之委员会时与政府相接近,而议会之实权殆移于委员会,议会仅一种形式之议决而已。故委员会与政府之接近,即具有议会与政府接近之同一效果也。

(三)裁判所之审查法律权

英国于宪法与法律间不认有形式上之区别,即大多数国家将宪法与法律区分之,仍以不抵触宪法为原则。而法律之内容是否违反宪法,立法权者自身有最终认定之权,裁判所则无审查法律之权,即使与宪法抵触之法律,裁判所亦应作为有效之法律而适用之(捷克斯拉夫①之特设宪法裁判所有审查法律之违宪与否之权,若普通裁判所则无此权)。反之独于美国裁判所,对于决定法律之解释,有离议会而独立最高之权,于宪法解释上不为立法权者所拘束,对于法律若认为违宪,即可宣告其无效。

第三节 议院主义之立宪政体

现代大多数之立宪国属于此种主义者,普通称其为议会政治(par-

---

① 此处同前"捷克斯洛佛克",亦指捷克斯洛伐克,该国于20世纪20年代设立宪法法院,是最早设立该种专门机构的国家之一。

liamentary government)。其最著之特色为行政权之首长并非自己当责任之冲,其一切政治上之行为,仅依其辅弼——内阁——之进言,而行使内阁专负担责任,而内阁以得议会之信任为其在职之要件,失其信任则必须去职,故称其为"责任内阁制"或称为"议院内阁制"。

议院内阁制行于君主国中,亦可行于共和国中。其制度或专作为政治上之习惯而行之者有之,或将其认为法律上之制度者亦有之。

君主国中之议院内阁制,以英国为其代表。其他意大利、比利时、荷兰等多数之君主国,皆属此例。而于此等诸国中,此种制度仅于事实上作为习惯而行使,并非宪法上之制度。宪法上之制度,官吏之任命权专属于君主,对于任用官吏宪法上并无何等之限制。议会唯有预算之决定权及监督政府施政之权,其结果政府与议会有维持调和之必要。欲保其调和,则须选任有控制议会多数党的势力之人为内阁。故事实上之习惯,君主常以议会多数党之领袖为内阁总理,此种遂至成为确定之法则而行使。共和国之议院内阁制,作为政治上之习惯而行使者,则以法国为其代表;规定为宪法上之制度者,则有新德意志及巨哥斯拉夫(巨哥为君主国)。

第四节 社会主义之立宪政体

俄罗斯于一九一七年由政治革命而转入社会革命,一本布尔塞维克主义(Bolshevism)以组织劳农政府,苏维埃俄国乃告成立。其政治组织基于苏维埃(soviet),虽其与意、奥、瑞士之理事会大致相类,然其组织则迥乎不同。先由基本单位区域之居民选出法定人数,组成各该区苏维埃,次由各基本单位区苏维埃分选代表,组成小区苏维埃,再依同法遴选代表,组织中区苏维埃、大区苏维埃以至全国苏维埃大会。此全国苏维埃大会,即为中央政治机关之一,复由该大会选出代表,另组一中央执行委员会,由中央执行委员会任命组成国民委员院,合成中央政治三大机关。至地方政治机关,除自基本单位区至各大区苏维埃及其所组织之地方执行各委员会外,尚有特区苏维埃(如各大都市之自为一区者),由各该区人民选出代表组织之。其有选民不及一基本单位之人数者,得联合数区组成其苏维埃。观其形式,虽亦近似议会制度,然英、法、德诸国之议会内阁制,美国之政党内阁制,固大异其趣,而与瑞士、新奥国及捷克斯洛佛克之国民议会,亦不相侔也。兹将其政治组织列表如下:

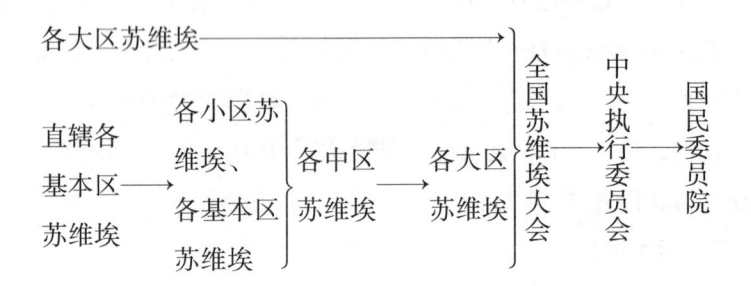

```
各大区苏维埃─────────────────┐
                              │
            ┌各小区苏维埃、┐   │
直辖各基本区├              ├各中区苏维埃→各大区苏维埃→全国苏维埃大会→中央执行委员会→国民委员院
苏维埃      └各基本区苏维埃┘
```

苏维埃之组织既如是,其选举方法则规定于宪法:"凡男女国民达十八岁以上者,有下列资格之一,皆可投票选举:(甲)凡从事于必要生活上生产及家务工作及哥萨克之农工而非佣工者;(乙)苏维埃陆、海军兵士及水手;(丙)具有甲乙两种资格之国民,而丧失工作能力者。"至苏维埃权限,各苏维埃得各于其自己之领域内有最高之权力。在小村落之场合,则由有权者之总会,直接决定行政上之问题。其在宪法上苏维埃及执行委员会之权限,有如下之规定,即苏维埃权力之管理机关及苏维埃代表者,其权限如次:(一)执行一个以上之机关所发行之一切布告;(二)各地方文化上、经济上之生活可以使之发达之一切适宜之设施;(三)纯粹的地方问题之解决;(四)统一各地域内苏维埃之一切行动。

又中央方面全国苏维埃大会,由各大区、中区与特区苏维埃选举法定代表数组织之。该会有全国最高权力,中央执行委员会即由该会产出。中央执行委员会为全国立法行政及管理之最高机关,其任务为指挥中央政府一切之机关,以整理统一立法行政上之各种行动,监督由苏维埃宪法全俄大会及中央行政机关所发之布告之适用,并由选任国民委员院,且得审议批准该院及其他各部所提出之布告草案与提议。一方则可自行颁发一切之布告及规则,但每届会议时须提出报告书于全国苏维埃大会,盖对该会负完全之责任者也。国民委员院(即人民委员评议会)为中央执行委员会所选出,故对中央执行委员会负责。此院有发布种种布告命令、规则等,除在紧急时期外,皆须提付中央执行委员会讨议,可决或否决之。又此院之职务,凡分十八部(即外务、陆军、海军、内务、司法、劳动、社会事业、教育、邮政、电报、民族事业、财政、交通、农业、商业、食粮、会计检查、国民经济委员会、保健等)。

至于苏俄经济之方针,不外产业集中于国家,唯劳动者独执管理权及使用权,其经济之配置,有七种特点:(一)土地公有;(二)生产机关,由劳工管理;(三)取消公债;(四)银行公有;(五)废止财产继承权;(六)强迫作工;(七)商业公营。又产业支配机关之可知者,在中央有国民经济高等会议,由全国劳动者支配机关及各人民委员会之代表者,更特行招聘之专门学者组织而成。其职权在整理全国经济生活,统一中央及地方各支配机关。此会议分金融、矿山、燃料等部,各部之上由会员中选出十五人组成一局以统驭之。

综以上各制度观之,苏俄之宪法,实注重于社会经济之一途。与巨哥、波兰之宪法比较，虽亦倾向于社会主义方面，究相似而实不同。其他大多数之立宪国，更无能与之相比例。故论者谓苏俄之政治利弊，究能副人民之希望，推行尽利，且永远不致发生新式之专制，诚属一大问题。故其宪法虽告成立，然尚在试验中也。

第二章　宪法之种类及范围

第一节　宪法种类之区别

宪法之种类至为繁复，以形式区分之，则有"成文宪法"与"不成文宪法"；以国体区分之，则有"单一国宪法"与"联邦国宪法"；以本质区分之，则有"刚性宪法"与"柔性宪法"；以政体区分之，则有"君主宪法"与"共和宪法"。此其大较也，兹列表以表明之：

各种宪法之类别
1. 以典章之有无为区别
   - a. 成文宪法——具备成文法则者
   - b. 不成文宪法——混合其他法制者
2. 以制定之原因为区别
   - a. 钦定宪法——君主自行制定者
   - b. 协定宪法
     - 民定宪法——成于人民协议
     - 国定宪法——成于联邦协议
3. 以修正之手续为区别
   - a. 可动宪法——得从普通手续改正者
   - b. 固定宪法
     - 改正需特别手续者
     - 改正需特别机关者

（一）成文宪法、不成文宪法

成文宪法者，谓特别编成法典，立于普通法律之上者也。在新大陆以美国为最早，在欧洲则以法国为最早。近世各国宪法，多属此种。不成文宪法者，谓不依法典编制，专从习惯及裁判例、各种单行法而成者也。英国之《自由大宪章》(Magna Carta)内容系包含《权利请愿》《权利法典》《皇位确定法》诸种而成，故称为不成文宪法。盖英国宪法成于十三世纪之初期，当时世界各国多未立宪。英之《大宪章》，实为僧正、裁判官、林务官、地方官及诸有司臣民之一种约章也。自美国以三权分立主义成立宪法，各国相率效之，遂为成文宪法之创始矣。

（二）钦定宪法

于君主专制政治之时代，立法权专属于君主。故关于宪法之制定，在君主国中由专制政治新变为立宪政治之时，除因革命及临时之关系开设特别国民会议之外，仅依君主权力而制定之宪法，称为"钦定宪法"。其最显著之特例，即一八一四年路易十八之《宪法宣言》，此宪法乃依国民之意思、依王权自由行使之旨趣而规定。次为德国受法国宪法之影响，于一八一八年制定之《伯伦宪法》①及同年八月《巴丁（巴敦，Baden）宪法》②，同属于此例。就中一八四八年普鲁士国王因与国民议会之协定不能调协，专根据王权而发布之宪法，亦属于同类之例（但此宪法直接交付议会审议，经其全部修正，更于一八五〇年一月公布之）。此外日本之宪法及一九〇六年俄皇之宪法、一九〇八年清室《宪法大纲》，又一九一〇年满清《十九信条》，亦同此性质。

---

① 指1818年德意志地区巴伐利亚邦通过的《巴伐利亚宪法》，巴伐利亚又译"拜仁""拜恩"。
② 指1818年德意志地区巴登邦通过的《巴登宪法》。

(三) 协约宪法

于君主国内当制定宪法之时,往往君主不依其单独之权力而制定,乃依君主与国民及国民代表机关双方之同意而制定,外观上恰如两当事者之约束,此种情形普通称之谓"协约宪法"。英国之《大宪章》虽不属于近世成文宪法之意义,然而尚含有宪法的条项,此为国王与贵族军战斗之结果,国王因贵族之要求,不得已而签押者,外形上恰如双方间之讲和条约相同。其后于一六八八年英国革命,国会迎威廉,使即王位,当时先议决《权利典宪》①,使国王宣誓遵守之。法国则于一八三〇年革命,迎路易菲立为国王之时,议会修正一八一四年之宪法,而削去其前文,使国王承认遵守之,以上所举即为协约宪法之实例。德国在一八七一年之威尔丹特尔希之宪法②,因制定之故,先于一八一七年③召集国民代表之议会,协定后由国王公布之,此与一八三一年之萨克逊之宪法④,属于同一之例。

(四) 民定宪法

宪法制定之第三方法,即国民自己直接或依其代表机关而制定宪法。此系于成文宪法历史中最初发现之方法。从"国家契约"言之,可证其为当然之方法。由此方法而制定之宪法,于历史上可以分为三种情形:

(甲) 依革命而倾覆旧日之政体。国民议会事实上掌握最高之权力,自己制定宪法——此为获得社会承认而有法的效力。于一七九一年法国革命后之宪法,即为其第一显著之例。当时议会,其始虽为等级会议,由国王召集。于集会之后,第三阶级自己脱离本来性质而故称

---

① 今译为《权利法案》。
② 即《德意志帝国宪法》。
③ 此处为作者笔误,应指1871年召开的帝国会议。
④ 今译为《萨克森宪法》。

"国民议会",不依国王解散之命令,更改称为"宪法议会",遂制定宪法,以自己之名义公布之。当时在名义上,虽仍保存王政,但宪法不依国王之权力而制定,不经国王之裁可者,国民议会并非基于合法之权力而制定宪法,仅为事实上掌握权力,纯然系革命之行为。法国之第二及第三共和政府之宪法,亦为革命之结果。盖依国民议会而议定者,而于此等情形,皆先有临时政府成立,然后以临时政府之命令,依国民选举组织国民议会以制定宪法。此外尚有最近之实例,即德国一九一八年革命,其结果于一九一九年韦玛①之宪法会议议定之《德意志新宪法》,德国诸州之宪法、《奥地利宪法》等,亦属于同例。

(乙)为尚未成为国家,而处于他国支配下之人民,当新与他国分离独立而成为国家之时代,依国民之代表会议,制定新兴国家之宪法。属于此例者,即北美十三州于独立后所制定之宪法及比利时脱离荷兰而独立后制定之宪法。最近世界大战之结果,新成为独立国之捷克斯拉夫、波兰、芬兰等国之新宪法,亦同属于此例。此种情形皆非成文宪法制定之后国家始行成立者,国家于宪法未制定之前已经成立,同时不成文宪法亦当然成立。根据此种不成文宪法,则由国民选举而成之议会,可认为行使制定成文宪法权能之机关。

(丙)为历来系民主政体之国家,自昔仅有不成文宪法,其后始制定成文宪法之情形。如瑞士诸州之宪法,即属于此例。

(五)联合国家协定之宪法

关于宪法制定之最特异情形,即多数独立之国家,自昔仅为国际法上之结合(邦联),其后改为依各国相互间之协定,以其全体组织成一联邦制之国家。《北美合众国宪法》《瑞士联邦宪法》及旧《德意志帝国

---

① 即 Weimar,今译为魏玛,德国城市,因采用国民议会于当地制定的宪法(后称《魏玛宪法》),故 1918—1933 年间采用共和宪政政体的德国又被后世称为"魏玛共和国"。

宪法》、近今《巨哥斯拉夫联邦宪法》，皆属于此例。

（六）固定之宪法与可动之宪法

宪法制定以后，视为一定不易之法规，不轻于改正者，为固定宪法。近世之成文宪法多属固定，然亦非绝对不可变更，不过改正时较为繁重而已。不文宪法，大都有可动性质，然此外成文宪法之国，亦有属于可动宪法者。

宪法改正之方法，欧美诸国大率分为三派：

（甲）其改正与改正普通法律用同一方法者，如英吉利、西班牙、意大利等国。

（乙）非经极郑重之方法不能改正者，如法兰西、美利坚合众国等。

（丙）较改正普通法律之方法稍为郑重者，近今多数国行之。

第二节　宪法之范围

宪法之种类，既如上述，至其范围，则各国不同。有国小而宪法之规定极繁者，例如荷兰之宪法，百九十九条；智利之宪法，百五十九条；瑞士联邦日内瓦州之宪法，百五十八条。有国大而宪法之规定极简者，例如北美合众国之宪法，仅止七条，第一条分十节、第二条分四节、第三条分三节、第四条分四节，此外追加修正之条文亦只十五条（就中第十三条分二节，第十四条分五节，第十五条分二节），如是而已。宪法之繁简，既各国不同，故其体例亦不一致。有此国详定之而彼国不入于宪法范围者（盖事虽细微而当使之不易变更者，则必规定于宪法，有事虽重大而当随时变更者，则别以普通法律定之）。因其国情之不同，故其范围遂无一定不易之原则也。兹举特殊之例，约有数种：

（一）有以学校教育制度定于宪法者

例如瑞士之日内瓦州之宪法（第一百三十五条—第三百三十八条）[①]、英属加拿大之宪法（第九十三条）及新德国之宪法（第一百四十二条—第一百五十条）皆载之。

（二）有以交通机关之行政权定于宪法者

例如新德国关于邮政、电信、电话制度及铁道、国内河川、航路等，皆规定于宪法（第八十八条—百一条，又第百七十条—百七十一条），瑞士关于邮政、电报及道路、桥梁亦定于宪法（第三十六条、第三十七条）。

（三）有以酒税及火药之专卖定于宪法者

例如瑞士于征集葡萄酒及其他酒类之消费税（第三十二条），又火药之制造及售卖，皆定于宪法（第四十二条）。

（四）有以公债局及银行制度定于宪法者

例如瑞典以公债局之储金及银行之支配，定于宪法（第六十三款—七十三款）；瑞士以货币之权利及银行之发行钞票，皆分别定于宪法（第三十八条—三十九条）。

（五）有以国旗纹章定于宪法者

例如新德国以国旗为黑、红、金三色，商船旗为黑、白、红三色；普鲁士自由邦之国旗为黑、白色；俄罗斯苏维埃联邦社会主义共和国之商业、海军、陆军所用之旗章，红赤质材料制之，接近上部旗杆之隅用金色记入（RSFSR）之文字，其纹章亦为赤色，其中交叉金色之锄及铁锤，柄向下端，周围配以太阳光线，全体围以麦穗花环，并记入国名及"万国劳动者团结！"等文字；而巨哥斯拉夫国之徽章，为一双头鹰，国旗蓝、

[①] 原文如此，似为"第一百三十八条"之误。

白、红三色平行。凡此种种,皆规定于宪法中。

(六)有以捕鱼及狩猎之条例定于宪法者

例如《瑞士宪法》第二十五条"关于保护山间之大兽及有用于农作及森林之禽鸟,犹须注意之"至"禽兽之杀戮不使于流血之前气绝者,永禁止之"是也。

(七)有以卫生制度规定于宪法者

例如《巨哥斯拉夫宪法》第二十七条明定"改良一般卫生""母及幼孩之护养"以及"流行病疫之防遏,酒精滥饮之禁止""设立医院,施送药品"等,皆定于宪法中。

(八)有以民法之一部定于宪法者

例如《新德国宪法》第百二十一条,"私生子之发育亦与以嫡子同等之保护";《巨哥宪法》第百二十六条,婚姻家族及产妇受法律特别保护;英国《大宪章》第七条规定"寡妇于夫死后,得领其所有遗产并得随宜再嫁",第八条规定"寡妇于夫死后,不愿再嫁者不得强令结婚",第九条规定"负债者之动产,苟足偿其债项,则……不没收其土地及地租金"等,皆是也。

(九)有以地方自治制度定于宪法者

例如《智利宪法》第百十三条至百十七条规定自治局之编制,第百十九条至百二十二条规定各种自治之职务;《古巴宪法》第一百三条至百十三条规定自治议会之职务及其权力,是也。

(十)有以国籍法定于宪法者

例如《巴西宪法》第六十九条,规定巴西公民之资格,如居留服务及其住居权;《哄都拉斯(Honduras)①宪法》第六条至第八条,分土著之

---

① 今译为洪都拉斯,下同。

哄都拉斯人及入籍之哄都拉斯人为两种;《秘鲁宪法》第三十三条至三十六条分为生来之秘鲁人及归化之秘鲁人,是也。

以上皆各国宪法中之特别规定者,其他大抵互有详略之处,不可胜数。盖他国或止为概括之规定,而此国独详订者;他国或属诸单行法或委之于普通法律,而此国独明定于宪法者。即如英国宪法有裁判细则,他国皆另载于司法规则者也;瑞士及巴西宪法有租税征收规则,他国则别定于行政法规者也;英国宪法有皇位确定法,日本则《皇室典范》另定之也。又从来联邦国之领土,多列举于宪法中,而单一国大率有全不规定者(即如中国宪法草案①第二条"中华民国国土依其固有之疆域"亦止为概括之规定)。此外彼详此略之处颇多,但其中亦必有共通之法则焉。即无论何国,未有不详定者是也。依此原则上可分为二种:

(甲)因国权之组织。如统治各机关(立法、司法、行政)之权限,不可不详定之。

(乙)人民之权义。宪法本为保障人民之权义而设,故无论何国,未有不采列举主义者。我国《天坛宪法草案》计十一章百十三条,分为国体、国土、国民、国会、国会委员会、大总统、国务院、法院、法律、会计等;其于国权之组织,则详定国会、大总统、国务院、法院诸章;于人民之权义,则悉纳于国民章中,共为十三条,列举国民之各种权利及所负之义务,至为详尽。

要之,所谓良宪法者,自其形式言之,其最不可缺之要件有三。其一曰明晰。宪法为国家根本大法,当垂久远,则其条文与字句,必力求其意义之明确,庶不至发生疑难而有待于解释。其二曰赅括。凡一国

---

① 指中华民国第一届国会于1913年10月31日制订完成的《中华民国宪法草案》,因起草地点位于北京天坛祈年殿,故又名《天坛宪法草案》。该案后因袁世凯的称帝企图而未能成为正式宪法。

之政体以及国家一切机关之职权与其行使职权之程序为全部宪法之范围,故宜包涵万有,以同条共贯为依归。其三曰简要。宪法之制定,既具备以上三种要件,至其涉及普通法律范围者,自不应阑入于宪法,以期适当。三者皆为制宪之要素,而犹必殚精竭虑,详察博稽,斟酌至善,一一合于国情国势,庶几宪法上之形式与精神,臻于美善矣。

第三章　立法部之构造及组织

第一节　议会制度

议会制度有一院制与两院制之二种。两院制者,谓国家于会议之机关分为二级之制度也。近世凡立宪国,无论为君主国、为共和国,无不以两院制为共通之原则(除俄罗斯全国苏维埃大会为阶级选举外),其采一院制,仅以下之诸国:

(一)希腊,希腊议会以代议会一院而立成,用普通选举(以人口多寡为比例),任期四年。

(二)波斯,亦采一院制,任期二年,直接选举。

(三)卢森堡,卢森堡之代议院亦用直接选举,任期六年,每三年改选二分之一。

(四)瑞士联邦中之各州,瑞士各州之议会皆采用一院制,就中一二小州别有国民总会。

（五）森马利诺（S. Marino）国①，国会议会用直接选举，任期九年，每三年改选三分之一。

（六）中美洲之小共和国：

（甲）哥斯德黎加（Costa Rica）②国，采一院制，用制限选举，任期四年，每二年改选半数。

（乙）危地马拉（Yualemala）③，亦系一院制，用普通选举，任期与改选与哥斯德黎加同。

（丙）桑萨尔瓦多（S. Salvador）④，代议会每年改选但得复选连任，凡享有公权，皆得当选。

（丁）巴拿马（Panamá），国会每万人选出议员一名，享有公权，皆得当选，任期四年。

（戊）哄都拉斯（Honduras），国会之选举及任期，与巴拿马同。

（己）尼加拉瓜（Nicaragua），凡享有公权不受宗教职者，皆得当选，任期六年，每二年改选三分之二。

（七）巨哥斯拉夫，此国一名塞尔比克罗脱斯拉夫国（Serbs, Croats and Slovenes）⑤，国会用直接选举，任期四年，盖大战后新兴之国采用一院制者也。

此外尚有形式上为二院制，实际上为一院制者，则大战后如捷克、如德意志、如奥地利、如普鲁士之宪法规定是也，兹分别说明于下：

（一）捷克斯洛佛克。国会以代议院及元老院二院组织之。代议

---

① 今译为圣马力诺共和国。
② 今译为哥斯达黎加。
③ 英语为 Guatemala。
④ 今译为萨尔瓦多。
⑤ 即"塞尔维亚-克罗地亚-斯洛文尼亚王国"，南斯拉夫王国于 1918 年建立初期的曾用名，至 1929 年正式更名。

院依普通直接选举法,并依比例代表制选举之,不问男女,皆有代议员选举权及被选举权。至元老院对于代议院之议案,虽有否决之权,但代议院仍以总数之过半数维持最初之议决者,仍成为法律。而元老院所提成之议案,如经代议院否决,元老院仍以议员总数之过半数维持其议决者,则当更移送代议院,代议员复以议员总数过半否决之者,则元老院之议决不能成为法律。是此种规定,元老院虽有议决及否决权,但最后之决定,仍操于代议院,故虽名为两院,而实则亦为一院制也。

（二）德意志。德之联邦议会即为其国会,本采一院制,但于国会之外,别置联邦参议院,为代表德国各邦之立法行政而设,盖联邦国家大都采两院制者也。但联邦参议院表决政府不同意之法案时,政府当添附己意,提出该法案于联邦议会。联邦参议院虽对于联邦议会议决之法律有抗辩权,然议会仍以三分之二以上之多数表决之者,则大总统在三个月内必当公布该法案或付与国民投票,是议会对于参议院仍有最终之表决权也。

（三）奥地利。奥于大战后亦成为联邦国,故其立法权由国民议会及联邦议会共同行之。凡在国民议会所行之法律决议,当通知联邦议会,如联邦议会提出抗议,而国民议会有议员二分之一出席,而议决维持最初之决议者,其决议应公证之及公布之。至关于国民议会之议事细则(联邦之预算、决算及公债之募集、财产之处分等),如经国民议会议决,则联邦议会不得提出抗议。国民议会之此等法律之决议,即行公证之及公布之。是联邦议会仅有抗议权而无议决权,且其抗议权亦有限制。故形式上属两院制,若以权限论之,则仍似一院制也。

（四）普鲁士。普鲁士于大战后成为自由联邦。故亦仿德国之两院制,其邦议会以普鲁士国民公选之议员组织之,而参议院则以各州之代表组织之。邦议会得议决法律及承认岁出入之预算,规定邦之行政,并监督其执行之各种权利。而参议会对于法案仅有陈述意见之权,虽可提出法案于邦议会,然必托内阁为之。即有时于邦议会议决之法律提出抗议,仍须付与邦议会再议,苟邦议会以三分之二之多数再为同一决议者,则前之决议有效。即使邦议会再议决时,仅有过半数同意者,议决失其效力,但邦议会得付与国民表决,国民表决可决时,仍属有效。是参议院既无直接提出法案之权,且抗议后亦并无可决否决权,则普之立法虽为两院制,固无异于一院制也(唯邦议会欲议决支出金额超过内阁所提出或其所同意者,当得参议院同意,参议不同意时,邦议会之议决不生效力)。

考两院制度之起源,肇于英国当十二世纪中叶,王权衰落,乃集贵族、僧侣以备顾问。自《大宪章》公布后,国会始大增势力,有定期召集之制,是为现今贵族院之权舆。至十三世纪各州人民因承诺租税,要求参列,于是贵族派允由各州选出市民会议于伦敦,是为平民参与会议之始。其后递推递衍于会议形式上遂分为二,以贵族、僧侣为一院,以各州及市民代表为一院,遂成为上、下二院分立之势。是英国之两院制,为历史上发生之事实,而各国受英国制度之影响,因采用之,而成为一般原则,非果有绝对之理由也。近世学者对于两院制之利弊,各持异说,试先述两院制之利:

(甲)有谓两院制足以保持国民势力之平均者。盖代议制度当于国民中之各种势力有相当之支配,若仅取一院制,则上级社会虽居高位,下级社会亦占多数,故欲保社会势力之平均,于实际上俾得相当之代表以为组织。

(乙)有谓两院制可以防多数专制之弊害者。主是说者谓近世立宪国必取多数表决之制,然其弊不免以多数之意思拘束少数之意思,是非合意而近于强制矣。而两院制则其议决苟非一致,不能成为通过,所谓以多数制少数之主义,全不得行之。

(丙)有谓两院制足以防议会权力之过重者。国家之设国会,原所以免行政部之专制也。设取一院制,其弊不免为党派所控制,苟其政治道德不备具,是国会亦易流为专制。有两院以互相监督之,其弊自不致发生。

(丁)有谓两院制能调和政府与议会之冲突者。议会与政府常立于竞争之地位,而下议院为平民代表,则其主张往往与政府相反,而有上议院与政府接近者相为调和,则政治上之冲突庶几减少。

(戊)有谓两院制足以慎重审议国务者。近世国会议员于政治知识与经验不能必其完备。若以一院为议事机关,或出于粗率,或流于武断。有两院以互相讨论,则审慎周审,庶迭经研究而真理始明。

以上皆言两院制之利者,惟近今学者之理论,颇多倾向于一院制者,因而推论两院制之弊:

(甲)两院制有不能铲除社会阶级之弊。议会为全体国民谋利益,故社会阶级之观念不能容于其间。各国两院制之组织,其资格与程序各异,是阶级之观念显而易明,而与议会之性质固绝对不相容也。

(乙)两院制有议决迟延之弊。议会议事固有一定之程序,即一院制之国家,尚有因审议之期间,动多濡滞者,若加以党派之争论,意见纷歧,更难保其不议决迟缓而贻误事机。

(丙)两院制有不能萃聚人才以谋国务之弊。议员之人才凭于选举,且选举中未必尽皆适当,若两院制则人才往往分布于两者之间而不能相谋。若令其聚于一处,庶可相互以谋国家之利益,方得圆满之效果也。

(丁)两院制有不能达监督政府之弊。国会本为监督政府而设,若以一院制不免过于偏激,而以两院维持之,是政府与议会不能相见以诚矣,卒致激烈者仍趋于激烈,而阿附者不免曲为周旋,而于监督政府之目的不大相径庭乎?

现今世界各国于一院制之趋向,在大战前已渐露端倪,至战后而益显著。其主张之理由约有数端:(一)自昔采两院制者,因阶级之不平等,战后共和国之趋势于从前阶级制度行将消灭,故无采两院制之必要;(二)所以设两院制者,因防下院之专横也,但现代各国之上院几同虚设,何必多此机关,致生縻费;(三)战后世界各国有名设两院,而实际则为一院者,盖多数由于采公民票决之制,次则由于社会党人主张政权集中之制也。

第二节　选举与被选举之各种制度

选举权之性质,有主张普通选举者,有主张制限选举者。英国最始之选举,本以制限为特质,自法国七月革命后,始有倡普通选举制度者,至近世成为一般之趋向矣。兹分别说明于下:

(一) 普通选举

普通选举制,即选举人不受资格财产之制限,一般国民皆与以选举权之谓也。其理由约有数点:1. 人民之参政权非豪富者所能独占,庶社会得以平等;2. 人民除依法律负担租税外,尚有负担兵役之义务,若仅以纳税之有无、多寡而定其资格,于理论实为不合;3. 有产阶级未必尽贤,无产阶级未必尽不肖,若以资产之有无、多寡为标准而论其知识与道德,亦未适当。故主张普通选举者,至十九世纪而大为发达。初行此制者为法兰西,其后合众国各州之大部分,以及德意志、瑞士、西班牙、比利时、挪威、希腊等国,皆采用之。近今大战后,如奥地利、波兰、捷克斯拉夫、巨哥斯拉夫等国,其选举皆依普通平等之制度。而苏俄之选举,不论属何种宗教、民族、生国,凡劳动者及陆海军兵士,皆有选举权,此则较普通选举而更为进步也。

然所谓普通选举者,一般立宪国固非绝对无限制者,大率分为积极制限与消极制限。

(甲)积极制限。即以法律规定若干条件,凡在此等条件之内者,其人皆有选举权。

(1)于选举区有一定之住所者。此种制度为多数国选举法之原则。美国内之一二小州,凡外国人在本州有住所者,许其有选举权。南美之秘鲁,则规定生来之秘鲁人及归化之秘鲁人,俱享有公权。唯英则入籍人民悉无选举权,即或有之,非得议会议决不可。近今普鲁士、波兰、捷克、巨哥等国,则皆以定有住所为限(《巨哥斯拉夫宪法》第七十条规定生为王国人民或入籍人民年满二十一岁者有选举权,我国之《选举法》则规定曾在该区选举区住居二年以上者)。

(2)选举人必属于男子者。通常各国宪法中,选举人皆为男子(中国《选举法》亦然)。但英、美、法等国大都承认女子有选举权,唯尚未规定于宪法中耳(英国昔以男子为选举人,盖为习惯法所限制)。大战而后,各国宪法如德意志、普鲁士、捷克、波兰、巨哥、奥地利及俄罗斯等国,关于选举之权利,无论男女皆享有之。

(3)选举人之年龄规定成年以上。此种成年之制限,约分二种:(一)以民法上之成年为制限者,英、美、法等国属之;(二)别定其成年之制限,丹麦、日本等国属之(例如日本《民法》二十岁为成年,《选举法》则定年二十五岁)。各国之选举年龄颇不一致,如俄罗斯、巴拉圭为十八岁;瑞士联邦议会之选举为二十岁;德意志、普鲁士、奥地利亦皆为二十岁;英、法、美、意及巨哥为二十一岁;波兰、比利时、西班牙、挪威、荷兰为二十五岁;捷克为二十六岁;丹麦为三十岁。要之,选举年龄不宜与民法成年同视,盖民法成年,为处理自己事务之能力,选举年龄为参与国家事务之能力故也(中国选举年龄则为二十一岁,盖与英、美、法诸国相同也)。

(乙)消极制限。盖以法律规定若干条件,凡不在此等条件之内者,其人皆有选举权。

(1)未剥夺公权者。选举为公权之一,如有精神病者、禁治产者及被刑罚之宣告者(剥夺公权或停止公权),选举权亦随之而丧失,此为多数国所同。

(2)未受破产之宣告者。英国以凡受济贫费者不得为选举人。法、德则以破产人以及须人保护(即禁治产)者,均不得为选举之登记。唯法国于受公费之救济者,选举上不加限制,至有受破产之宣告者无选举权。其他普通选举之国,亦皆有此规定。

(3)非服特种之职务者。例如海陆军人,各国皆停止其选举权。盖现役军人,皆以服从上官为天职,故选举权不得不停止之,唯俄罗斯则与普通人民一例。至于行政官吏,当然不能同时为立法机关人员,然仅停止其被选举权,而于选举权并无限制也。

普通选举,近世各国几成为一般原则。故主张此制者,皆以为有利无弊。然反对之者,亦颇有持异说:(1)普选制常使多数无识阶级压制少数有识阶级。盖国中优秀分子究居少数,而社会之无识者每居多数,故普通选举不免以多数者驾于少数之上,其议员之程度必不能高于制限选举也。(2)使国家权力偏重于下级社会,例如美国原为平民政治之国家,力主自由平等。然观其政策,如拒绝华工、排斥日本学童,皆反于人道主义,而为国际上不平等之举动,则以下级社会势力之膨胀,其政策遂为所操纵,皆则普通选举之弊也。

(二) 制限选举

其制限方法约分二种。

(甲) 通常制限。即以法定资格之一部分为选举人，一般之国民不尽有选举权也。其制限大率分为二种。

(1) 财产之制限。此种制限，自昔以英国最为复杂：(一) 不动产；(二) 业主；(三) 住居。今则自一八八八年条例公布后，《选举法》已逐渐改良，凡能独立生活构成一户者，即有选举权，已近于普选制度矣。其他如日本、法兰西、比利时、挪威亦多仿行英制，有以所有财产为标准者、有以岁入所得为标准者、有以所纳国税为标准者。日本以财产调查之困难，专以纳税额为规定 (我国《选举法》以每年纳直接税二元以上或有不动财产价值五百元以上者定选举之资格)。

(2) 教育之制限。以教育资格定选举之资格，所以限制不受教育者之选举权也。盖国家政务不应使不知文字者参预，故各国立法，其制颇为纷歧。有须中学、专门或大学校毕业者 (英国以伦敦大学、剑桥大学、牛津大学等校，得选出代议士一名或二名，然此为特典，并非以此为制限)，此外有须略知宪法大义者、有须解文字而受普通教育者。降而求之，有须能读三行宪法及能写自己姓名者、有须能写被选举人姓名者 (中国《选举法》以曾在高等小学毕业或有同等之教育者有选举资格)。此种制限，虽各有不同，其以教育为资格则一也。

要之，制限选举与普通选举较，虽亦有优长之点，然以财产为资格，则一国之权利势必为有产阶级所独占，而使国民之大部分立于选举权之外，为社会所不平，而易生激烈之变乱。即以纳税额为标准，亦致不平均之弊。例如定纳税十元以上者为有选举权，则不足十元之税额者选举权不皆被剥夺乎？故近时各国趋势，已渐次变为普通选举。即英与日本，亦有改良之倾向矣。

(乙)等级制限选举。此制以全国人民虽享有同等选举权,而特别规定选举人中之一部分,比其他之选举人,其选举权较为广大也,细别之又有二种。

(1)分级投票选举,又分为二:

(A)依职业之等级选举。此制等于中世纪之等级会议。法国及德国之古代,其得与选举,不外贵族、僧侣、市府之三阶级。至一八四八年以后已渐废弃。奥地利自一八六〇年再采此制,选举人分为大地主、市府及郡部各团体之三级。自一九二〇年改为共和,亦废而不用矣。处今日而欲恢复古代阶级组织之国会制度,事实上所不可能。然今世学者多主张选举权当设阶级而为之区别者,唯主张与旧时之阶级不同,乃依近世职业之团体而分其种类,例如农业、工业、商业以及医业、律师业等,准此以定选举人之阶级,即所谓"职业代表制"也。此制之优点在使国民优秀分子得以当选。若行普通选举制,则国中优秀不免为多数党所湮没。故近世多主张职业代表制之优点,英、德及西班牙诸国多采用之。然论者谓其流弊,亦有两种:(一)此制足以引起或增加各项职业团体之互相争竞。盖昔日为地方团体之争竞,一转移而为职业团体之争竞。各种职业团体,性质既各不同,利害冲突难免不较地方团体为更烈。(二)此制虽以职业团体处理经济立法事宜,然使设立两种议会,一掌政治,一掌经济,其权限多不易绝对的分明,如是冲突之机会,即常易发生。此威拉斯(Wallas)[①]氏所云不能以职业团体代替国家政治机关也。

近世学者,尚有主张职业阶级之外加入地方团体以为选举人之组织者。法国学者即主张是说者也。以由各职业阶级选出之代表者为下

[①] 指英国政治学者格雷厄姆·沃拉斯(Graham Wallas, 1858—1932)。

院议员,由地方团体所选出之代表者为上院议员。依此而成国会之组织,其性质可分为三:

(Ⅰ)经济阶级。此盖以实质上之利益为生活者,例如工团、农团、商会、地主及劳动者属之。

(Ⅱ)非经济阶级。此盖以精神上之利益为生活者,例如学校、教会、教师、律师、医士等属之。

(Ⅲ)地方团体。此盖以地域之共同居住之关系而组成之一阶级者。

依以上三种特别之阶级,各而构成全国民之代表。大战后,"基尔特社会主义"者,即主张改地方代表制度而代以职业代表制度。社会政策论者亦主张于地方代表制度以外,兼采用职业代表制度。然近世各国之议会尚未实行此制,而仍用地方代表制为多,即如德意志之新宪法,其两院制盖以联邦参议院及联邦议会而成。此外不过于地方劳动者及联邦劳动者会议,得与企业家及其他有关系阶级之代表相合,组织地方经济会议及联邦经济会议,凡一切重要职业团体,皆得选其经济上、社会上地位相当之代表于地方经济会议及联邦经济会议(《德国宪法》第一六五条第二项)。又凡法律案之关于社会政策、经济政策而规定其基本原则者,政府当未提出议会之前,当咨问联邦经济会议之意见,联邦经济会议对于此种法案,亦有自行提议之权利,政府即不同意,亦当附添已见提出议会。联邦经济会议得派遣其议员一人于议会以代表其提案(同条第三项)。是由劳动团体及一切重要之职业团体、组织而成经济会议,形式上与议会成鼎足之势。但经济会议自身并无立法权,仅得派遣代表于议会及提出议案,殆立于顾问及监督之地位而已,固非与议会有同等之权利也(《波兰宪法》规定经济生活之最高会议亦同)。

(B)依纳税额之等级选举。当一八五〇年普鲁士曾采用此法,当时普鲁士政府因依普通选举之方法组织国会,则宪法有不能通过之势,且本于权利与义务相比例之原则而发生者也。惟自一九二〇年新宪法公布后,其制遂废。日本之选举,亦与普制相同。唯普国旧时之选举为间接选举。日本则用直接选举。

(2)复数投票选举。即普通人民一人止投一票,而法定某种之人得投二票或三票也。英国、瑞典等地方自治团体之选举,夙已行之,以国会之选举而亦采用之者,唯比利时。兹举其制如下:

(A)一般投票权。比利时之男子年满二十五岁,一年以上住居于选举区域内者,均有一票之投票权。

(B)复数投票权。有二种:

(子)下列资格,一般投票外,得加一票。

(一)年满三十岁以上,已有室家,并年纳五佛郎以上之直接税者。

(二)年满二十五岁以上,有价值二千佛郎以上之不动产所有权或公债券,又或有存款于政府之贮金局每年有百佛郎以上之利息者。

(丑)下列资格得加二票。

(一)在中学以上之学校,得有毕业证书或全科修业之证明书者。

(二)从事于公务或特种职业,可认其为有前款之学术者,其公私业务之种类,以法律定之。增加之投票权,不得至三票。

复数投票制度,欧洲英、德诸学者咸认为世界最良之选举法。其理由因复数投票一方面可依普通选举使国民中不论何人皆得参与选举;而他方面财产较多及曾受高等教育者又得有所区别。然试征实际,则知识与经济较优之阶级在全国民之中,既不免居少数,纵与以二票或三票之选举权,于选举之结果亦未必有绝大之影响,惟比国之复数投票,其所需之条件尚不甚难,所谓中流社会皆可取得此投票权,故于均一普通选举,初无显著之差异也。反对复数投票制度者,以为有复数投票权者非因其财产众、纳税多而与之,即因其教育程度而与之,但以财产资格而增其投票,固不合于普选之原则,若因其教育程度高尚而增加其票数,是不啻灭削无识者之选举权矣。

以上备述各国选举制度之概略。然尚有当注意者,则普通选举之制限,即制限选举亦适用之。盖积极制限与消极制限之规定,各国虽稍有差异,其大多数则相同也。

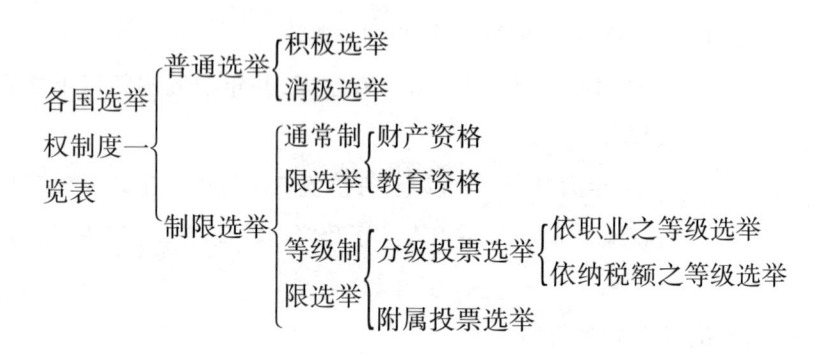

各国选举权制度一览表 ─┬─ 普通选举 ─┬─ 积极选举
　　　　　　　　　　　│　　　　　　└─ 消极选举
　　　　　　　　　　　└─ 制限选举 ─┬─ 通常制限选举 ─┬─ 财产资格
　　　　　　　　　　　　　　　　　　│　　　　　　　　└─ 教育资格
　　　　　　　　　　　　　　　　　　└─ 等级制限选举 ─┬─ 分级投票选举 ─┬─ 依职业之等级选举
　　　　　　　　　　　　　　　　　　　　　　　　　　　│　　　　　　　　└─ 依纳税额之等级选举
　　　　　　　　　　　　　　　　　　　　　　　　　　　└─ 附属投票选举

选举权之制度,已略述于上。而被选举权之资格,所谓依法当选者,各国立法之制与选举权之比较,计有三种:

(一) 被选举权较选举权为严

各国选举或不限于财产之资格,而被选举者,欧洲旧时各国则皆以财产为必要之条件。例如英国古代之国法,法国于一七八九年之《选举法》(一七九〇年之宪法亦同),西班牙、德意志之旧宪法及一八四八年以前欧洲各国多数之国法,皆视此为原则。其最先反对此制,为比利时,其次为卢森堡,迨一八四八年以后,欧洲各国大率相继废除此制。故被选举权财产之制限,始不复存在矣。

故以财产资格而为被选举之标准者,不免有下列诸弊:

（1）使一国之人才未合此资格者,不能当选。

（2）选举人之意思受制限,反于国家采取舆论之宗旨。

（二）选举权与被选举权有同一之规定者

盖谓有选举权者即同时有被选举权也。近世各国多用此例。例如选举用普通制者,被选举亦用普通制;选举用制限制者,被选举亦用制限制是也。

（三）被选举权比较宽于选举权者

采此制者,为日本、瑞典及卢森堡等国,其选举权须受财产制限,而被选举权则不以财产为要件。其理由以被选举者必为众望之所倾向,宽其制限,庶国家易收得人之效。

以上三主义,以第二主义为各国之通例。此外被选举资格除财产外,尚有数种之限制。

（甲）年龄制限。被选举人之年龄必较选举人为高,此原则也,但各国亦有不同者。

（1）被选举人年龄少于选举人年龄者。例如丹麦之选举人以满三十岁为合格,而被选举人则以二十五岁即为当选。

（2）被选举人与选举人之年龄相等者。此制英国、瑞士及苏俄等国行之,英、瑞二国之选举权与被选举权均以年满二十一岁为标准,苏俄则以年满十八岁以上皆有苏维埃之选举权及被选举权。

（3）被选举人年龄高于选举人年龄者。此制法、德、普、奥及捷克、巨哥等国行之,此外中国与日本亦皆仿行此制者也。法、德二国之选举年龄,一为二十岁,一为二十一岁,而被选举年龄,则皆为三十五岁。

普、奥二国选举人年龄与法相同，而被选举人，普则为二十五岁，奥则二十四岁。捷、巨二国之选举年龄与德相同，而被选举人则皆为三十岁。中国选举年龄与法、德相上下，而被选举人则为二十五岁，与普相同。日本选举年龄为二十五岁，被选举人则为三十岁。

以上年龄制限，以第三种为各国之通则。故比较上大抵以三十岁上下为标准，盖取其年龄较高，富于经验故也。

（乙）国籍制限。外国人民入本国国籍而取得被选举权者。各国立法，有下列二种：

（1）经法定年限后即有被选举资格。例如合众国以七年间为合众国国民得为代议院议员；巨哥斯拉夫以入籍人民非出生于邦土者，至少须入籍日算起住居王国经过十年者，得被选为国会议员。

（2）经法定年限后再经国家许可始有被选举资格者。例如英国以外国人依习惯法与法律不得为代议士，入籍者亦非得特别法律之许可，则不得为代议士；日本凡归化人取得国籍时，经一定年限受敕裁而免其制限外，不得有被选举资格。

（丙）住所制限。此制所由选举区选出之被选人，以其选举区内有住所者为限。例如普鲁士于州会选举，一年间在该州有住所者得为被选人；挪威人民住居于王国十年且为选出之选举区之合格投票人者，得被选为国会议员；美国选举，非为其选出州之住民者不得为代议院议员，惟近自一八四八年以后，已全废止。

（丁）地位制限。以地位制限者，各国不一其例，大率以官吏、军人、审判官、僧侣及小学教师、学生等，皆不能与于被选之列，即当选亦为无效也，兹分述如下：

（1）官吏被选限制。英国官吏据习惯与法律率不得为议员，而选举局员亦不得由其管区被选，亦习惯也。据法律，议员资格限制甚繁，嗣后下院权力日盛，恐国王以官吏为议员侵议院权，渐设限制，故官吏中有全不得为议员者，或议员而任某官则失其议员资格，然其任官之后仍可选为议员也。法国则审判官、检察官、水利道路建筑技师、各学区学务官、财务官、山林事务官在其管理区域内与殖民地，虽已辞职，六月之内亦不得为被选人（如国务员、全权大使、公使、警察总监等不加禁止）。其他法国旧君主之遗族，则亦在禁止被选之列。巨哥斯拉夫以从事政治、财政、森林与农业等官，苟未于选举举行一年前辞去其职务者，不得为议员候补人。

（2）军人被选限制。法国则现役陆海军人，均无被选举权。巨哥斯拉夫则现役军官虽不在职不得行使选举及被选举，服役中之下士及兵卒亦然。但现今波兰，则被选举权于现役军人不除外。而苏俄之陆海军兵卒，皆享有选举权及被选举权也。

（3）僧侣被选限制。例如德国一八四八年以前禁止犹太人当选。英国则各派僧侣不得为议员，但脱离僧籍则可，今则以信教自由之结果，全行废止。苏俄则一切宗教之僧侣及传教之人，不得有被选举权。

英国旧时之禁止僧侣为议员，但以罗马教徒（旧教）为限，而波罗特士顿教徒（新教）则并不在禁止之列。法国则于各新教区之首席牧师、各犹太教区之中央主教、巴黎之犹太教主教，则皆可被选为代议士也。我国僧道及其他宗教师皆不得被选举，但蒙、藏、青海之被选人则不在此限，所以示变通也。

（4）小学校教师及学生之限制。法以小学校校长不得被选。日本则小学教师及学生，皆禁止其当选。我国之众议院选举，凡初级小学之教师、中小学及专门以上学校之学生皆不得被选。

（戊）职务制限。此种制度，学者谓之兼职之禁止。例如为上院议员者，同时不得为下院议员也。欧美各国皆设此制度，故当选之后，当令其择一而从也。此制限有二种：

（1）不得同时为两院议员。盖设两院制之国家，在使上下两院各有特殊之职权与地位而为独立之任务。故两院若使同一议员为组织，殊违设立两院之本意矣。是以无论何国，皆在所必禁（我国《天坛宪草》第二十五条亦有此规定）。

（2）地方议会议员不得同时为国会议员。地方议会所以代表地方之利害，国会则代表全国之利害，若许其兼职，则两方有利害冲突之处，将混合而不能分明矣。

以上列举各种选举制与被选举制，已述于前，兹更将各种选举方法分述于下：

（一）直接选举、间接选举

此二种之区别，盖一则各选举人直接选举，一则由国民先举代表人，使之选举议员也。

间接选举之法凡有三：

（1）为美国昔日选举元老院议员之法。由各州立法部选举，而各州之议员实由人民选举也（中国选举参议院议员由省议会选举，即用此法）。

（2）为法国选举上议院议员之法。先由各种市邑会选举代表若干人而组成一选举会，而上议员则由选举会举出者也（中国参议员之选出，除由省议会选举外，其他由蒙、藏、青海、华侨等选议会及中央学会选出之）。

（3）为德国当大战前有一部分之联邦选举下议员之法。由国民选出第二级选举人，复由第二级选举人选出议员也。

依第三种选举方法，其一般有选举权之选举曰"初选举"。其当选人曰"初选当选人"。初选当选人之选举议员则曰"复选举"（中国众议员之选举即用此法）。

自形式上观之，间接选举以少数选举机关选举议员，易得适当之人才，似较胜于直接选举。但其弊亦有数端：（A）办理之手续复杂；（B）费用较繁，于国于民俱有不利；（C）使选举人视投票为不足轻重（因其所选出者尚非议员），遂发生抛弃选举权之结果也。

自大战后，各国新宪法大率由间接选举改从直接选举之趋势。如《德国新宪法》第十七条规定："议会用普通、平等、直接、秘密之选举，并从比例代表原则，由一切德意志人民之男女，选出之议员组织之。"《普鲁士自由联邦宪法》第四条第二项规定："投票权用普通、平等、秘密直接行之。"《波兰共和国宪法》第十一条规定："议会……以普通、秘密、直接、平等之选举，并依比例代表之主义所选出之议员组织之。"《巨哥宪法》第八条规定："代议院以依普通、平等、直接、秘密之选举。"《奥地利宪法》第二十六条亦有同样之规定。其他欧洲多数之国及亚洲之日本，则亦采用直接选举者也。在今日尚行间接选举者，挪威、丹麦诸国而已。

（二）公开选举、秘密选举

公开选举者，盖以选举人之姓名书明于票上，谓之记名投票法。秘密选举者，选举人不自书姓名于票上，谓之无记名投票法。然被选举人之姓名，不能不自书于票上，则究有笔迹可寻，终不能完全秘密。近今实行此主义，大抵先以预定之候选人名氏印刷于票纸上，以备投票人之选举投之。

但此种方法必行于政党发达之国，各政党于选举之前先开预选会，推定若干人以为应选，故投票时人数并不众多，若将全数候选者皆印刷于投票纸上，将不胜其繁冗矣。

公开选举与秘密选举，其利害之各点夙为欧美学者讨论之问题，其主张之理由各别，兹分列说明之：

（甲）主张公开选举者之理由：

（1）选举为国家之公职，当然公举其可信者，不宜掩避他人之耳目，而以秘密出之；

（2）选举人自署名于票纸，以表明其负责；

（3）选举而得秘密，则贿赂运动必盛，殊背公益之性质。

（乙）主张秘密选举者之理由：

（1）秘密选举，则选举人可自由投票，毫无牵制避嫌之患；

（2）用公开选举者，往往因碍于私交或其他事故，有抛弃其选举权者，若以秘密行之，则可无此弊。

近代之选举，采用秘密主义为多。英国昔用公开方法，卒因弊端百出，而改为秘密。自是法、美、意、西、比、荷、葡以及瑞士、瑞典、挪威、日本等国，几无不仿行之。而新兴之共和国如德、奥、波兰、捷克等国，亦皆有同一之倾向者也（中国之参众两院选举法，其票皆适用无记名单记法）。

以上所述选举之方法，兹更述选举区及议员分配于下：

选举应以全国为一区，若分区选举，在法理上似多不合。然各国为实行选举便宜起见，大率分全国为若干选举区域。在地域狭小之邦，如瑞士联邦中之一二小国，并无所谓选举区之制。然地域广大之国，则无不定选举区者。

选举区之大别，约有二种：

（一）大选举区制

例如一选举区中，可选出二名以上之议员，谓之大选举区。其投票之方法各有不同，分述于下：

（甲）连记投票法。所谓连记投票法者，选举人将其一区内应选举之人数，而记于一票也（例如有议员额五名之区，一票全书五名）。但其法不免有多数党专制之弊，设区中某党有五千人，每票皆书同一姓名,则五人各得五千票,而区内之少数政党全不能当选矣。此法唯瑞士、瑞典、挪威、卢森堡等国行之。

连记投票法既有以上诸弊,各国乃用补救之策,其法有减记与重记之二种。

(乙)减记投票法。减记投票法者,谓选举人于该区应选举议员之数中减少一名或数名,以投票也(如五名议员之区,一票止许书二名)。此法虽可使少数政党得以当选,然假使甲党一千人,乙党九百人,甲党候选者五人,合二千票以五分之,每人应得四百票,乙党只有候选者四人,合一千八百票,以四分之,每人可得四百五十票,是乙党得当选者占至四名之多,而甲党当选者仅止一名而已,是不免少数压制多数之弊也。此法创于瑞士之学者,英国、意大利曾试行之,今则西班牙、巴西、美国及瑞士之一二联邦中尚行此制。

(丙)重记投票法。此法以选举人按区应选议员之数而投票,其票中固可择选数人,亦可连选一人者,谓之重记投票法。采此制者,虽可使少数政党得以当选,然亦有不能应政党势力之弊。其法创自英国学者,唯美国及瑞士联邦中之一部分行之。

以上所述减记及重记二法,所以防多数党垄断选举,为议院专权之流弊也。盖虽政党发达之国,断未有以一党代表全国民者,即所谓多数政党亦只占全国民十分之二三而已。是虽多数以全国民比例之,仍属少数也。然则国民之大部分永屏诸于代议之外,是显背民治精神矣。减记及重记之投票法,即为防此弊而设之制度也。然以上专指大选举区之投票法,其以全国为选举区者,所谓广义之大选举区也,其投票亦分二种:

(甲)单记商数投票法。此种投票法,乃以全体之数除全国选举人之总数,以其所得之商数为举出议员一人得票之数(例如某选举区内应出议员三名,选举数之总数九万,则其商数等于三万,故凡得此三万之票数者,即为当选)。行此法者,其选举人限投一票,票中限举一人,惟因当选票额有一定之数,故实际上往往超过此数或不及此数,于是设有补救之法。

(1) 让与法。当选者之票数如超过定额时,则以超过之数让与不及定额者。

(2) 副记法。选举人当投票之际,于所举正式候选者之外,并副记候选者数名,若正候选者之得票超过定数,即以超过之部分加入副记者得票中计算。

(乙)比例分配投票法。此法又曰"名簿投票法",使选举人投票于候选者之名簿,各党派有一定之数以上之同意得提出名簿,而选举人即依此名簿投票。例如全选举人之数为六千,而议员之定额六名,甲派名簿得票三千,乙派名簿得票二千,丙派名簿得票一千,以一千除各党之票数,是甲党得三名,乙党得二名,丙党得一名。虽各党之票数未必有如此之整齐,然可依此类推,是谓比例选举制,俾各政党为平均之发展。昔唯比利时、瑞士行之,今则英、意、法三国之新选举法,德、普、奥三国之新宪法,皆依比例代表之原则以为选举。然其弊亦有二:

(1) 有使政党以外之人不能当选之弊;

(2) 有方法过于复杂,国民不易了解之弊。

(二) 小选区制①

合以上所述之各种投票法,其制颇为复杂。此外尚有单记投票法为小选举区适用之法,然大选举区亦有采用之。兹分述之:

(甲)大选举区用单记投票法。单记投票法者,谓以一票限于举一

---

① 原文无此标题,为编者所加。

人也。欧洲唯小选举区用单记投票法，独中国与日本则以大选举区而用此法（日本初采小选举区制，后改用大选举区制，唯投票法不改）。日本美浓部博士①颇非议其国立法之不善，其大致谓："大选举区可选举者当十余人，设一人只能投一票，则选举人之意思，以此一票，往往有不能确定应投何人，此其弊一。且因有最负时誉之人，投票人争先选举之，于是超过当选之票额，而多数之票归于无用，而其余所得之票以致全不足定额，此其弊二。故不若用连记、减记、重记诸法，则尚无此弊云。"

（乙）小选举区用单记投票法。凡一选举区内仅以选出一人为限者，即为小选举区制。此制之所长在使区域较小，则调查便利，且选举人亦易于周知适当之人才。然其弊往往竞争剧烈，酿成冲突，其结果反致难得优秀者以为当选，此小选举区制之弊害也。行此制者，有英、美、意、荷、丹麦等国，其选举概限一人，故悉用单记投票法。

欧洲各国之用小选举区制者，盖有特别之理由存焉。一则以文化发达，教育普及，人才散于各处者甚多；一则以政党势力日盛，国家用此方法使政党以外之人得以当选，借以分政党之势力。至于我国与日本，政治人才既属少数，即政党势力亦不如欧洲各国之强盛，固无采用小选举区之必要也。

又选举区议员之分配方法，其主义有二：

（一）地方代表主义

此主义唯联邦国之上院，如美国、瑞士及澳洲有采用之者。惟德、奥虽为联邦，其新宪法之选举参议院则为人口主义。我国之参议院则采用地方代表主义者也。

---

① 指日本著名宪法学者美浓部达吉(1873—1948)。

(二) 人口代表主义

此主义依人口多寡为比例，为各国选举之原则。如英、法、意及瑞士、日本为其最著之例，我国众议院之选举则依人口主义者也。

第三节　议会之集散

(一) 议会之集会

（甲）有召集权者。

（1）君主国，亦可分二种：

（A）必须君主召集者。意大利由国王每岁征集两院（《意国宪法》第九条），日本由天皇召集帝国议会（《日本宪法》第七条）。

（B）集会之日期规定于宪法，不必经君主召集者。比利时两院于每年十一月第二之火曜日①开会（《比国宪法》第七十条）。瑞典每年当以第一月十五日为集会，或其日为祭日②（星期）则改为翌日（《瑞典宪法》第四十九款）。荷兰通常会期于九月第三星期二开始之（《荷兰宪法》第百条）。丹麦两院于十月之第一月曜日③集会。

（2）共和国大率各按定期自行集会。例如法国之上议院与众议院，每年非由民国总统召集者，必于一月第二星期二日集会。美国议会至少每年集会一次，集会则以十二月第一月曜日。瑞士两议会每年于条例所定之日开正式会期，其日期与美国同。我国之议会亦于每届法定开会日期，两院议员各自集会（国会集会于每年三月一日）。

---

① 即星期二。
② 应当是指节假日。
③ 即星期一。

以上皆指通常之会而言。至临时会如君主国之意大利、日本，仍由君主召集。至英国，则国王崩殂时国会得自行集会。比利时则于国王既殁、嗣主尚未成年，须定摄政及太保时，两院合成一会定之，此盖为例外也。共和国之临时会议，则亦以总统召集为原则（我国《天坛宪草》第三十二条规定，临时会由大总统召集之）。唯瑞士则因代议院议员四分之一或五州之要求，可自联邦行政会召集非常会期，盖先经多数要求而始经行政会之召集也。我国国会临时之召集，有三种情事之一时行之：（一）两院议员各有三分以上之请求，（二）国会委员会之请求，（三）政府认为必要。

（乙）集会之时期。各国议会之集会，以每年一次为原则，但例外有下之二种：

（1）于二年内集会一次者。巴拿马国会于每二年之九月一日在国都开会一次。委内瑞辣①之议会应当每两年在国都集会，其开院日期为五月二十三日。尼加拉瓜于十二月一日在国都开会，此种常会每两年开一次。

（2）于一年中集会二次者。古巴国会每年集会二次，第一次集会应以四月内之第一土曜日②为始，第二次集会应以十一月内之第一土曜日为始。墨西哥亦每年集会二次，第一期会以九月十六号起至十二月十五号止，第二期会以三月一号起至月终止。

（二）开会及闭会

议会议员既集，则有举行开会仪式。在君主国则君主亲临之，在共和国多由国会自行之。议会有一定会期，除有特别事故得延长会期外，议会当然中止，宣告闭会，合上下两院议员举行闭会式。其集会采用独

---

① 即 Venezuela，今译为委内瑞拉，下同。
② 即星期六。

立主义者，则闭会亦由国会自行闭会。其开会由君主召集者，其闭会亦必依君主之命令行之（如《日本宪法》第七条规定，天皇召集帝国议会，命开会、闭会、停会）。至各国之会期颇不一致，唯大率明定其期限，最长者为六个月，如英及希腊是也；至少者为二十日，如荷兰是也；其他如法及巴拉圭，以五个月为会期；葡萄牙以四个月为会期（中国亦然）；日本及智利以三个月为会期；丹麦及危地马拉则以二个月为会期；此外诸国，有规定为数十日者亦居多数。但此种常会会期虽有期限之规定，有时议会未毕会期已届，在事实上须延长者，故亦有例外之规定。其目的虽与临时会议皆为会期以外之会议，然实相似而不同，兹举其异点如下：

（1）延长会议为继续原会期。临时会议为别个之会议，与原会期不相关联。

（2）延长不必经集会之手续。临时会因必要之事由须别经召集开议之手续。

会期之延长，各国之规定亦不一致。有明定延长之期于宪法者，例如玻利维亚，"通常会议以六十日为议事期间，因国会之意思或行政部之要求，得延长至九十日"；危地马拉，"常会之限期为两个月，但可延长一个月"；多米尼加，"会期以九十日为限，唯亦可因行政部之咨请或国会之决议而延期三十日"。又有不许延长者，如秘鲁，"通常国会之期间，以九十足日（按即每日二十四小时）为限，此项期间不得延长之"。更有许其延长，但不明定其期间者，如中国，"国会常会期为四个月，但得延长之"是也（《天坛宪草》第三十三条）。

其在君主国，如比利时，"国王得延留两院，但无两院之承认，不得延留逾一月之期及在一会为两次之延留"。盖国王虽有延留之权，须得两院之承认也。次如荷兰，"国王为国家之利益认为不须继续时即宣告闭会"。是国王得限制会期也。又次如日本,"有必要之时可以敕令延长之"。是延长会期,须经国王之敕令也。

以上所述延会之方法。但除此种延会外,于每届闭会之后尚可继续审查议案,其审查报告至第二次会期仍为有效。在日本谓之继续委员会:"凡因政府之要求得议院同意者,得于议会闭会时,选定委员行之。"在中国谓之国会委员会:"于每年国会常会闭会前,由两院各于议院内选出二十名之委员组织之。"(《天坛宪草》第五十一条)

(三) 停会及休会

停会谓中止议会之行动,其原因不外二种:1. 因议事准备尚未完成,故稍停时日以待准备完成而后开会也;2. 因议会或有违法及不当之议决时,乃以停会促其反省也。此种停会之宣告,在君主国得以命令行之。而在共和国,如瑞士之规定须得国会之承诺,且有不得逾三十日之限制;如美国则须得两院之同意,如两院意见不一致时,则不得停会;唯捷克斯拉夫大总统有令两院停会之权(《捷克宪法》第三十条第二项),但只限于一个月以内,而一年之中又限于一次;而我国之参众两院大总统亦有停其会议之权,但每一会期停会不得过二次,每次时间不过十日(《天坛宪草》第七十四条)。就其意义解释之,总统虽得停止会议,但其次数与期间则加以限制也。

日本则停会之权属于君主,且其次数绝无限制。故就日本历史上观之,一会期中有停止二次以上者为习见之事(如第五次国会、第十五次国会、第十七次国会是)。故在君主国中往往于停会之后,议员仍不反省,遂出以最后对待方法,即解散议会是也。

采两院制之国家,大率两院取一致之行动。《法国宪法》规定"两院同时开始,同时终了",即属此意。其以明文规定者,如意大利以"一议院不集会时,仅他议院集会,则为不循法律,应属无效"。日本则"开会、闭会、展缓会期及停会,两院同时行之",又"命众议院解散时,贵族院当同时停会"。而我《天坛宪草》第三十五条等款亦同此规定,惟其中当分为两种解释:

(甲)普通停会。虽两院同时中止其议事,但停会之期日已满,其未议决之议案仍继续进行。

(乙)因下议院解散而上议院自行停会者,则与闭会无异。第二次开会时,其以前之议案概以不继续为原则。

又休会与停会不同,有不经君主或总统之命令自动中止者,大率因特定事故(如纪念日、国庆日以及元旦、令节,皆例得休会;其他或因议案已议毕而会期尚未终了,或因议事日程尚未排定,或因内部意见之冲突,亦得休会)。故其次数,各国法律多不加限制,兹分述休会与停会之区别如下:

(1)停会为法律上之意思终止;休会则为事实上之意思终止。

(2)停会须两院同时为之;休会则两院各别为之,故一院休会,他院仍可开会。

(3)停会出于被动,故在停会期间例不开议;休会为自动,遇有紧急事宜仍当开议。

(4)停会在法律上有设制限者;休会则否。

(四)议会之解散

取消旧议员资格而组织新议会者,谓之议会之解散。其原因大要不外三种:(a)政府提出之议案,国会屡不予以通过;(b)国会通过之议案,总统屡用其不裁可权,致政治进行因之停顿;(c)政策之大者如宣战、订约等项,国会不表示同意。积以上三种原因,质言之,即国会与总统势不能和衷共济,乃不得不出于解散之一途,求诉于选民以为补救也。各国制度约有二种:

（甲）不认元首有解散权者。共和国行三权分立主义，大总统绝对无解散会议之权，美国其先例也。其他共和国虽有解散国会之规定，然亦有种种之制限。《德国新宪法》虽明定大总统得解散联邦议会，但解散若出同一原因者，则解散不得超过一次（《德国新宪法》第二十五条）。法国总统解散众议院须得上议院之同意（《法国宪法》第五条）。我国规定之解散议院，盖与法、德二国制度相合（参《天坛宪草》第七十五条）。至捷克斯拉夫，大总统虽有解散两院之权利，但大总统在其任满前六个月中，不得行使此权。

（乙）规定元首有解散权者。此制以多数君主国，皆以君主有解散权规定于宪法中，但亦分为二种：

（1）两院解散主义。例如《比利时宪法》第七十一条规定，国王有同时或各别解散两院之权。

（2）下院解散主义。解散仅以下议院为限，而不及于上议院。例如《意大利宪法》第九条、《日本宪法》第七条之规定皆是。英国之解散下院乃为政治上之一种习惯，于宪法并无规定（中、法二共和国亦采用下院解散主义）。

行使此种解散制度后，其重行选举之方法，各国亦各异其规定。如德国，则新选举于解散后六个月内行之。如法国，则选举会于二个月以内集会重选议员，重选即毕，十日以内开新众议院。如中国，则于解散众议院时，应即另行选举，于五个月内定期继续开会。如捷克，则两院中一院解散之时，当于六十日内举行新选举。如比利时，则解散之文书，载明在四十日间征集选举人，在二月间征集议员。意大利，则由解散四个月内可征集下院。日本，则自解散之日起五个月以内召集之。

第四节　议员之权利及义务

(一) 议员之权利

(甲) 言论自由之权。凡立宪国之一般人民,皆享有言论自由权,况议员为人民之代表,当然享有此权,为各国之通则。唯议员在议会中之言论,对于院外,不负责任(我国《天坛宪草》第四十八条即有此规定),较诸一般人民,有特殊之性质耳。英国当十七世纪规定之《权利法典》(Bill of Right)①第九款所载"国会之言论及议事之情形,苟在议院之外,不论裁判所及他处,均无告诉及问之权"。此种权利,实始于英国,各国皆遵之以定于宪法。盖英国古时议员之言论有不合于君主之意思者辄受刑罚,故明定于宪法以为保障也。唯此种特权,其自由之范围亦有相当之制限,即(1)以院内为限,(2)以议员之职务为限。故一经出院即与一般人同负责任。至于在院内有侮辱他之议员及紊乱秩序之情形,亦不能不受院内之责任。且所谓对于院外不负责者,止于法律上之责任,若道德上不能不负责任。

(乙) 身体自由之权。此种权利亦为国民所同具。唯议员在开会期中不受刑事上之逮捕者,盖尊重议院之会议,故予议员以保障(今学者有称此为议院之权利,非议员个人之权利者)。但各国规定颇有纷歧,兹分述于下:

(1) 期间长短之不同。英美等国对于议员身体之保障,不仅以在

---

① 今译为《权利法案》。

会期间为限,英以开会、闭会前后之四十日,皆许享有身体自由权。美则于出席中及其往复中,不得被逮捕。唯日本、法兰西、意大利及德意志等国,则皆在会期中为限。

(2)犯罪轻重之各异。有以现行犯或关于内乱外患之罪不认此权者,如日本是。有以叛逆罪及妨害安宁之重罪不认此权者,如美国是。至法、德、奥、意等国,则除现行犯外,其他不设种类之制限(我国《天坛宪草》第四十九条规定,亦以现行犯为限)。若捷克则于现行犯而蒙逮捕时,未得议会之同意者,亦当免其逮捕。

(3)议院意思强弱之各殊。各国规定议员犯罪之轻重,得逮捕与否,以须得议院之同意为断。例如德国,以非得本院之许可,不得以犯罪行为受审问被逮捕。法国以两院议员非得所属议院之许诺,不得因轻罪或刑事罪或被拘,或追捕。奥国亦以国民议会之议员若无议会之同意者,不得因其犯罪行为或被拘留,或被他官厅追诉。日本则以两院议员未经该院承诺不得逮捕。我国《宪草》亦以非得各本院或国会委员会之许可,不得逮捕或监视。但此种规定,若议院许可,即可逮捕,是议员身体自由权,尚非完全得有保障。若英国则不论议员犯罪重轻,议院直无许可逮捕之权,较为确实也。

(丙)受报酬之权。报酬者即议员之俸给是也。此种制度,各国不一其致,有采无给主义者,有采岁给或日给主义者,学者视为政论上一大问题。持无给主义者,以为议员若与以俸给,则人将争运动为议员,是以公职为渔利之具矣。持有给主义者,以为行政官吏亦受俸给,何独于议员而蕲之?且议员不与报酬,是使无财产者不能为议员矣。二说各有理由,然各国中之采无给主义者,要皆有特别之历史,而要以有给主义为一般之原则焉。兹分述于下:

(1)无给主义。采此主义者,为英国及西班牙、意大利、德意志等国。英国自查尔斯一世①,代议士皆受选举区日俸(二先令、四先令)。然自是以后,代议制请废日俸,遂渐变无给主义,而以代议士为名誉职,日益盛行(英之贵族院则有岁给,此为例外)。意大利则完全用无给制,其宪法第五十条云:"于各院之职务,无可受报酬理由。"是意之两院,概为无给也。西班牙本为日给主义,其后至一八三七年改定为无给,而现行之宪法,关于两院之俸给绝无明文规定,从可知矣。德国则一八七一年因俾士麦②反对议员之俸给,谓"有给制不适于联邦国",仅予以铁道免票乘车之权而已。现今《德国新宪法》第四十条规定:"联邦议会议员得在全国铁道搭乘火车,不纳车费,又依据联邦法律领受报偿之权利。"所谓报偿之权利,盖指旅费及失费之赔偿而言(参照《普鲁士新宪法》第四十一条),固仍采无给主义也。

(2)有给主义。此主义亦分为三种:(A)上下两院同受岁给者,例如法国《下议院选举法》第十七条规定:"代议士得受酬金,自一九〇七年一月一日始,代议士之酬金每年定为一万五千佛郎。"又《上议院选举法》第二十六条云:"上议员与下议员受相等之酬金。"《美国宪法》第六节规定:"元老院议员及代议院议员共得依法律之所定,受合众国国库之支办报酬。"(一八五八年定为岁给五千佛郎)(B)有上院采无给主义,下院采有给主义者。例如比利时于一八九三年改正宪法第五十二条规定:"代议院之各员在开会之间,一月受二百佛郎之偿给。"又第五十七条云:"上院议员不受俸给及偿给。"荷兰于一八八七年修正宪法第八十九条规定下院议员除领受往来旅费外,"下议员每年领受二千佛罗林之偿给"。又第九十一条第二项所云"上院议员照法律领受旅费及旅居费"而已。我国则于议员之报酬颇优,分为岁费及公费:两

---

① 即英国斯图亚特王朝国王查理一世(Charles I, 1600—1649)。
② 即德国首相、外交大臣奥托·冯·俾斯麦(Otto von Bismarck, 1815—1898)。

院议员岁费五千元;旅费则依道路之远近、交通之情形,别定其数目;又两院议长,更定交际费,议长每年五千元,副议长每年三千元。(C)于岁给、月给之外,采日给主义者。此主义亦分两种。有上下两院同受日给者,例如丹麦(宪法第二十四条及第三十九条);挪威则每一国会议员从国库受领偿给,为其往来之旅费及到会之住居费(宪法第六十五条)。有上院采无给主义、下院采日给主义者,例如瑞士代议院议员自联邦金库受纳偿金(宪法第七十九条);卢森堡国库上认给代议士每员每日赡家费五法郎(宪法第七十五条)。

(二) 议员之义务

权、义本相对而生,故以上述议员之各种权利,即有下列应尽之义务,兹分列说明之:

(甲)议员有应召集之义务。按照法定期自行集会,或由君主召集,但既届期而无正当理由故意延滞者,先须由议长催告,既催告而仍不到会者,在贵族院制度之上院,则奏请敕裁,至在民选议院,则于相当期间内或科以罚(瑞士对于不应召集之议员,科以三十元罚金归入国库),或甚至除名(中国《议院法》第七条规定议员于开会后满一个月尚未到院者,应解其职,但有不得已故障报告到院时,得以院议,展期延至两个月为限)。

(乙)议员有出席之义务。议员须按日列席议会(除休假外),有事故而缺席,则须请假。但继续请假,在相当期间由议长许可,否则须由院议之决定。我国议院之议员以请假期间应在七日以内,若超过此期,须提付院议,所以示限制也(参照《议院法》第一条)。此外并有无故缺席者,按日扣岁费十元,仍连续至三次者,除名(参照《议院法》第八十条)。

(丙)议员有为全国谋利益之义务。等级会议之时代,议员为各等级之代表,至于今则异是。如《德国新宪法》第二十一条曰:"议员为人民全体之代表，各以良心所信为标准，不受地方人民委托之拘束。"《巨哥斯拉夫宪法》第七十四条云："议员代表全国人民，而非仅为选举彼者之代表。"其他如比利时、普鲁士、奥地利等国，皆有明文之规定，其他诸国虽未有规定于宪法中者，然其理论则同一也。

（丁）议员有不可滥用职权之义务。议员往往利用其地位为不正当之行为，有时或构成刑事上之渎职罪（参照日本之《刑法》第二十五章）。

（戊）议员有整理院内秩序之义务。议场为庄严之地，议员尤为人民之表率，故《日本宪法》第五十一条所云："两院除本《宪法》及《议院法》所载者外，得定整理内外部必要之规则。"我国《议院法》第八十八条规定："议员于会议时有违背院法及议事规则或紊乱议场秩序者，议长得警告制止之。"其他各国亦有此种制裁之规定。

（三）议员之任期

任期之规定，即议员行使职务之期限也。除意大利及丹麦、西班牙等国之元老院由国王选任，为终身职外（《意大利宪法》第三十三条、《西班牙宪法》第二十条第二项），至其他各国，于上下两院议员皆明定任期，唯各有不同。其原则大率上院议员之任期较长，而下院议员之任期较短。

（甲）上院议员之任期。例如比利时上院议员任期为八年（五十五条）；智利之上院任期六年（二十三条）；中国参议院议员任期六年（《宪草》第二十八条）；阿根廷上院任期则为九年（四十八条）；捷克之元老院任期八年（第十六条）；其他各国或有不明定于宪法者，然上院之任期皆较下院为长则相同。

（乙）下院议员之任期。如上所述，比利时之下院议员任期四年（第五十一条）；智利之下院任期三年（第十条）；中国众议员任期三年（《宪草》第二十九条）；阿根廷下院任期则为四年（四十二条）；捷克之代议院议员任期六年（第十一条）。

以上两院任期相比较,即可得其大概矣。唯挪威则上下两院任期相同,然亦仅见矣。

又议员在任期中有辞职之举,其许否须付院议决之。若议员其缺额时依法当以各该候补当选人递补之,其任期以补足前议员之任期为限,是为通例。

(四)议长及副议长

(甲)选任方法。各国议院之组织,于两院中皆设有议长,其对于院内则负指挥监督之责,对于院外则为一院之代表。但其选任方法,各国不同。如我国及法兰西、比利时、丹麦、挪威等国,则上下两院之议长,均依各院所定规则选举之。如日本及荷兰,则上下两院议长同由国王任命,唯下院则由所奏之三人中任命之。如意大利及西班牙,则元老院之议长及副议长由国王选任之,代议院由议员中选举。其他各国之上院有以特定之人充任者,如美国以副总统任上院议长、英国以大法官充上院议长,而下院则皆由议院选举者也(英之下院议长由议院选出后再请敕任)。

(乙)任期。议长之任期,大率分为三种:例如英之下院、法之上下院、意之上下院,则皆以一会期为任期;美国及日本之下院,则依议员之任期为任期;至我国之参众两院议长,则皆特定任期者也(我国《议院法》第二十条规定两院议长、副议长任期三年)。

(丙)职务。议长有代表议院之职务,如建议书之送达及议案之移送他院,皆由议长为之。至对于议院犯侮辱罪者,议长有代行告诉之权。此外则议场秩序之维持,关于议员之违背院法及议事规则或紊乱秩序时,议长得先行警告或撤销其言论,甚或禁止其发言,但骚扰之极至不能维持秩序时,议长得中止会议或宣告散会。若关于旁听人之有妨害会议者,议长得令其退席或送交警署,至骚扰不能制止时,议长得令其全体退出。次则议事之整理,约有数种:(1)投票当可否同数时,则取决于议长；(2)排定议事日程；(3)有临时开秘密会议之权；(4)指定委员；(5)定发言之次序；(6)宣告讨论终止，付诸表决；(7)定表决之方法；(8)宣告表决之结果。

议长之职务，既如上述。设议长有事故时，则以副议长代理；但议长、副议长均有事故时，则另选临时议长代行其职权。此种临时议长，或称为"假议长"，多数国行之。我国与日本皆同此规定(我国《议院法》第十八条)。又有以议员年最长之人代议长者，则比利时等行之。

(五) 秘书长及秘书

议院之事务，分为文牍、会计、记录、编辑及其一切庶务。各国议院中，概设秘书长及秘书以为掌理，通常以议员为之，但其中有选举与任命之不同。

(甲)选举制。有以议员互选者，则法、比、意、荷、西等国是也；有选举议员以外之人者，美及瑞典、挪威等国是也。

(乙)任命制。有直接由元首任命者，如英、日等国是也。有由内阁任命者，如瑞士等国是也。我国议会之秘书长及所属各职员，均由议长进退之(参照《议院法》第八十四条)。至其名额，秘书长概为一人，其他之秘书，有不明定其额数者，如英与我国及日本，皆用此制；有定为二名者，如葡萄牙；四名者，为丹、西、比、意之上院；六名者，为法之上院、意之下院；八名者，为法之下院、德之联邦议会。

第五节　议事之各种规则

(一) 议事日程

议会议事之顺序，必以议事日程定之。其制定之权，各国大率属于

议长,但其行使之方法,约有二种:

(甲)议长于本日开会议事完毕时,须报告次日之议案于各议员,方宣告散会。此法以法、比等国采用之。

(乙)议长先确定议事日程,以印刷传知于议员,此法以德、日等国采用之。我国亦然,先日通知议员,并登载公报(《议院法》第二十四条)。

各议案于议事日程排定之先后,应以何为标准,此亦一问题也。君主国通例,大率以政府所提之议案居先,而以议院提出者次之,日本等国皆是也。然共和国亦有如此规定者,美国代议院规则,亦以大总统之使命及政府通信为先,即其例也。唯我国议事日程,由各院议长定之,而于排列先后之序,则未有明文规定于《议院法》中也。

(二) 委员会

委员会为审查特定事项而组织之预备机关也。故其设置在会议以前,其理由在使少数议员先从事于研究,作成审查书以报告大会而议决焉。其作用可得下列之效果:

(1)调查缜密,无繁难复杂之虑;

(2)责负攸归,无筑室道谋之患;

(3)议决有所标准,故大会即就其审查报告者,而加以可决常居多数。

此各国故于议会中有设置委员会之规定也。约其种类,概分为三:

(甲)全院委员会。以议院中全部议员组织之,大率于每会期开始时举行选举,其会议必系重大事件,如弹劾大总统及国务员始付全院委员审查,故非有议员法定人数以上之出席,不得开议及议决。而全院委员长应报告经过及结果于议院,故委员长殆行议长之职务,此法始于英国,美国及大陆诸国皆采用之。

(乙)常任委员会。当会期之始,由院中互选委员若干人从事审查本会期内之事务也。通常事件按其性质以为分配,例如预算事件归预算委员会、外交事件归外交委员会是也。但各国规定有多少之不同。日本常任委员,贵族院有资格审查委员、预算委员、决算委员、惩罚委员、请愿委员之五种,而众议院则少资格审查委员之一种。我国则有十三种(法典、预算、决算、外交、内务、财政、军政、教育、实业、交通、请愿、惩戒、院内审计)。委员会至种目之多,当以美国为最,其常任委员至三十四种,盖合立法行政无件不包举矣。

(丙)特别委员会。凡特别事件,其性质不属于某种常任委员会者,则临时组织特别委员会以从事审查。此种委员,其选任方法,虽间用投票选举,而实则由议长指定者为多。其审查之种类,例如政府提出之议案皆属特别委员审查之。又议员于开会后,发见不合资格之疑义时,得由议院议决,亦须组织特别委员会以为审查(我国《议院法》第八条)。

常任委员会与特别委员会,其开议及议决,非有委员过半数之出席不得之,此通则也。其会议除全院委员会外,多禁止旁听。此两种委员会皆设有委员长,就委员中互选之。此外更互选理事若干人,若委员长有事故时,则由理事代理之。

以上三种之委员会(全院、常任、特别),虽有会期开始组织及临时组织之不同,然皆以本会期为有效期间,至第二次开会则另行选举,是为原则。

至于继续委员会,则闭会之后仍旧进行其审查,并酌给其费用。至次会期开始,新委员选出,其任期方为终了(参照《天坛宪草》第五十一条至第五十四条)。

(三)议员临会之法定人数

议会议事之方式,必须规定议员出席人数,以为开议,大都以法律定之。其起源实本于英国之诉讼法,其裁判常以判事列席之定数,方宣

告有效。现今各国议会,多沿用之,其理由有二:

(甲)议员全体出席事实上常不可期,故以法定人数为开议之标准,并以防多数之专制;

(乙)以法定足数即可开议,庶收议事迅速之效。

以上二说,一以防出席人数之不足,一免议事之延搁也。然各国规定,凡有二种:

(甲)有采少数主义者。例如英国之议员上院共为五百人,下院共为六百人,然上院临会者仅三十人,下院临会者四十人,即为法定足数,皆可开议。唯此制除英国外,各国极少采用之。

(乙)有采多数主义者。此主义分为三派。(1)以过半数为足数。例如法国定制,开会不必及半数,而议决必须过半数也。至比、意、荷、葡及美国,则无论议事及议决,均须过半数。而美国对于因缺席致不足法定人数者,则科以罚锾,所以昭儆戒也。(2)以三分之二以上为足数。例如挪威及南美诸小国,皆行此制。良以小国议员大率数十人组成之,故不难达三分之二以上。若在大国,人数既多,即不能以此限之矣。(3)以三分之一以上为足数。例如日本即以此数为开会之标准,原日本所以不采各国之通例者,盖恐因足数过高,往往酿成延会。且近今日本学者,尚有主张并三分之一亦不必规定于宪法者,所以斥绝对多数之弊也。

三者比较之,日本为相对多数制,欧美为绝对多数制。我国《国会组织法》第十五条,规定两院非有总议员过半数之出席,不得开议,是亦采绝对多数制也。然我国自有议院以来,屡因临会不足法定人数,不能开议,为世所讥,岂非由于过半数为足数之所致耶?

(四)议员之决议

决议之原理,必须全体之赞同方为有效。但议员对于议案,各人之意思非可强同，故有赞成者，即有反对者，而要以多数之同意为标准，故各国谓之多数决（英美等国采辨别声音之法，法国则采用起立及投票之二法）。至其制度亦颇不一，有以四分之三以上为多数者，例如希腊等国宪法案用之；有以三分之二以上为多数者，例如比利时之通常议案及日本修正宪法案用之；有以过半数为多数者，此制为近今各国所采用，除改订宪法案外，其他普通议案，皆以此为标准。

我国《宪草》所规定，凡分两种：（甲）通常议案，据《宪草》第三十八条所载，"两院之议事以列席议员过半数之同意决之，可否同数，取决于议长"。（乙）特别法律，则第四十一条及四十二条所载关于大总统、副总统之弹劾案，以众议员三分之二以上之列席，列席员三分之二以上之同意；国务员之弹劾案，亦以列席员三分之二以上之同意；至宪法之修正，由国会议员组织宪法会议，非有总员三分之二以上之列席，不得开议，非列席员四分之三以上之同意，不得议决，此则《宪草》第一百十三条之规定也。

决议之方法，最重要之问题，即可决与否决同数时，其裁决之权，应归之议长耶？抑以其议决应归无效耶？依学者之通论，应以后者为适当。但日本则采前之裁决主义，我国《宪草》第三十八条亦同此规定。然以议长一人之意思左右半数议员之意思，则党争将无已时也。

（五）读会

凡议案开议之时，应将议案宣读之，简称之即谓"读会"。各国制度，约分为二：

（甲）二读会制。二读会制者，以初读讨论其大体，而二读则详加讨论也。法国《议院法》中有明文之规定，比国则分为全体议与逐条议，其他西班牙、荷兰、葡萄牙等国皆采用之。

（乙）三读会制。行三读会制之国，则为英、美、德、意、奥、丹，而我国与日本亦皆用之。然凡遇重要议案,亦有省略三读者。其制于初读则议案之全部,而审议其应移于二读与否。至二读则逐条详议之,于三读再决其全体是也。所谓得省略三读者,例如日本凡因政府或议员十人之要求,而又得议员三分之二以上之多数决者,即可省略三读之次序。我国《议院法》第十七条之规定,大略亦与之相同。

(六)再议

议会以一事不再理为原则,然甫经议决而未至发表时期,苟有人动议,仍可附诸再议也。惟各国于再议事件,制限甚严。其所以然者,盖一则防其争辩无已,一则恐其雷同,致无良好之结果也。其制限约有下之三种:

(1)提起再议之期,以议决之当日或翌日为限;

(2)以与前议决时多数议员之再起立为限;

(3)以与前议决时出席议员之同数出席为限。

(七)旁听席

议会所以议国家事项,自宜公开于众,以期上下共晓。当美国初设国会仅作记事录以为公布,未尝许群众旁听也。厥后因舆论非难,始有旁听席之设,于是各国亦逐渐仿行矣。唯其中有英美及大陆两派之分。

(甲)英美派诸国。例如英国分外交官席、议员席、官吏席、妇人席、新闻记者席、公众席之六种。美国分大总统席、内阁员席、大理推事席、议员及其家族席、外交官席、新闻记者席、公众席之七种。其分席置于四面,并不分室,仅悬牌以区别之,至公众席,无论何人皆得旁听。

(乙)大陆派诸国。例如意大利为皇室席、外交官席、大臣席、官吏席、议员席、新闻记者席、公众席之七种,日本亦同。其分席仅置三面,各以板壁隔离之。至公众席,限于有旁听券者始能入席。

议会虽以公开为原则,但关于特定事项,亦有禁止旁听者。其情形大都由于议长、议员之决议，或因政府之要求，例须开秘密会议，此种秘密会议中之记事录，其刊往往绝对不许，即许其刊行，亦须依院议议决之。

（八）内阁员及政府委员

内阁员及政府委员，多数国家皆有出席于国会之必要。其目的约有数端：（1）政见之发表；（2）国务之报告；（3）提案之说明；（4）质问之答辩；（5）报告之听受（即受议事日程议事之分配及受委员之报告）。唯内阁及政府委员在议会发言时，须得议长之许可，并不得妨害议员之言论，此其制限也。出席发言，为内阁员对于国会之一种权利。但实行三权分立诸国，例如美国、巴西等国，其制度则内阁员并不得出席于国会，唯限于商议之方法，得与两院委员交通。是盖阁员不对国会负责，故亦无出席发言之必要也。

此外政府委员在行内阁制之国家，不特可出席于国会，并可出席于委员会以陈述其意见。委员会之委员得请求政府委员之说明，但其请求须由议长行之。

（九）两院议事之关系

现今世界各国之行两院制者，不问何种议案，皆以两院之一致成之。关于此点，各国多明定于宪法。我国《宪草》中（第三十九条）亦同此规定。至议院所载"甲院移付或其提出之议案乙院可决时，乙院应将该案咨达政府，并将可决之旨通知甲院"，凡此规定，皆所以表示两院意思之合致也。但遇有两院意思不能相合时，则将如何处置乎？关于此问题，当分两种述明之：

（甲）甲院移付或提出议案，经乙院全行否决者。常此之时，应将该议案送回甲院再议。如甲院反对乙院之否决，或以调和之方法行之，但各国遇有甲院议决之案经乙院否决者，前之议案即成废弃，此制各国大都明定于议院法或宪法中。而近今《德国新宪法》，凡遇有两院意见不一致时，大总统得于三个月内将该事件付与国民投票(《德国宪法》第七十四条第三项)。捷克斯拉夫则凡遇"政府提出之法案为国民议会所否决时(除关于修改或补充宪法外)，政府可决定以该案付与国民投票，定其可为法律与否……"(《捷克宪法》第四十六条)，此实为最新适当之方法也。又《捷克宪法》第四十四条规则，"代议院之议决，虽否决于元老院，然仍以议员总数之过半数维持其最初之议决者，仍成法律，但元老院若以议员总数五分三之多数否决代议院已表决之法案者，则代议员亦当以其议员总数五分三之多数维持议决，而后该案始成法律。元老院提出之议案当移送代议院，代议院否决其案，而元老院仍以议员总数之过半数维持其议决者，则当更移送代议院，代议院复以议员过半数否决之者，则元老院之议决不能成为法律……"

(乙) 乙院修正甲院移付或提出之议案者。所谓修正者，即将甲院之议案一部分由乙院改订之也。当此之际，乙院应将该修正之议决案回付甲院，如甲院对于乙院之修正予以同意，该议案即为成立，但甲院如不同意则非用调和之方法不可。各国此种制度，约可分为三种：

(1) 有以两院会商而取协调者。此种调和主义，因两院意见不能一致，使之往复互商以期妥协，意大利、西班牙等国行之。

(2) 有以两院票数合计以决从违者。例如甲院赞成者八十票、反对者二十票，以赞成多数而通过议案，乙院则赞成者四十票、反对者六十票，故反对占多数，议案遂遭否决。如此则可将两院赞成及反对之票数合并计之，计赞成者得百二十票，反对者为八十票，乃占少数，故原议案仍维持有效。此法挪威、巴敦等国采用之。

(3) 有以组织两院协议会以为表决者。两院议决既不相一致，乃由两院各出同数之委员组织会议，共同计论。协议会委员之人数各国不同,大要在十八内外。两院对于协议会之议决案,不得再行修正,英、法、日本等国行之。我国《议院法》亦有同此规定(第六十一条至六十九条)。

(十) 议会之权限

议会之权限,若各别言之,则采一院制之国家与采两院制之国家,固已不同。即采两院制之国家,有两院同权者、有两院异权者,则又复各异。即就一般之立宪国而言,则君主国之议会权限,亦与共和国不同。至共和国之上下两院,虽有共同之权限,要各有特别之权,故欲综核详密言之,殆有不胜枚举者。兹就普通原则上,分别言之。

(甲)议会权限属于实质者。

第一,立法权,即改正宪法之权与制定法律之权是也。

(1)改正宪法之方法。以学理言之,就宪法本身之区别,则有柔性宪法与刚性宪法,故改正之手续,各国不同。例如英、意等国,均为柔性宪法,其改正案议会有完全议决权,与普通法律案之改正方法相同。法、美、瑞士、日本等国均为刚性宪法,故议会对于改正案虽有议决权,然较他法律殊形慎重。

(2)制定法律。原属议会之职权,但行使之范围各因其国情而异。例如法、美等国为共和国,其立法权完全由国会行之且皆明定于宪法(我国《宪草》第二十条,亦同此规定),故议会得以自己之权力行使立法权。荷、比、意、丹为君主国,其立法权大都国王及国会共同行之。至日本虽为君主国,然其宪法所定"天皇以帝国议会之协赞,行使立法权",则为日本所独有者也。

第二,司法权。所谓议会之司法权,其实际盖兼有司法权之一部而已。欧美各国大都因历史之传来,而以裁判权属诸议会,唯日本无之。但各国关于议会之司法权,要各有广狭之不同。兹略举英、美、法、意等国证之。

（1）英国之贵族院,其行使司法权,不外下列之三种:

（A）因普通贵族(僧侣、贵族不在此限)之犯叛逆罪及阴谋罪,以贵族院为刑事法庭,而以全院议员为陪审官,其裁判长则临行选任之。

（B）因特定事件,贵族院有为最高控诉院之权,全院议员为裁判官,但非法务议员三人以上之出席,不得裁判。

（C）由平民议院提起之弹劾案件,而以贵族院为弹劾裁判机关,唯非得平民议长之要求,不得宣告判决。自十八世纪以来,审判弹劾案件,发见数次,但至今日,此制在事实上已废而不用。

（2）美国之元老院,亦有审判弹劾权。凡关于合众国官吏之犯叛逆罪、贿赂罪及其他重罪轻罪(除武官别有军事裁判,及各州官吏不在此例),概由代议院提出弹劾,元老院必开审判法庭以受理之。至于大总统为被告时,则以高等法院之裁判长为议长,又非得出席议员三分二之同意,不得为有罪之宣告。

（3）法国元老院所行之裁判权有二:(一)审判大总统及国务员之弹劾,大总统以犯大逆罪为限,国务员以在执行职务中之犯罪为限,大都由代议院告发,元老院乃受理而审判之;(二)关于国家安宁之罪,虽或由代议院提出告诉,但元老院应依大总统之命令,始组成法庭裁判之。

按,法国元老院之裁判权,其第一项与我国《天坛宪草》所规定,大致相同(《宪草》第四十一条至第四十四条);至第二项则我国《宪草》中无明文之规定,盖以裁判权属于唯一司法机关也。

（4）意国元老院之裁判权,凡分二种:(一)因审判叛逆罪,由国王之命令,构成最高法院审判之;(二)由代议院之弹劾国务员而为受理其裁判之手续,悉依特定法规办理。

第三,行政权。凡关于司法及行政,议会本无绝对之权限。司法上之裁判权亦有制限,已如上述;至行政上之关系,即操有监督及同意之权而已,兹分述于下:

(1) 监督财政之权。议会对于财政监督之方法,不外二种:(一)预算之议决权。凡世界各国大都属于国会,除日本、瑞士之宪法,以预算由法律以外之形式编制发表外(日、瑞二国未明定预算为法律);其他多数立宪国,均由下院先行议决,更由上院定其可否;我国《宪草》之规定亦同(《天坛宪草》第九十八条)。(二)决算之审察权。凡每年度之预算案施行后,政府应将本年岁出、岁入之实况报告于国会,以求其承认。此为各国所从同,唯提出时期之迟速,若日本及法国有迟至数年后者,至英国则于次年即将决算案提出。

(2) 承诺处分之权。处分有二种:(一)责任处分,盖宪法中不明定处分之法律,政府以其事出非常,乃负违反宪法之责任而处分之者也;(二)命令处分,宪法所明定非常之时得由元首用紧急命令之者也。以上二种处分之方法,虽各有不同,惟事后必求议会之追加承诺,始发生永久之效力,则各国皆然。若以优劣言之,则所谓责任处分,宪法上既未规定其必要条件及范围,政府成借非常之名以行非法及不当之处分,较诸紧急命令之规定于宪法者,更自不同。此二种处分权,唯君主国(英、日等国)有之。我国《天坛宪草》第六十五条及第一百零四条,有采紧急命令之规定,然实为共和国之特例也。

(3) 同意条约之权。订立条约,须取得议会之同意与否。各国立法例各异其致,大要不外二种:(一)有采大权主义者,例如英、日等国。英国以缔约之权属诸君主,非国会所得干预。然英为内阁制,而内阁实为国会中优势政党所支配,故名虽操自君主,直接为内阁所施行而间接仍为国会势力之所及也。至日本为钦定宪法,故缔结条约为天皇之大权,国会不得干涉之,此为当然之结果,但事实上仍由内阁之奏请裁可(日本亦为政党内阁),而国会亦未尝不可提出责问也。(二)有采同意主义者,现今世界各国大率宗之,惟其中性质略有广狭之分耳。例如美国及瑞士,无论缔结何种条约,皆须得议会之承认。至于法兰西、意大利、比利时、荷兰、丹麦等国则限于重要条约,须得议会之承认者。例如法国限于和平或贸易之条约、与财政领土有关系之条约、关于在外法人身体财产之条约,皆须经两院之可决。若意则限于国库负担及国境变更之条约。比则限于通商条约、国库负担及人民权利条约。荷限于领土让与或交换之条约、国民权利义务条约。丹麦限于领土让与、变更现行公法等条约。凡此者皆须得国会之同意也。

我国《宪草》所规定(第七十条),大总统缔结条约,但媾和及关系立法事项之条约,非经国会之同意不生效力,是国会之同意限于重要条约,与法、意、比等国相同也。

(4)议决宣战之权。关于此种规定,亦分三种:(一)以宣战权属诸元首,不许议会干预者,例如英、日等国行之;(二)限于攻击战争,当得议会同意者,例如美、法等国行之;(三)以宣战权属诸议会者,多数民主国行之。我国《临时约法》及《天坛宪草》亦同此规定。但《天坛宪草》之例外规定"有防御外国攻击时,得于宣战后请求国会追认",是亦与美、法诸国相同也(《约法》第三十五条、《宪草》第六十九条)。

(乙)议会权限属于形式者。

第一,建议权。所谓建议权者,系陈述意见由法定人数以上之赞成,作为议案经议长提出于政府者也。例如关系增加岁出之议案及编纂重大法典,皆可建议于政府。即专属政府权限内之事,然苟有所见,亦可为之。此制为《日本宪法》第四十条之特定,而我《临时约法》第九条之规定亦同。

至其行使方法，则我国《议院法》第三十七条至第三十九条，关于建议之方式皆规定之。

第二，质问权。国会议员对于政府行动有怀疑或不满意时，得质问政府以求其答复。其质问方法，或以口头，即在会场发言致问；或以书面，即以文书送政府为之。惟提出质问书时，须有法定人数以上之署名（我国《议院法》第四十条规定，"议员质问政府时，得以二十人以上之连署"）。政府对于质问，必明白答复，或用文书，或由国务员出席，或由委员代理。其咨复之期日，例如日本、丹麦，则未尝明定之。我国《议院法》亦只规定"限期答复"，未明定其答日也。至议员于政府答复后仍认为不得要领，虽至再三，政府不得拒绝之。此为各国之通例，唯美国实行三权主义，议会无质问权。

第三，受理请愿权。国民有请愿国会之权，为各国宪法之共同规定（我国《临时约法》及《天坛宪草》皆有同样之规定）。故凡呈出请愿书者，国会当然受理之。但所谓受理，其采择与否，仍属国会之自由。收受请愿书之后，应交付请愿委员会审查。若以为不合，即由议长却下之。使受理之后，议决其为有理由，则对于此措置之方法，或即以该请愿之原文送达政府，供政府之参考；或采择其内容，拟具议案，开会议决，而建议于政府；或以是为依据，提出作为法律案，均适用之。但各国关于请愿之规定方式及制限，约有几种：（一）请愿须具请愿书之体式，不得用印刷或石印之品；（二）须由议员之介绍呈出，此外或由议长呈出、或书记官呈出，然亦有许其直接呈出者。至于请愿书之内容，其制限：（一）须非变更国体或宪法者；（二）须非侮辱政府或国会者；（三）须非牵涉司法或行政裁判者。

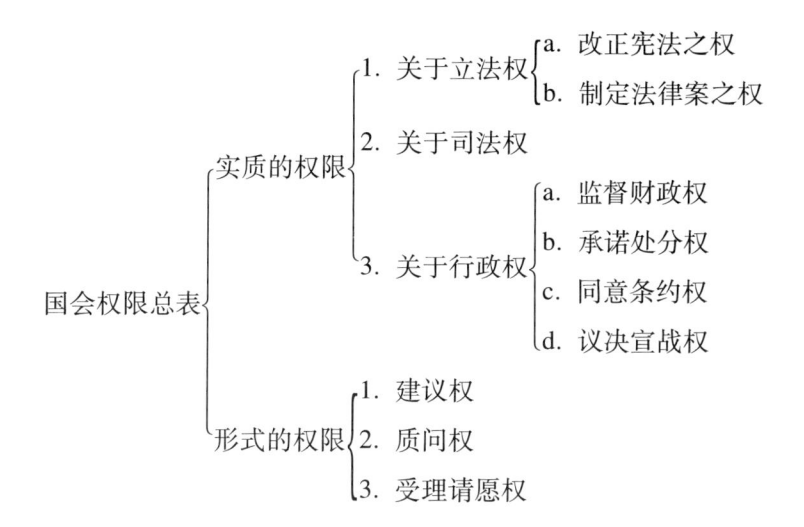

```
                                    ┌ a. 改正宪法之权
                       ┌ 1. 关于立法权┤
                       │            └ b. 制定法律案之权
              ┌实质的权限┤ 2. 关于司法权
              │        │            ┌ a. 监督财政权
              │        │            │ b. 承诺处分权
              │        └ 3. 关于行政权┤
国会权限总表 ┤                       │ c. 同意条约权
              │                     └ d. 议决宣战权
              │        ┌ 1. 建议权
              └形式的权限┤ 2. 质问权
                       └ 3. 受理请愿权
```

孙中山先生所规定五权宪法中，使人民行使直接政权有四：所谓"创制权"，即制定法律之权也；"选举权"；"罢官权"，民选政府即可由人民罢免也；"复决权"，即修正法律之权也。其政权在民之主义，虽与代表制（议会制度）相类似，然一则为间接民权制，一则为直接民权制（其详当于结论分别阐明之）。

第四章　行政制度之比较

第一节　国民的政府

行政部（即政府）为执行人民公意之机关，立法部（即议会）为表明人民公意之机关,二者调和,实为宪政国家根本问题。故凡宪政国家之成功与否,恒视此重要问题能否解决为转移。惟国民自治之精神,不仅在代议制度,对于政府之组织亦要求基于国民之意向而作成,而政治重心,与其谓属于议会,毋宁谓在于政府之近时的状态之下,是以国民的政府之组织,实为重要。现代国家政治经验进步,力图解决行政立法相互关系之根本问题,遂有数种特色之制度发生,即苏俄之全国国民大会(The Soviet Council of People's Commissars)、瑞士行政之委员制(Executive Council System)及英法之内阁制(The Cabinet System)、美之总统制(The Presidential System)是也,兹分别述明之:

(一) 内阁制

内阁制通常由一国之元首、国务总理及其内阁组织而成。元首或为选举(例如法国之总统),或为世袭(例如英国之君主),然皆有名无实。而内阁常由操纵立法部之一党或数党组成,为政府之实际的行政者,对于国会完全负责。故如此制,其总统或君主以其背景将皆成为名誉首领,而非有真实行政之权力。惟内阁及其总理维持国事,恒以得下院大多数信任及赞助为原则,若一旦内阁失大多数赞助,而受不信任案之投票或拒绝政府之政策,则内阁唯有辞职让贤,另行改组,否则解散国会,诉诸选民,求其另选。若新议员赞助内阁,则仍继续成立,不然彼亦必出于辞职之前途。

内阁制之所由成,盖因立法部管辖预算、副署行政部之法令与同意阁员之任命。立法部既有管辖预算之权,则能拒绝批准财政之收入及支出,此在英国宪法史上常行之而有效。行政首长之法令,须有阁员之副署,即内阁之任命,亦须得立法部之同意。然其副署同意与否,固可任意行之,或提出弹劾以去不相合之阁员,或对其政策加以攻击及反对。

英国内阁有解散权,故内阁宁愿解散国会,以图另选,决不肯贸然辞职,此其所以甚固也。解散之结果,每令议员糜费甚巨,丧失地位,故其议员皆怀尊重内阁之心,而不敢轻于一试,以竞辩于选民之前。

　　在法国则不然。法之内阁,苟不得上院同意,则无解散国会之权。故自一八七七年曾一度解散国会以后,即未有第二次之举行。故法国内阁等于无解散权,唯有出于辞职,且并无诉诸选民之权,是以法国政府常在飘摇中,而阁员等为保持地位计,不得不求议员以为赞助。

　　就英法二国实际以观,吾人可得一例,即内阁有解散权时,阁员不致屈服于国会之下,而政府亦不致薄弱、莫展一筹。故此制之良果,乃在能保全行政首领及其创议之精神。而解散之权又为调和行政与立法二部冲突之利器,不然,内部仅直接对国会负责,一有争执则不能诉诸选民,殊有悖于宪政之原则。故必有解散权,然后可对国会负责,又对选民负责。若遇冲突,则可向选民求最后之赞助,公断其曲直。

　　内阁制唯一之要件,须仅有二大党,在国会或代表民众较大之一院,其一党赞助政府,他一党则立于反对之地位,使政府之基础坚固。即内阁不幸被倒,其内阁之更组,亦不致有丝毫之阻碍。如使政党在二党以上,则因党派之离合,内阁尝受变动之险象,而政府不安固、政策不畅行之弊生矣。英国自来即为二大政党,故英国国内之变化,恒在二党中,而其政府颇能安固,政策亦顺利进行。法国则异是,其政党既多,党派之离合,影响所及,其政府常居于风雨飘摇之中,故内阁之安固、政策之进行,均无一可言者。惟英国最近于二党之外,又发生劳工党(Labor)及爱尔兰党(Irish Nationalist)(皆欧战后所发生)。无论何时,若其政党在二党以上,其内阁总建筑在混合制之上,容许各党员加入,组织混合内阁。然此种内阁根基既不稳固,其寿命亦必短促。是故唯两大政党,乃运用内阁制成功之要素也。内阁制之利益甚多,又取范于英

国,故内阁制广行于欧洲大陆。今试举其利益如下:

（甲）易调和行政、立法二部之冲突。换言之即能以最敏捷地、便利地使立法、行政二部趋于一致,远胜于总统制之有一定年限而不易推倒也。当两方冲突之际,非政府辞职另让贤能,则须解散国会,诉之选民。解散以后,如新国会赞助政府,则内阁仍可存在,不然即须辞职。然无论辞职或解散后,其新政府必与国会一致也。

（乙）能承奉舆论作为。内阁以国会之大多数之赞助与否为转移,而国会之大多数,又视舆论之向背为去留,故舆论一变,则国会随之,而内阁亦不得不变,此盖连带之关系也。故内阁制者,为窥测民意,而自为调节之利器也。

（丙）立法、行政二部之权能易合为一。内阁阁员大都为立法部党之领袖,非如总统制之政府、国会划若鸿沟也。彼此之关系既密,则无疆界之分。而总统制畏其侵权,不得不明其权限。若内阁制则以阁员为己党之领袖,而能实行其意旨,则彼自不为已甚而挑剔行政部越权之事。此外,双方既有一致之意见及政党,故立法行政,均能顺利进行,政府无须保留否决(power of veto)之保障。盖国会既大多数赞助内阁,未有愿予通过不利于行政部之案件,一旦遇拒绝通过而与争执,则无异予内阁以不信任,而内阁即可实行其解散权。在国会方面亦无须用弹劾,仅以质问、拒绝政策或不信任案足矣。以是观之,内阁制之一切防御攻击之武器,不若总统制之必要而时时取用也明矣。唯解散国会权则不在此例,以此为内阁制健全功用中最不可缺也。

（丁）职务进行迅速。内阁制既易解决冲突,而与舆论之变化相符。又因其为人的联合,故立法行政间之职务进行迅速。政府既与国会大多数党一致合作,则其政策必能实现而无遗,而国会大多数党之志愿,亦易能如愿以偿。夫政府为其所选举,若有阻碍,则政府不辞职,必国会被解散,待选民之公判。更有进者,责权集中于阁揆首领,以口才及其他资格之天然发生行政之效力。而阁员出席说明,又易得大多数之赞助、反对党之接近。凡此,皆足致内阁成为敏捷有力之机器也。

然他方面,则内阁制亦有缺点。兹列举如次:

(甲)内阁制须借政党制以联络调和行政立法。故政党常在国会中为剧烈之竞争,反对党不但力事攻击,且于一党失败时则崛起驱逐得胜党。"如赤血球与微生虫战争,不息于血管然。"举无限之精力、宝贵之时光,皆消磨于辩驳质问之中。而巧于言辞及狡黠之议员,又常出其全力竞争于国会中,阴谋诡计而得政权,虽有敏捷之称,亦未能免轻率之弊也。

(乙)内阁制常变迁不定。盖其基于国会之大多数党大多数赞之而存,大多数否之而败,即不然亦有解散国会、诉之选民之繁难,此犹二党制然也。若在多党之国家,则内阁之生存其时无定,而又恒处飘摇之中,故政府之政策往往不能假其年限使见诸实行。法国政府每乞怜于国会,不惜滥用官缺,以见好于议士。是需要一安固与强健之政府,则内阁制不相宜也明矣。

(丙)内阁之运用,较总统制为难。夫采此制者必具备各种特殊情形。内阁制之第一要件,即为二大政党,然欲得此条件,乃极难之事。在法国为多党制,在英国虽为两党制发源之地,行之已久,然近半世以来,复发生第三党。其属地之澳大利亚、南非洲及加拿大,皆为多数党。故其内阁亦呈不良之现象。此外内阁制之行政部对于国会负责,然如两院权力相等时,则决不能成功。故宜将两院权力分其代表权力之大者,而对之负责,而于他一院则仅附带负责,此英国制之历史也。英国上院之权力渐微,至一九一一年,财政上之权力实际已为下院所有,上院仅能改正、阻止下院之粗率而已。且内阁制之选民,必须有政党及政治阅历,而后可成功。英国为内阁制诞生之地,其人民皆有数百年政治阅历,故行之颇著成效。法国亦采此制,然以党派纷歧,率鲜佳果,下此者更不足论矣。联邦制国家常为二院,其一代表人民,其一代表各邦,内阁制不能服从于权力相等之两院,则国会一院为虚设,而一院乃实施运用也。

（二）总统制

此制乃以国家一行政首领总统或君主一人为主,其内阁阁员全由此总统或君主所支配,而此内阁对于总统或君主负责,不对国会负责也。总统制之总统或君主,在行政地位,同时为名誉及实际之首领,如美之总统、德国一九一八年革命以前之君主,是其例也。特美国总统任期规定于宪法中,而德之君主则为世袭,是其不同耳。美国总统由人民选举,对选民负责,故此制之内阁,既由总统或君主选任,而对于总统或君主负责,则不因国会大多数之反对而有动摇,唯执行事务须从负责行政者之旨趣而已。

总统制根本之缺点,不能解决立法、行政间之冲突。总统之任期有一定,常规于宪法中,虽时有弹劾而终鲜效力,其位置不易移动。欲得行政、立法两部之同意,殊为难事。若此二机关在二反对党操纵之下时,则尤为困难。立法部如提一弹劾大总统案,其法定人数及表决票数,非寻常国会之大多数所常能得,故成立颇难。而行政部亦不能移动立法,如美之总统无解散国会之权,故二机关欲宪政之成功,不能不同心协力,不然势将酿成政局之险象。如一九一九年之《巴黎和平协约》(Paris Peace Treaty)①,总统威尔逊(Wilson)与参议院之冲突是也。在

---

① 即《凡尔赛和约》(Treaty of Versailles),全称为《协约国和参战各国对德和约》,是第一次世界大战后战胜的协约国集团对战败国德国签订的和约。

威氏执政最后之二年,国会为共和党操纵,行政权仍为民主党,故在此二年内二机关常发生冲突,万事停顿,不能有所发展。

据上述情形观之,总统制中因行政部独立,且有一定之任期,故行政部之权限须较内阁制更为严确之划分,尤须分别予二部以在冲突中必需之防御与攻击之利器,有此利器,则二部互为消长,或即转而同心协力。故凡总统制,其行政部之权限常有一定明确规定于宪法,若有侵权行为,法庭即可宣布其违法。然平昔防御及攻击之利器,亦有充分规定,以防意外之冲突者。美国大总统有停止裁可权(power of suspensive veto),以防御立法部之对敌,而阻其卤莽之政策,盖此权唯以国会三分之二投票可以推翻。然彼无解散之权如英国之内阁制,故给立法部以必须之独立,而实际总统于行政、立法二部间之融洽已于无形中剥夺,而迫彼于此二年内不得不酿成不进不退之僵局(按,美国每二年改选下院及参议员三分之一,故直至下届总统选出,始有一致之拥护;然亦有可幸者,美国总统虽无解散之权,而众院二年改选一次,参院二年改选三分之一,使前之二年发生冲突者至改选以后,则行政、立法又同为一党掌握,而纷争即可避免矣)。德在革命以前,其帝凯散(Kaisser)有解散下院之权,此盖为绝对必需之事。缘德之行政首领为世袭的,若无解散大权,则一有冲突即不可挽救,有此权力,故德皇能招集一服从之国会。俾政府有势力,无论提交何种方案,均无不通过之虞。在美国方面国会则有弹劾权,可以摇动顽固之总统,但自总统约翰生(Johnson)弹劾案①失败后,实际上只成立一原理,即不能因政策之歧异而擅用此弹劾权。因是而武器之用微已见于内阁制中,其弹劾案、停止裁可权等利器,均因不信任案、拒绝政策并预算及适用解散权,而成无关紧

---

① 指1868年美国国会针对总统安德鲁·约翰逊(Andrew Johnson)的弹劾案。

要之物矣。

总统制之缺点既如是,故非有解散权之规定,其进行解决事务仍不若内阁制之敏捷。凡有冲突停顿,皆足以妨一切事务敏捷之进行。同一原理,其对于舆论亦未见和合。而如内阁制者,总统或国会既皆有一定之任期规定于宪法,借为护符,皆不随舆论以为转移,非俟下届总统选举,毫无解决之法,而其弊舍解散无以矫正。盖解散以后,诉诸选民,求其公判,若为新国会大多数赞助则胜,而其权势仍日渐增加;若不幸失败,则仍留任中,丧失权势,堕其威信,或将以其失败预兆于下届总统选举之不利也。

虽然,总统制之优点亦有足述者。夫总统制不必如内阁制之必须备具各种特别情形,如两大政党者而后能存在,即二党制或多党制在国会中亦可实行,既不悖两院权力平等之原理,又不与联邦制矛盾,亦无须甚高之政治阅历如内阁制之选民。故此制最大之利益,即在能建设强有力的中央政府,而其政策亦能继续施行,此则非如内阁制之必有特别适宜之情势而后可行也。夫一国必亟需强有力之政府,此总统制之所以最善也。试就前德帝国地理之位置、历史之发达观之,其东西边地皆有外患,于是促成其强固之政府。彼尝秣马厉兵,几无一刻不注意其强毅持久之外交政策于国际间,此断非内阁制之需特别情势者所能成就,此前德帝国之所以必采君主的总统制也。日本昔由专制骤变立宪,其人民对于参政亦无经验,故亦须建设强固政府,直至国本巩固,生长成就,立于宪政轨道上,此日本所以采用强有力之君主,而举其大权集中于天皇,惟近不无渐进于内阁制之可能性耳。故凡因外患或人民政治阅历幼稚时,皆必须强有力之政府,此总统制之所以尚也。

按，关于总统制之解释，昔蒲徕士（Bryce）①曰："总统制者，能建设一最安固、最健全之政府也。"大凡版图辽阔、人口殷繁之国，其政府所负之责，必重且巨。而欲变中国由农业国而进于工业国，由无知识进而有知识，其所需者，非求进步迅速，乃在力图国本之巩固也。欲速则不达，反有害于中国之发展，致基础于不固。故欲建设强有力之政府，总统制实为不可少之物。政府既固，则保护内政、抵御外侮，使国家日趋发达。中国之广土众民，历史之发达，地理之位置，与美颇似；边患环生，又颇似德；而此数国皆采用总统制，成效卓著，则我国将来宪政之进行，其亦知所取法矣。

要而言之，总统制与内阁制无论其利弊如何，必不能离政党制予以运用之机械及其力量。夫内阁制倘无政党及国会大多数之赞助，固不能运用。然总统制而无政党或国会大多数之赞助，则亦不能实行其职务。由是可知二制均须合法政党之组织，而予以实力及合作焉。

（三）**委员制**

委员制之优点为国民直接选举政府之制度，于瑞士、于苏俄大都行之。瑞士制度，并不同美国仅选举单独的主脑，而为选举合议体的政府之全体人员，此即所谓委员制也。瑞士政府（执行机关）之组织，无论在联邦、在各州，皆不同其他诸国之责任内阁或政党内阁之制度，国务员对于议会不负责任，亦未有所谓内阁由同一政党组成、同其进退之事。兹就联邦言之，在联邦中未尝有类似大总统的独裁制之首长。至执行权之机关，仅有合议制之理事会（Bundesrat），大总统亦属之，内阁亦属之。盖瑞士国法不欲以国权委之一人故，虽为联邦制度，而不若美

---

① 指英国政治家、外交家、历史学者詹姆斯·布莱斯（James Bryce，1838—1922）。

国之有大总统及内阁,理事会之会员即为各部国务员(分为七部,每一部之事务,归一人主宰之),系由联邦议会、两院之联合会议选举者。此种选举通常是从议员中选举而出,各理事会之会员,殆常同时为议会之议员。理事会员系从各种党派(不仅为政党之关系,言语、宗教之差异亦有)所产生,以代表议会中各种势力,例如一八八三年七部中四人为自由党,三人为急进党。理事会员除自行辞职外,或有特别事故之时,通常于任期终了后能再当选。约言之,理事会立于议会之委员会地位,遵从议会之议决而执行政务,议会之多数党虽无论如何变更,然理事会不因此种变动而去职也。

瑞士之行政委员制,其内容可分三项述之:一甚小之政务委员会(Administrative Council)由立法机关选出,其任期颇短;一为立法机关,内分两院,不受解散之制限;及民众立法依创制权(initiative)与复决权(referendum)而行使者也。国会选举并管辖行政部(Federal Council),而其政府事务,则由行政部管理之。人民监视国会与行政部,于必要时并得以公决否准之。

瑞士此制,有权力集中之利益,其行政亦颇安固,人民管理亦颇有效力。然此仅适于瑞士特别之国情,盖瑞士本一蕞尔之邦,人民久有政治之经验,外无侵略,内无纷争,故行政畅行而无所阻。

(四)苏维埃会议制

苏俄制乃最近政制之产生品,为尖塔形之组织,由地方苏维埃建设而成全俄会议(All Russian Congress)。此会代表所有选民而受有最终主权之权力,制定宪法及修正法律、批准条约,皆属特有之权能。全俄会议复组织中央执行委员会,会员在二百人以内,为立法行政及管理之团体。全俄中央执行委员会受全俄会议支配,有全权处理国家事务之权,实为最高机关,但为执行行政便利起见,复组织一全国人民委员会

(Council of People's Commissars),其职权相等于各部总长组成之内阁(共分外务、陆军等十八部)。其最高权属于全俄苏维埃大会,大会闭会之时,属于全俄中央执行委员会。此为近代国家之创制,此外又有人民委员评议会,有发布命令规则之权。

第二节 各国内阁制度之比较

第一款 议院内阁制度

(一) 英国内阁

此制以英国为最良好。其总理由国王选任,而其他阁员则由下院多数政党之选任,唯全体阁员其政见必出于一致,而对于立法部负其责任。故内阁之责任为连带之责任,当其失立法部之信任时,即须连带辞职(即总辞职),唯影响不及事务官(英国分政务官、事务官两种)。

至内阁会议制度,通常于每星期六开会一次,其会议时严守秘密。议决后由总理奏请国王开枢密会议,以敕令公布之。惟总理在内阁中虽占特别位置,然至会议时与其他阁员意见仍以多数为取决,如其与意思相反,则总理应先辞职,以解散内阁。

(二) 法国内阁

法之内阁颇握实权。其原因(1)由政府之保护;(2)中央之集权;(3)凡行政官掌握立法、司法应有之权力(立法权因总理出于政党党魁,故凡同一政党系统之议员,多放弃其权,因而立法权为内阁所兼有;至司法权,因司法官之任免操诸内阁,因之司法官皆仰承其意旨,其权遂为内阁所操纵矣)。

英、法内阁制不同之点颇多,如英之内阁阁员必同时兼为议员,法国则否;英之内阁对国会负责由于惯例,而法国则规定于宪法;英国总理常兼任财政总长,而法国则常兼任外交总长;又法之内阁除负连带责任外,凡对于管理行政之行为,更须各任其责。

至法国之所以常致动摇者,因由于无解散国会、诉诸选民之权,已如上述。而其最要原因,则由于政党常为破坏而不主调和,而人民政治思想又重理论而乏团结之精神,绝无全国一致之运动,其结果遂致内阁屡次更迭,政治生不良之影响。

(三) 比国内阁

比之任免内阁,属于国王,然实际上仍从议院之趋向,故任内阁总理者,必为国民多数属望之政党首领。惟比国政党,规律极严,非若诸国之公然推举己党领袖使为总理,大都由国王自行选任。至阁员则由总理推荐于国王,其人选于两院议员中推选之,惟近年则常有以议员以外之人充之者,若有勋劳于国家、尽力国事者,则任为名誉阁员,非常例也。

内阁虽负连带之责任,而非合议机关,唯内阁会议,其议长必为总理,但决议不取多数决之制度,至遇有重大事件,由总理申请国王召集御前会议之。

比国政治中心由二大政党之组织,且党规严肃,无论如何事件,其党论完全一致,不许个人自由行动。故其政党内阁较英法为优,其坚固健全远为他国所不及,即内阁不因一次投票否决之故,而轻为进退,斯则党规严肃之效也。

(四) 日本内阁

日本立宪之初,本为帝室内阁制,然至今日则因政党势力之扩张,已成为议院内阁制,故内阁员之选任,以限于下院占有多数党之首领。

唯内阁员不必全系议员,与英法诸国之性质稍异。而其内阁虽宪法规定对君主负其责任,且止单独负责,实际上则全体阁员必视下院之信任与否以为同时进退也。

内阁职务权限,其必经阁议者,如法律案及预算决算、外国条约及重要之国际事件、官制及其他之敕令等件,其决议以总理之意见定其从违,不取决于多数。

日本政党之组织,近年已有多数成立,唯其操政治上之实权者,则为二大政党。

第二款　联邦内阁制度

联邦内阁制与议院内阁制,迥不相同,其阁员有出于任命者、有出于选举者,而其职务权限亦各不相同。兹分述如下：

（一）出于任命者

（甲）美利坚合众国。美国行政部,并无如英、日等国之内阁制度,亦无与国务总理相当之职权,故习惯上指各部总长之全体,虽亦称为"内阁",唯各部总长各自单独辅佐大总统,担任其所管理之事务。遇有重要事件发生,由大总统召集会议,有所咨询,不过陈述意见而止,即有决议,亦无拘束大总统之效力。

各部总长之任命,属于大总统。虽宪法上规定,凡总统任命官吏,须经元老院之同意,实际上元老院并无有所阻格,而总统常择于一己所属政党党员中之最为信任者而加以任命。即各部总长,并不负连带责任,且对于议会亦并无信任与否而为进退。此则与英、日等国之内阁,其差异最显著之点也（按,南美巴西国务员与美国制度完全相同）。

（乙）德意志联邦。《德国新宪法》规定联邦政府以国务总理及国务员组织之,国务总理由大总统任免之,国务员由总理之推荐而大总统任免之。

国务总理及国务员在职之时,当得联邦议会之信任,联邦议会表决不信任时,则当去职,此与英、法诸国相同也。

国务总理之职权为联邦政府之议长,依议事章程执行职务、决定政治大纲,对于联邦议会负有责任,各国务员对其主任事务独立执行职务,对于联邦议会各负其责任,与英、日等国所定连带责任者迥殊。

国务会议。凡国务员将一切法案及宪法法律所定为政府应当议定之事项,并关于国务员二人以上之主任事务意见不能一致之问题,提出政府,求其评议,并决议联邦政府之表决,以过半数为准,可否同数,取决于议长(即国务总理)。

(二) 出于选举者

(甲)普鲁士自由邦。普鲁士为德国之一邦,自欧战后改称为自由邦,制定新宪法。其组织内阁为内阁总理及国务员,唯内阁总理则由邦议会选举,而由内阁总理任命其他国务员。与德国制不同,总理决定政治大纲,对于邦议会负其责任。各国务员于政治大纲范围内独立处理其主管事务,对于邦议会自负责任,此则纯采德国制也。

内阁全体及各国务员之在职,当得国民信任。国民信任由邦议会表示之。邦议会对于内阁及各国务员,得用议决表示不信任。不信任之议决,在国民请愿要求解散邦议会之时不得行之。是内阁之进退,基于国民之信任与否为前提。而议会之解散,又属于国民之请愿权。其制迥超出英法诸国之上。至邦议会不信任议决之时,该国务员虽当退职,但内阁总理并不须同时退职,唯限于彼不行使解散议会之权限时,或虽已发议解散议会而其发议为委员会所否决时,则始当引退也。

普鲁士之内阁职权,为宪法上所付与者。其对外则为一邦之代表;对内则有提出法律案于议会之权,有执行法律、发布命令之权,任命官吏之权,行使恩赦之权,皆他国以之属于总统权限者。又其就职时,当宣誓不偏袒政党、顺从宪法、遵守法律等语。此普国内阁之特殊制度也。

（乙）奥地利亚联邦。奥国自欧战后改为联邦共和国,其新宪法规定联邦之最高行政事务,除属于大总统之权限外,委任于总理及副总理及其他国务员,由总理、副总理及国务员之全体组织联邦政府,以总理为其议长。

联邦政府之各员由国民议会以记名投票选举之,凡有国民会议议员资格者,皆得被选。但被选举人并不限属于国民议会中之人,当国民议会闭会时,由联邦政府最高委员会暂时选任之。国民议会一旦开会,即当举行选举。各员对于国民议会负有责任,被选后于就职前应向大总统宣誓,其任命状即由大总统给予之。

国民议会依其明示之决议,对于联邦政府或其一员取消信任时,联邦政府或该联邦国务员即应退职,盖于连带负责外,更分负其责任。又联邦政府及其各员,或从法律所定、或从本愿,大总统可免其职,即用采二重责任制度也。

第三节　各国大总统制度之比较

第一款　大总统（副总统）之选举

大总统之选举法,各有不同,其机关约分二种：

（一）由人民直接选举者

（甲）《德国新宪法》规定：（第四一条）联邦大总统由德国国民全

体选出之。(第四三条)总统任期七年,但可再选,任期未满之前,可由联邦议会之决议,举行国民投票以罢免之。联邦议会之决议,以三分二以上同意为准,表决之时,联邦大总统停止职务,设国民投票否定罢免大总统者,则视为新选举。(乙)《巴西宪法》:(第四七条)共和国之总统及副总统,以国民之直接投票及绝对多数选举之,各选举区之投票须在联邦首都及各州首都内检查之,倘列选之人无一得绝对多数时,国会须于直接选举得最多票数之二人中以出席议员之多数选举一人。(丙)《玻利维亚宪法》:(第八三条)共和国总统及副总统由完全享有公民权之公民以直接秘密投票选举之。(第八四条)国会议长在会场开拆各选举区所送达选举报告之封函,各候补人之投票由秘书员以国会议员四人之协助即时计算。凡得投票之过半数者,须宣布为共和国之总统及副总统。(第八五条)倘共和国总统或副总统之候补人,无人得投票之过半数时,国会须从得票最多之三人中决选之。(丁)《秘鲁宪法》:(第八〇条)共和国总统照法定之形式由人民选举之。(第八一条)国会开示选举报告而证明之,并计算投票,宣布得过半数之人为总统。(第八二条)倘计算投票之结果,无人得过半数时由国会于得票最多之二人中选举之,倘二人或二人以上得同数之票时,则由国会于此数人中选举之(副总统之选举亦同)。其他如危地马拉、哄都拉斯、尼加拉瓜、桑萨尔瓦多之总统选举,大都类似。

(二)组织选举会选举者

亦分二种:

(甲)选举会为临时组织制

有下列数国:

(1)美国。选举总统之际,临时由各州人民选举若干人为选举人,选举人各集合于其州内,依于秘密投票选举二人,其一人须与选举人非为同州之住民，选举人各作投票数表，附以证明，封印之后呈于上议院，而送于合众国政府所在地。上院议长于上院议员及下院议员之前，当众开视，计算票数，其得最多数者当为大总统。若得过半数及二人以上同数时，下议院当依于秘密投票，以其一人选任为大总统，又若不得过半数时，就表中所得最多数者五人，依同上方法以选任之。惟其投票权属于各州，而不属于议员，各州之代表，皆有一投票权。大总统选定后，其残余之票数中得最多数者为副总统，但残余中二人以上同数时，上议院就其中依于秘密投票，选任副总统。

按，此种制度，其用意在不使总统立于国会势力之下，俾可与之对抗，此《美国宪法》所认为最适当之方法者也。然各州选举竞争之激烈，较国会组织选举会者且有过之，且实际上仍不免为各政党所操纵，形式上虽为二重选举，与国民直接选举亦无殊焉。

（2）智利。《智利共和国宪法》规定（第五四条），总统以从直接普及投票选出之选举人选举之；选举人之数，比每州所选代议员之总数增加三倍。（第五五条）选举人在总统满任之年之六月二十五日，由各州选定之，其必要之资格与代议员同。（第五六条）选举人在总统满任之年七月二十五日集合，照《选举普通法》之规定举行总统选举（其他计算票数、宣布、证明及最后之决选，则属于国会，与美国制同）。

（3）阿根廷。阿根廷选定总统及副总统之方法（第八一条），国都及每省以直接投票指定选举人，选举人之数，照各省在国会上下两院议员之数增加一倍。其资格及选举方法与选举下院议员之规定同，上下议员及政府之官吏均不得为选举人。总统满任前之四月，国都选出之人集合于国都，各省选出之选举人集合于各省之首府，各以附记号之选举票选举总统及副总统,但须分别投票(其他之手续及决选,均与美国制同)。

(4)巴拉圭。第一任总统及副总统由宪法议会选举,嗣则以宪法议会改为复选会(宪法第九四条)。每选举区内人民直接选举复选员若干人,其员数较选举上下两院议员增至四倍,复选员资格及选举手续与下议员同,凡为上下两院议员及官吏皆不为复选员。所有复选员于总统任期满前两个月,各集州内,用记名投票法分别选举总统、副总统。

(乙)以国会议员组织选举会之制亦分二种:

(1)以国会议员之全体组织者。例如《奥国新宪法》:(第三八条)"国民议会及联邦议会,因选举大总统及其宣誓……举行共同集会,组织联邦总会。"(第六十条)"联邦大总统依据三十八条于联邦总会,以秘密投票选举之,凡得全投票之过半数者为当选人。"《波兰新宪法》:(第三九条)"共和国大总统于议会及上议院联合之国民议会,依投票之绝对多数选举之。""大总统在任期满之前三个月内召集国民会其于任期将满三十日以前尚未召集者,则议会及上议院由议会议长发议,当然集合开国民议会。"《捷克斯拉夫宪法》:(第六条)"国民议会,用下议院及上议院二院组织之。"(第五六条)"共和国大总统由国民议会选举之。"(第五七条)"选举之有效者,须有上、下两院现任议员过半数之出席选举,以出席议员五分三之多数行之,两次投票,尚无结果时,就得票最多二人决选之,以其得票最多者为当选。"《法国宪法》第二条(《政权制度法》):"民国总统,由上议院与众议院联合为国会从事选举,以得过半多数为当选。"又于《政权关系法》(包括在宪法内)第三条规定:"总统任满之前至少一个月,两院必联合为国会,选举新总统。"其他如葡萄牙、海地、瑞士、乌拉圭等国之制度,皆大致相同。

按，选举总统之方法，其大别有直接选举与间接选举，二种已如上述。依主权在民之原则，直接选举实为合于全民政治之精神。虽德国于选举不足时之救济方法无明文规定，然巴西等国于最后之决选，仍属于国会，与美利坚等国之形式上为二重选举相同，是初为直接选举，而终则为间接矣。至间接选举制，大战后如捷克、波兰之新兴国，及欧陆、南美等国，亦为多数所采用。惟其中利弊，学者颇多聚讼，故大总统之选举，似宜采取巴西及美国制参酌用之，较为适当也。

(2) 以国会议员一部组织者。《委内瑞辣宪法》所定选举总统之方法（第七十条），议会在每总统任期之第一年，当开会之十五日内由议员互选十四人，为推选总统之选举团。该团之会员，当分配于各联邦州与中央县，以每州、县得一代表为准，此代表或为下院议员，或为上院议员均可，惟须三分之二出席，当选票额须得全数会员之绝对多数。

第二款　大总统之资格

凡大总统之资格，必须享有公民权，自不待言。然各国宪法中，大都以国籍、年龄、性别及居住为标准，然亦间有不明定其资格者，分述如下：

（一）有国籍、年龄、居住之限制者

《美国宪法》第二条第一节第五款所规定：凡除为合众国出生之国民，又于采用此宪法时为合众国国民者之外，不论何人，不得被选为大总统；年龄不达于满三十五岁，非十四个年间为合众国之住民者，亦不得被选为大总统。

（二）以年龄、公权及国籍为标准者

《巴西宪法》第四十一条第三款所定：下列诸项，为被选为共和国总统及副总统之法定资格，一、巴西之土著；二、在享受政治权利之时；三、年龄在三十五岁以上。

（三）仅以年龄、国籍定标准者

《委内瑞辣宪法》第七十三条：大总统须为委内瑞辣之土著人民，而年逾三十五岁者。与《墨西哥宪法》第七十七条所定相同。

（四）仅以公权及年龄为标准者

《奥地利新宪法》第六十条第三项规定：得为联邦大总统之被选人，唯限于有国民议会议员之选举权，且在选举年之一月一日以前，年龄已满三十五岁之人。又《捷克宪法》第五十六条第二项规定亦同。

（五）仅以年龄一项为限制者

《德意志新宪法》第四十一条第二项：德国人民，凡年满三十五岁以上者，皆有被选举权。

按，上列各国，仅略举数则以示概要，其大致要不外是。唯《法国宪法》及《波兰共和国新宪法》，关于大总统之资格，则无明文规定。至年龄之标准，观于上述，殆居多数。然亦有规定年满二十一岁以上者，危地马拉属之。须年满三十岁者，智利、巴拉圭、哥斯德黎加、哄都拉斯、桑萨尔瓦多、阿根廷、哥伦比亚属之。须年满四十岁者，古巴、海地属之。又居住之限制，如玻利维亚为四年，乌拉圭七年，秘鲁十年，而以美国之十四年为最长，唯墨西哥则仅须于选举举行之日，为国中之住民。

（六）附带条件以信从宗教为限者

《阿根廷宪法》第七十六条，除取得国籍外，并须属于罗马加特力教。《巴拉圭宪法》第八十九条，则以信仰耶教为限。

（七）以财产资格为限制者

《乌拉圭宪法》第七十四条，以具有元老院议员所需之资格为限（按，该宪法第三十条元老院议员之资格，除住居、国籍、年龄外，须有一万元之资本，或同数之岁入）。《海地宪法》第九十二条第四款，须拥有不动产者。

按，以上（己、庚）二项所列举者，在各国中仅居少数。

综核大总统之资格上述各种，皆属于积极方面。虽总统之选举当然以享有公权为要件，所谓消极之资格，自属包括其中，惟亦有特殊之规定，列举于下：

（一）非前代君主之族裔

例如《法国宪法》第八条第四项，以尝为法国昔君主之族裔，不得举为民国总统。《奥地利共和国新宪法》第六十条第四项，统治者之家族或曾为统治者之家族之人，不得为被选人。《葡萄牙宪法》第四十条第一款，曾为葡国君主之宗族，不得举充总统。

（二）非宗教师及不受宗教之职

例如《墨西哥宪法》第七十七条，以为总统者除国籍公权外，须不受宗教之职为限。《危地马拉宪法》第六十五条第四款，关于大总统之资格，须非宗教师。《桑萨尔瓦多宪法》第八十三条、《尼加拉瓜宪法》第七十三条、《哥斯德黎加宪法》第九十五条第二款规定大致相同。

按，以上二项，或因其国由君主改为共和，或因其国政治与宗教分离，故设此制限，并非通常之制度也。

第三款　大总统之任期及其继承

大总统之任期，在各国宪法中，至不一致，最高者为七年，最低为一年，而任期满后，有许连任者，有不许连任者。至遇有事故时，在设有副总统之国家，大都以副总统代行职权，其他则或以内阁补充，或以议院议长补充，分述于下：

（一）任期

例如《法国宪法》第二条、《德国新宪法》第四十三条、《波兰新宪法》第三十七条、《捷克斯拉夫宪法》第五十八条，皆明定总统任期为七年。至《墨西哥宪法》第七十八条、《尼加拉瓜宪法》第七十五条、《阿根廷宪法》第七十七条，则定为六年。又《智利宪法》第五十二条则定为五年（我国当民国二年所公布《大总统选举法》亦同）。而《美国宪法》第二条第一节、《奥国新宪法》第六十条、《巴西宪法》第四十三条、《葡萄牙宪法》第四十二条，皆定为四年，其他如秘鲁、乌拉圭、玻利维亚、古巴、巴拉圭（南美等国）皆属之。是以采用此制者，殆占多数。其定为任期一年者，仅瑞士一国耳。

按，瑞士行政部系用委员制，故其宪法第九十五条，联邦之最高指挥及行政权，以七员组成之联邦行政会行使之，会员任期则为三年。又第九十八条，联邦行政会以联邦议长为主席（按，即大总统），其任期一年。

（二）连任制与不连任制

任期既满，在宪法中许其连任者，但有不设制限及设定制限之区别。例如《法国宪法》第二条末段，有"得再当选"之规定，《德国新宪法》第四十三条亦同，此不设制限者也。其有明文规定只许连任二次者，例如《捷克斯拉夫宪法》第五十八条第三项，无论何人，不得连任二次以上，连任二次以上者，自其最后任期满了之后，非经过七年，不得再选为大总统。又仅许连任一次者，如《奥国新宪法》第六十条第二项，再选连任，以一次为限。至连任与否并无明文规定者，例如《波兰新宪法》是也。有单独规定不许连任者，例如《葡萄牙宪法》第四十二条、《巴西宪法》第四十三条，于继续之任，不得被再选是也。有虽不许连任，有隔一任或隔两任，仍许再选者，如南美洲诸共和国（巴西除外）皆属之。

按，总统任期之长短及连任之得失，其所以明定任期而设为制限者，盖恐其任期过久，政局易成为专制。《美国宪法》上，总统虽无连任之限制，但事实上，则唯开国之华盛顿一人，亦只连任一次，共为八年之任期而已。当第二次再选时，彼固力辞之，则其恬退之风，为不可及也。其他如墨西哥及中国前之总统。往往有不及任满，或自行去职，或引起政潮酿成革命，席不暇暖，政局几无宁日，更遑论连任矣。

（三）代理及补充制

大总统于任期内，遇有死亡或其他事故时，各国宪法中定其代行职务之人，大别有二：

（甲）以副总统代理或继承者。例如《美国宪法》第二条第一节第六项,副总统于大总统之免职、死亡、辞职之时,又失其行使职权职务能力之时,当代行其职。《墨西哥宪法》第八十条、《巴拉圭宪法》第八十八条亦同。而《巴西宪法》第四十一条第一款,副总统于总统暂时无能力之际代理其职权,并于总统缺职之际继续其任,是不特代理而定为继承矣。

其他如秘鲁、玻利维亚、委内瑞辣等国,其副总统皆置二人,如秘、委二国,则以第一副总统为继任,而玻国则二人不过次第代理而已。

惟副总统如再出缺时,各国宪法亦各有规定。例如美国、阿根廷、巴拉圭,则由国会指定官吏,以行大总统之职务。而巴西、玻利维亚、厄瓜多尔,则由两院议长次第代理之。

以上皆系设立副总统之国,其制度如是。若不设立副总统之国家,亦各有补充之规定。

(乙) 内阁及议会为补充者。例如《法国宪法》第七条第二项,新总统未举定之际,内阁执行施政之权。《德国新宪法》第五十一条及《奥国新宪法》第六十四条,皆明定大总统如有因事故不能视事,以国务总理行代理之制。唯《捷克斯拉夫宪法》第六十条,新大总统未选举时,或大总统因事故及疾病不能执行职务时,政府摄行其职务,政府特委任特别职务于内阁议长(按,即内阁总理)。此外如《波兰新宪法》第四十条,则以议会议长代理其职务。乌拉圭亦同。而危地马拉则由议会选员补充之。

(丙) 以内务总长为补充者。例如《智利宪法》第六十五条,当共和国总统亲自统兵,或身患疾病及其他重大原因不能行使职务时,内务总长以副总统名义代行其职(按,采此制者殆居少数)。

第四款　大总统之权限

大总统为一国行政之首领,其权限在行政上具有特殊性质,惟关于

立法、司法权,各国制定,各有不同,兹分别说明之:

(一) 关于立法上之权分为四种

(甲) 公布法律。例如《德国新宪法》第七十条及第七十二条、《波兰新宪法》第四十四条、《法国宪法》第三条第七条、《墨西哥宪法》第八十五条第一款,皆凭议会议决之法律以为公布。

(乙) 起草法案。《法国宪法》第三条,民国总统,于起草法案之权,与两议院共有之。《德国新宪法》第六十八条,法律案由联邦政府及议会提出之。《波兰新宪法》第十条,法律之发案权,属于政府及议会。

(丙) 要求复议。《法国宪法》第七条,法案经议院可决,送交政府之后,一月以内,总统必颁布之。若两议院要求即速颁布之法律,以三日内为限,在此期限内,总统得颁辩述之教书,要求议会重加讨论,议会不得拒之。《美国宪法》第一条第七节,凡两议院通过之法案,常提出于大总统加以认可,若以为否,须于十日内添以异议书还付于原发议之议院,秘鲁、巴西亦同。智利则以两星期为限,唯《捷克宪法》第六十四条第五款则不定期限。

(丁) 召集及解散国会。召集国会权属于大总统,为共和国之通例,若解散国会为议院内阁制之重要部分,而美国及瑞士则不加采用。《波兰共和国新宪法》第二十五条,议会与元老院之召集、开会、停会及解散,由共和国大总统行之,唯第二十六条则加以特别规定,议会得以投票三分之二之多数议决,任意自行解散,大总统若经元老院议员出席过半数之同意,解散议会。《捷克斯拉夫宪法》第三十一条,大总统有解散两院之权利,但大总统在其满任前六个月中,不得行使此权。第六十四条第四款,对于国民议会,行其召集、停会、解散之权。《法国宪法》(《政权关系法》)第一、第二两条,民国总统有召集两院及宣告闭会并召集特别会议之权,至总统虽得命议院停议,然亦有不得过一个月之限,及不得有两次以上停议之命,而解散众议院,须得上议院之同意(《法国宪法》第五条)。

按,解散议会之权,学者颇多诟病,谓其有反乎民权之原则及违背三权分立之精神。殊不知解散之后,必诉诸民众而再行选举,国民实居于最高评判之地位,正所以重视民权,且与分权之制,亦无相妨。盖所以调和立法、行政部之冲突,以免使国政陷于危险之状态也。

(二) 关于行政上之权

(甲) 任免官吏。《法国宪法》第三条,明定总统任命文武官吏。《德国新宪法》第四十六条,大总统除法律有特别规定外,得任免文武职员,又得命他官厅行使此任免权。《捷克斯拉夫宪法》第六十四条第七、第八两款,规定凡国务员及高等教育之教授、六等官以上之裁判官并文武官吏,皆有任免及任命权。又有须由内阁推荐者,如《波兰新宪法》第四十五条,大总统任免内阁议长,并由内阁议长之推荐,任免责任总长,由内阁之推荐,任命法律所定之文武官吏。

又虽有任命权,并加制限者。例如《美国宪法》第二条第二节,大总统得指名法律所设定之全权公使,其他之外交官、高等法院判事及其他合众国官吏,以元老院之劝奖及承诺,任命是等之官吏。虽然议会得以法律使如斯所属官吏之任命归于至当,而委任其事于大总统或法厅及各省之长官。《墨西哥宪法》第八十五条第二、三、四、五款,除自由任免国务员及联邦官吏外,如任命公使,外交事务官,海军、陆军、财政高级官,皆须得国会之同意。

(乙) 总揽政务。《美国宪法》第二条第一节,行政权者当委任于亚美利加合众国大总统，系为概括之规定。智利、墨西哥、巴西诸国亦同。《波兰宪法》第四十四条第二项，大总统以执行法律之故，并基于法律之授权，有署名于政府之命令、决定处分及禁止之权利，又有用强制力确实其执行之权利，则为特别明文之规定。

（丙）对外代表。例如《捷克斯拉夫宪法》第六十四条第一款，明定大总统之权限，为对外代表国家，有批准缔结国际条约之权（唯增加国民财产上之担负及变更国家领土等之条约，当得国民议会同意）；第二款，受授外交使臣；第三款，凡宣战讲和，须经国会之同意。《德国新宪法》第四十五条，在外交上大总统订立条约，受授使节；唯宣战讲和，用联邦法律行之；而同盟条约，若属于联邦立法范围者，须得联邦议会之同意。法、美亦同。其他如奥地利、波兰、智利、墨西哥以及南美等国，凡一切条约及宣战讲和，皆须经国会之同意，其在宪法上不设制限者，唯阿根廷一国而已。

（丁）执掌军权。例如《德意志新宪法》第四十七条，大总统对于联邦军队全体有最高命令权。第四十八条，各邦中如有不肯实行联邦宪法及法律所赋与之义务，联邦大总统得用兵力强制之。此为《德国宪法》所特别规定。《捷克宪法》第六十四条第十款，总统有统率国防之全军队权。法国、墨西哥等国之规定大致相同。唯《美国宪法》第二条第二节，大总统为合众国之陆海军及被征募于合众国现役之各州民兵之元帅，是大总统兼有海陆军元帅之职矣。而《波兰新宪法》第四十六条，大总统为国家军队之首长，但战时不得行使最高之司令权（战时军队最高首长，大总统依内阁推荐，任命军务总长为之）。是总统于平时虽统率全国军队，而战时之军政事务，则非其所属也。《奥国新宪法》，总统之于军队无统率之规定，而调遣权属于国民议会。

（戊）颁与荣典。此权唯君主国之君主多行之，如美洲诸共和国及欧洲诸共和国，则鲜有此规定。德之新宪法第百九条，且明定联邦不得付与勋章及荣誉记章，德国人民不得受领外国政府之称号及勋章（学位不在此限）。《捷克宪法》第百六条第三项，亦规定称号除指示职务或职业外不得授与，但学位不受本规定之适用。唯《奥国新宪法》第六十五条第六款，规定荣誉权之赠授、非常之赏赍，为总统之权限。

（三）关于司法上之权

司法权之独立，限于裁判上之事务。至裁判确定后，大总统往往以其元首之资格行使恩赦（大赦、特赦、减刑、复权等）权，不特君主国有之，即多数共和国亦皆载于宪法，为总统特权之一。惟各国规定不同，兹分别说明之：

（甲）大赦及特赦权。例如《德国新宪法》第四十九条，"大总统得代国家行使恩赦权"。而第二项所载，"联邦大赦，当用联邦法律行之"。由前言之，所谓恩赦盖指特赦权；由后言之，则大赦须由法律所规定，非总统所得径行也。《法国宪法》第三条第二项亦同此规定。《奥地利新宪法》第六十五条第四款，亦只规定"对于各种事项受裁判所确定判决之人之恩赦"。而第九十三条规定，大赦以联邦法律定之。《波兰新宪》第四十七条亦同。至秘鲁、智利、葡萄牙等国之宪法，则以颁布大赦及特赦为国会之权力。唯《捷克宪法》第一百零三条，则规定大总统有大赦及赦免权，此则为仅见者矣。

按，荣典之授予及大赦之行使，自昔中国前代之君主以之为赏罚之大权。自民国以来，在总统亦有行之者，英、日、比等国均于宪法上明定元首有大赦权，唯共和国宪法中，除特赦外，而于大赦权实为罕见。近世学者多主张废止，良以此制为君主政体之遗物，而于刑事政策是否适宜亦为未决之问题也。

（乙）减刑、复权之权。例如《奥国新宪》第六十五条第四款所定大总统之权限，以"裁判所宣告之刑之减轻及变更，以恩典免除刑之效果，涤除刑之宣告"。《波兰新宪法》第四十七条，亦规定总统"有减刑之权利，又有免除刑罚宣告所生效果之权利"。《捷克宪法》第一百零三条，总统"有减轻刑罚并刑事裁判所判决之法律的效果之权利"。唯其他法、美诸国，均无明文规定。至复权一项，载于各国宪法者，其例甚少。

（丙）停止诉讼权。此制在共和国宪法中亦属仅有。例如《奥国新宪》第六十五条第四款末段，总统对于依职权当追诉之犯罪行为，中止刑事诉讼手续。《捷克宪法》，大总统有下命令使不起刑事公诉或中止其诉讼之权利（但不妨及私权当事者之诉权）。

第五款　大总统之责任

大总统为一国之元首，惟对于政治上、法律上之责任，各国不同，分述于下：

（一）所谓政治上负责与不负责之区别如下：

（甲）大总统不负责任之制。内阁制之国家例如法国，大总统从其习惯上、政治上全无责任，其失政之责，全由国务员对于议会负之。《德国新宪法》第五十六条、《普鲁士新宪》第四十六条，均明定内阁总理决定政治大纲、对议会负责。《波兰新宪》第五十六条之规定亦同，《波兰宪法》第五十一条，明定总统职务上之行为，对议会不负责任。《捷克宪法》第六十六条，亦明定大总统对其职务上之行使不负责任，而负有责任者则属于政府（所谓政府指内阁议长及各员）。惟其无责之根据，与君主国之所谓神圣不可侵犯者，则迥乎不同。

（乙）大总统自负责任之制。总统制之国家，例如美国大总统对于人民全体负责，对于国会不负责任，此为实行三权分立制。而《奥国新宪法》第六十八条则规定，大总统关于行使职务，对联邦总会负有责任，危地马拉及巴西等国亦大致相同。

(二)法律上之责任，即对于宪法、刑法上负有责任是也，分述如下：

（甲）违反宪法之责任。例如德之新宪法第五十九条，议会对于总统之违反宪法及法律者，得起诉于国事裁判所。《奥国新宪》第一百四十二条，唯违反宪法，有议会提出公诉之规定，而不及于其他法律。至智利、巴西、墨西哥、葡萄牙之宪法亦同。若法、美二国，则无明文规定。

（乙）触犯刑法。此制于各国所定之范围有广狭之不同，例如法国只限于大逆罪。美国则除叛逆罪外，又有收贿及其他重轻等罪。玻利维亚则总统全负其刑责，与普通人民无异。唯墨西哥则以重大者为限。而德国总统除违背宪法外，即违背法律，亦属同等（参照上条），可知其对于刑法上之概负其责矣。

（丙）私诉赔偿。此制虽各国并无明文规定，然征之往事，普皇因游法国，购买旧邮票而不付价，经法商之诉追。西班牙女王，因在巴黎购买古董而不付给，亦经法院之裁判。

第四节　内阁之权限及其责任

立宪国之定例，除《美国宪法》于内阁权限无明文规定外，国务员对于元首之命令处分，必当尽其辅佐之职。而所以表示辅佐之方法，则"副署"是也。惟副署之制，各国宪法规定不同，兹分述之：

（甲）由国务总理及主任国务员之副署。例如《德国新宪》第五十条,联邦大总统之一切命分及处分,必须国务总理或主任国务员之副署,始生效力。《奥国新宪》第六十七条第二项,大总统之一切行为欲其有效者,须有总理及主任国务员之副署。波兰新宪第四十四条第四项规定亦同。

(乙)以国务员一人副署。例如《捷克宪法》第六十八条:"大总统一切行为之关于政治权及执行权者,非有有责任之政府员一人之副署,不生效力。"即《巨哥君主国宪法》第五十四条:"国王之命令,苟未得适当国务员之副署,不能发生效力(所谓国务员,虽未明定一人,唯国务总理当然不包括在内)。又国王之任何命令,或口授、或成文、或经副署、或未经副署者,及其一切政治性质之行动,须有一适当国务员负责。"是虽未经副署,苟有国务员一人负责,即有同等之效力也。《法国宪法》第三条第六项,亦以总统所颁发之件,必有一部之长加副署。

(丙)单独署名与连合署名。例如《智利宪法》第七十八条,国务员于自己署名之行动,单独负责;于与其他国务员联合署名或表示同意之行动,连带负责。《阿根廷宪法》第八十八条规定亦同。

内阁对于议会负其责任,在内阁制之国家,于宪法均有通常之规定。约而分之,有政治上之责任与法律上之责任是也,分述于下:

(一)政治上之责任

(甲)弹劾制。在现今多数立宪国家,以弹劾为溯及既往之法律,致内阁员陷于罪刑,故多不采取此制。但《波兰共和国新宪法》第五十八条,议会以投票之普通多数,从政治上之见地,对于国务员之行为问其职任;第五十九条第二项,决议之出于弹劾国务员者,非法定议员定数中至少有半数之出席,并以投票之五分三之多数可决之者,不得行之;第三项规定,国事裁判所审理议会弹劾之事件而判决之,国务员不得用辞职手段,以免宪法上之责任。国务员经议会之弹劾,停止职务,是国务员于政治上之责任,明定于宪法中也。《智利宪法》第八十三条,除国务员犯刑事法律外,于政治上如损害国家之安全,由代议院弹劾。《葡萄牙宪法》第五十五条,则于妨害政治,亦定有责任。

（乙）信任投票。例如《德国新宪法》第五十四条,国务总理及国务员在职之时,当得联邦议会之信任,联邦议会用明示表决不信任时,国务总理及国务员当去职。《捷克宪法》第七十八条、《普鲁士新宪法》第五十七条、《奥国新宪》第七十四条,均同。《波兰新宪》,虽于信任及不信任无明文规定,然其第五十八条第二项,内阁及阁员如遇议会要求辞职时,即须辞职,所谓要求辞职,即不信任之表示也。其他共和国之立法其大致皆同;即君主国,如英、日等国,虽不明定于宪法,亦皆采用此制,其目的在使政府服从民意也。

（丙）拒绝预算。此制在使议会对于政府之财政负监督之责,其初名为"课税拒绝",在昔英国行之,而移于法、比诸国。当大战前,德国联邦之威敦堡①,亦有此规定。自《德国新宪》成立,明定为不信任之投票,此制遂不采用。其他各国宪法,关于此制之规定极少。

（二）法律上之责任

即指违背宪法及法律而言,议会对于国务员有起诉于裁判所之权,惟手续各国不同,列举如下:

（甲）起诉时当有议员百人以上之联署,或过半数之出席。例如《德国新宪法》第五十九条,联邦议会对国务总理、国务员违反宪法及法律者,得起诉于国事裁判所,起诉之建议当有议员百人以上之联署。《奥国新宪》第七十六条第二项,虽不明定议员之人数,惟须有议员过半数之出席,得提起公诉;而第百四十二条第二项,所规定为违反法律;

---

① 即 Württemberg,今译为符腾堡。

第百四十三条,则刑事裁判上追诉之行为,而与被告职务行为相关联者,亦得提起,其裁判属于宪法裁判所,亦得适用刑法规定。

（乙）弹劾权属于代议院,而诉讼属于元老院。例如《捷克宪法》第七十九条,内阁各员于其主管权限,故意或过失违背宪法或其他法律者,负有刑事责任;而第二项则以弹劾之权属于代议院,其诉讼于元老院行之。《美国宪法》第一条第三节,规定元老院有审判百般弹劾之全权。此制创始于英,即法国及墨西哥、阿根廷等国,亦皆行之;不若德、奥诸国,起诉虽属于议会,而审判则属于国事裁判所及宪法裁判所也。

（丙）列举刑事上所负之责任。例如《葡萄牙宪法》第五十五条,列举各项,如违背国制,反对宪法及民主政体侵害人民享受公权及私权,扰乱地方治安,任意妄为,营私舞弊,违背例案,故意增损各项公款,反对议院议决之出入预算。各部总长于其行政管辖权内,倘有犯及各款者,除撤任归案科罪外,并视为失行政权之能力。《美国宪法》第二条第四节,则关于合众国之文官,由于叛逆罪、收贿罪、其他对于重轻罪之弹劾及其有罪之判定,被免其职。其他各国,则鲜有此种列举之规定。

第五节　司法院之组织

司法权为三权分立主义,在宪法上系属国家重要之机关。无论君主立宪国及民主立宪国,皆以此种机关为独立机关,不若行政与立法,或有联合（例如委员制）之性质也。惟裁判所之种类,亦至不一,兹分别说明于下:

（一）司法裁判所

即普通法院也。其组织及权限，各国大多规定于《法院编制法》中，惟亦有特别规定于宪法者，列举如下：

（甲）法官之权能及其任用。例如《德国新宪法》第百二条规定，裁判官独立，唯服从法律；第百四条，通常裁判所之裁判官为终身官，非依裁判判决或法律所定之理由及手续者，不得反其意志，令其免职、停职、转任及退职，裁判官应当退职之年龄，得以法律定之；第百五条，特别裁判所一切禁止，无论何人皆不能剥夺其受法定裁判官裁判之权利。《奥国新宪》虽于法官之独立及其进退无明文规定，然第八十三条则与德宪第百五条之规定，则相同也。《波兰新宪》第七十七条及第七十八条与德宪第百二条、第百四条之规定亦同；唯于司法判决，无由于立法权或由于行政权，均不得变更之，为第七十七条第二项之规定；而于法官之保障，则第七十九条所规定，裁判官除现行犯非预经法定裁判所之承认者，不得令其负刑事上责任，即令为现行犯，裁判所亦得要求即行解其拘留。《捷克宪法》第九十八条及第九十九条，则与德国有从同之点。而奥宪第八十七条规定裁判官独立行其职务，及第九十四条又明定司法权与行政分离。虽美国为实行三权分立之国家，其对于司法权之独立，在宪法并无定有明文，唯于法官任用上之保障，规定于宪法第三条第一节，"高等法院及下级裁判所之判事，其善行之间，得永保其职，又于定时可受对于其职务之报酬，此报酬者，在职中不得减"而已。至英、法二国宪法，关于司法权则全无明文规定。英国《大宪章》仅及普通法庭与巡回裁判所之设置。

以上所述，是各国宪法关于司法权之规定各有不同。而法官之任命，在君主国皆由君主操之；若共和国家，则或有出于任命者，或有出于选举者，或由推荐而加以任命者，亦至不一。而法官对于法令之适用及裁判上所取参审、陪审之制度亦有规定于宪法中者，列举于下：

（乙）任命或选举。（一）由大总统自由任命者，例如《德意志新宪》第四十六条、《法国宪法》第三条皆同。《奥国新宪》第八十六条则依联邦之推荐，由大总统任命之。《波兰新宪》第七十六条明文规定，大总统任命裁判官，但治安裁判官原则上由人民选举。《捷克宪法》第六十四条，大总统任命六等以上之裁判官。（二）虽由大总统任命，须经上院之同意者。例如《美国宪法》第二条第二节，高等法院判事，以元老院之劝奖及承诺，由大总统任命之。《智利宪法》第七十三条第七款，大总统任命上级及初级裁判所之判事，但须经国家顾问院（由元老院及代议院选出）之是认。而巴西、巴拉圭等国，亦大致同。（三）限于高等以上之法官，由议会选举者。例如《瑞士宪法》第百七条，联邦裁判所员，以联邦议会选举之。而墨西哥、玻利维亚、委内瑞辣、乌拉圭、哥伦比亚等国亦同。

> 按，司法官之任用，应以不入政治漩涡为标准，出于议会选举，则政党势力足以左右之矣，所以定为终身官者，亦以不受政局转移为原则也。

（丙）审查及适用法律。法官之适用法律及审查之规定，例如《捷克宪法》第百二条，裁判官当其判决诉讼事件之时，有审查政府命令之效力之权利，裁判官对于法律，唯得审查是否正常公布。而《波兰宪法》第八十一条，则规定裁判所无审查已经正式公布之法律之效力之权利。《奥国新宪》第八十九条，裁判所对于适当公布之法律之效力，无审查之权力，裁判所对于命令之适用，疑其有违反法律时，应中止诉讼手续，并向宪法裁判所陈请废止此命令。是审查及适用法令之权，各国之规定，各有其不同也。

（丁）参审、陪审制度。各国宪法关于司法之组织，有采取参审制者，有采取陪审制者。例如《捷克宪法》第九十五条第三项，陪审员之职务权限，以特别法律定之。《波兰新宪》第八十三条，陪审员关于该当重刑之犯罪及政治犯罪，有决定之任务。而《奥国新宪》第九十一条第二项之规定相同，唯第一项则定国民须参与裁判之行使，是陪审及参审制，皆采用之也。德国虽于参审、陪审制互用，唯于宪法中则未有明文规定，与奥国不同。而《美国宪法》第三条第二节，则除弹劾事件之外，百般犯罪之审理，当以陪审官为之。其他欧美诸国，大都与美国相同。

按，欧战前世界各国之宪法，关于司法权之独立，俱未有特别规定。即如美国、如瑞士，亦仅于裁判所之组织及诉讼之条件为简要之叙述。至欧战后新兴诸国，如德、奥、捷克、波兰、巨哥斯拉夫等国，则皆于宪法上除立法、行政权外，特置"司法权"一章，而于裁判官独立，则又明白规定，其尊重司法之精神，实行三权分立主义，不可谓非宪法之进步也。

上述司法裁判所之组织，已详其概要。此外则有行政裁判所、宪法裁判所、国事裁判所等，各国宪法亦有规定于司法权之内者，兹更分述于下：

（二）行政裁判所

即行政诉讼上之审判，不属于通常民刑诉讼之范围，另设行政裁判所以裁判之。例如《德国新宪》第百七条，对于行政厅之命令及其处分，联邦及各邦可从法律所定设立行政裁判所，以保护个人，仅为概括之规定，列入联邦司法一章。而《奥国新宪》则自第一百二十九条至一百三十六条，关于处分、权限及组织，皆列举其中，至裁判官在原则上以司法官或行政官为参加。《波兰新宪》第七十三条，以特别法律定行政裁判制度，对于政府及地方自治权之行政行为，判其有无合法，行政裁判之组织，以公民及司法权之协同参与为基础，于其最高位置置行政裁判所。其他如美国则凡行政裁判，多属于议会，宪法第一条第三节，元老院有审判百般弹劾之权。《智利宪法》第三十条第二款，元老院审判被代议院弹劾之官吏。其他南美诸国，多采用美制。而《巨哥斯拉夫宪法》第一百三条，以参政院为最高行政法庭（参政员由国王与国会各推举之），处决行政案件，此与法国以参事院为行政裁判所，其立法相同。至英国昔时制度，则以司法裁判所兼理行政诉讼，意大利等国皆属之。唯德、奥诸国，所特设之行政裁判所，实为最新之行政制度（德国及波兰则于行政裁判所外，别设国事裁判所，专为审理议会弹劾国务员之事件）。

（三）宪法裁判所

各国对于此种裁判，大都属于议会。唯《捷克宪法》第三条，宪法裁判所以七人组织之。二种最高裁判所，换言之，即最高行政裁判所及最高司法裁判所，各由其裁判官中互选二人，以作宪法裁判所之裁判官、裁判长及其他二人之裁判官，由共和国大总统任命之，而其裁决之职权则为对于国家法律及地方议会之法律是否与宪法相抵触。惟此种制度，在各国宪法中，鲜有此规定。《奥国宪法》第二节虽亦规定设有宪法裁判所，但第一百三十七条，所谓该所裁判之范围，则为对于联邦各邦或地方团体之一切请求，而不能适用通常诉讼手续以决定之事件，及第一百三十八条所定之权限争执（如裁判所与行政厅、行政裁判所与裁判所、行政裁判所与宪法裁判所自身、各邦相互间、一邦与联邦之各种争执），亦皆属其裁判。此殆与他国之权限裁判所相同（或特别裁判所），而与捷克之单纯规定为宪法裁判所之制，则绝不相同。而其第一百四十二条，以大总统及政府各员之违反宪法及法律者，亦由该所裁判之，则又与他国之国事裁判所相同。是其职权范围，至为扩大。其裁判所长及所员等，则由国民议会或联邦议会选举之，实为最新之法制。《普鲁士新宪》第八十七条，则于宪法上之争议，由政治裁判所决定之。

第六节　审计院制度

审计院为国家财政监督机关，自昔各国多附设于财政机关，然往往为财政部所操纵。十九世纪以后国家预算成为法律，遂实施其监督权而与财政机关分离。

（一）审计院之组织

除英美制不特设审计院，于财政部中置审计长及审计员，使掌全国岁出、决算之事外，其他大陆派诸国，皆有审计院，就中亦分法国派与德国派：（1）法国派则以审计院有司法权，其性质与裁判所无异；（2）德国派纯为监督行政机关，无司法权。二者比较，法国派未免与司法权混淆，而监督之效力亦嫌薄弱，故以德国派为优。至审计员之任用，亦各不同。有由议会选举者，比利时、荷兰等国行之；有由元首任命者，英、美、法、意、普、日等国行之。

（二）预算制度

国家之支出，如各种之建设以及国防、国债之费用，往往年有增加，收入不敷支出，故必须有预算之准备及预算之决议。

按，审计院制度，各国多未规定于宪法。唯奥国及巨哥等国之新宪法于会计检查院之设置及其责任，并明定直接隶属于国会。

（甲）预算准备制。由下议院之收入委员（即国会预算委员会之委员）与支出委员调制预算，付与下院通过之。惟其制各有不同，例如美国在法律上属于议会准备，由各部以预算原案送于财政部，编成概算书，送之国会，由国会设各种预算委员会，合而编成总预算。英、比等国，则法律上为政府准备制，事实上为议会准备制，每岁由财政部移文各部，令其提出经费要求书，即开阁议，决定标准，复经财政之削减改除，编成总预算，然后提出于议会，各国普通多采此制。

（乙）预算之决议。依立法之原则，以人民有纳税之义务，以供给国用，是以代表人民之下院，对于预算，应有先决权。此制仿自英国，为现今诸国所采用。惟下院议定之后，有须送交上院加以修正者，此制各有不同：（1）认上院有修正权者，法美等国行之，日本虽无规定，然事实上仍认有此权；（2）不认有修正权者，英国即采此制，自一六七一年，凡人民与王之一切供给，无论何人不能修正，以后遂成为习惯。

第五章　领土及人民

第一节　领土

领土所以表示国权之界限，在自国领土内之一切团体及个人，不问其属于内国籍及外国籍，皆当服从国权之统治。换言之，自国领土内不容有他国行使其统治或侵略。

惟各国宪法中,关于领土有取列举主义者,有取概括主义者,又有取民族自决主义者,亦有宪法全无规定者,而变更领土,或须限以法律、或须依照宪法,皆各有特别之规定。

(一)列举主义

例如《奥国新宪法》第二条,联邦由下列七邦成之,列举"布鲁圣地"①"格伦登"②等七邦之名。《比利时宪法》第一条,比国分为数州,即"盎为尔斯"③"弗拉朋"④等。《瑞士宪法》第一条,瑞士有主权二十二州之人民,由此次盟约,互相联合,构成瑞士联邦,其二十二州,为修利克(Zürich)⑤、百伦(Bern)⑥、日内瓦(Genève)等。《墨西哥宪法》第四十三条,联邦之组成部分为亚瓜斯加林斯⑦等,更详为规定于第四十四条至第四十八条,划分边界及境界。

(二)概括主义

例如《德国新宪》第二条,联邦领土由德意志各邦组织之。《荷兰宪法》第一条,荷兰王国以在欧洲之领土及世界其他部分之殖民地及属地构成之。

按,联邦国之领土多取列举主义,而单一国则多取概括主义,然亦有以领土不明定于宪法者,此亦各国之通例也。

---

① 即 Burgenlang,今译为布尔根兰。
② 即 Kärnten,今译为克恩滕。
③ 即 Antwerpen,今译为安特尔普。
④ 即 Vlaams-Brabant,今译为弗拉芒布拉邦。
⑤ 今译为苏黎世。
⑥ 今译为伯尔尼。
⑦ 即 Aguascalientes,今译为阿瓜斯卡连特斯。

(三) 民族自决主义

例如《德国新宪》第二条后段规定,若他地人民由其自决权之作用而望合并于德国者,得用联邦法律编为德国领土,此为宪法上最新之创例,合于现代民治之潮流也。

(四) 变更领土之限制

领土为不可分割、不可变更之物,此为各国立宪之原则。故如遇有变更时,须规定其制限,各国宪法各有不同,分述如下:

(甲)以法律为制限。例如普鲁士第一条,凡领土变更之际,当有普鲁士同意,此同意用法律定之。《比利时宪法》第三条,国及州邑之疆界,非据法章,不得改变及复旧。《荷兰宪法》第三条,王国及省邑之境界,得以法律变更之。

(乙)以宪法为制限。例如《奥国新宪》第三条,联邦领域之变更,同时变更一邦之领域,并在联邦领域之内部,变更各邦之境界者,除依讲和条约外,唯依联邦之宪法及其领土受变更之邦之宪法,始得行之。《捷克斯拉夫宪法》第三条,共和国之领土为单一不可分之全部,其境界非用宪法改正之法律者,不可变更之。

第二节 人民之权利

宪法上列记人民之权利为各国之通则,起源于英国之《权利请愿》[①]及法国之《人权宣言》。就人民权利区分之,所谓"人权",即个人之自由权(私权);所谓"民权",即政治上之公权也。盖自由权为人类

---

① 指《权利请愿书》(*Petition of Right*),系英国议会于1628年通过的宪法性文件。

生存不可缺之条件，而民权为行使其参政之权利。各国规定虽有多寡不同，兹就其普遍者，举示于下：

第一款　自由权

（一）居住移转之自由

例如《德国新宪法》第二编，规定德国人民之基本权及基本权利，而于"个人"章第百十一条，一切德国人民在国内有移转之自由，无论何人，皆得随意滞留或定住国内各地。而第百十二条，又规定人民有移住于国外之权。惟以上二条欲加以限制者，当依联邦之法律。盖无论在国内国外，皆有要求国家保护之权利。其他各国大率相同。

（二）住所不可侵之自由

例如《巨哥斯拉夫宪法》第十一条，规定住屋不得侵犯，非按法定手续不能调查或搜检住屋，巡警于夜间不能擅入住屋，即有必要，当有市长及邻人在场监视。官吏违反此种规定，当治以非法侵扰住屋之罪。《德国新宪》第百十五条，一切德国人民之住所，为其安身之地，不得侵害，对此例外，当从法律所定。

（三）身体之自由

此制始于英国之人身保护律，在现代各国多采用此制。例如《波兰新宪法》第九十七条，非从法律所定、用法定方法且基于司法官宪之命令者，不许制限自由，尤不许检查、逮捕身体。《捷克宪法》第百七条，人身自由之制限及其抑压，除依据法律外不得为之，对于国民，用公权力要求劳役时，亦除法律规定外不得为之。各国宪法规定虽有详略之不同，而其原则则一。

（四）书信秘密之自由

例如《德国新宪法》第百十七条，信书之秘密，邮便、电报、电话之秘密,不得侵害。此亦立宪国之通例。

按,上列各种之自由权,各国多列举于宪法中。唯《美国宪法》第四条,凡人民,其身体、家宅、文书及财产,无故不受搜索押收之权利,不可侵犯,则为概括之规定也。

(五) 所有权不可侵之自由

《德国新宪法》以此条列入"经济生活"一章。如百五十三条,所有权受宪法保障,其内容及限界用法律定之。又于同条第二项规定,公用征收唯以公共福利之故,并据法律所定,始得行之。第三项则以所有权不含义务,所有权之行使,同时又当增进公共福利。此种制度在保护个人私产中,又定其公用征收及增进公共福利为条件,于社会国家经济两不相妨,此实为最新之立法。《波兰新宪法》第九十九条之立法用意相同。唯《苏俄宪法》第九条,在于完全破坏资本制度;第十六条,打破有产阶级之经济上、政治上之权力;而第三条第一款,以确立土地社会化之故,废止土地私有,一切土地移为全国民所有,则其对于所有权不可侵之自由,完全立于反对之地位。

(六) 信教之自由

在政教合一之国,有以一定之宗教定为国教,载入宪法(如意大利、西班牙、希腊以及南美诸共和国)。然现代国家,多以个人信仰自由为其准则。例如《德国新宪法》第百三十七条明定不立国教;而第百三十五条,国内一切住民有完全信教自由及良心自由,宗教上之行为之安全使行,宪法加以保障,联邦与以保护;第一百三十六条,又规定享有私人及公民之权利,并就任公职,与宗教上信仰并无关系,无论何人皆不得强其参加教会之集会仪式并宗教上行为,又不得强其用宗教上宣誓之形式。各国通则，虽亦规定信仰自由，然并无若其之详载，而"不立国教"之规定，则实为最新之创例也。

（七）言论、著作出版之自由

此亦立宪国之通则，例如《巨哥斯拉夫宪法》第百零五条，出版自由保障之，凡出版不得付与检阅，或置于特许制度之下，国内之新闻纸及出版物之颁布，由于邮政者，不得拒绝之，其颁布亦不限于共和国之领域内；而第二项则别以法律限制其滥用此自由之责任。《德国新宪法》第百十八条，人民在法律制限之内，得用文书、言语、出版图书及其他方法，自由发表意见，不设检阅之制，但电影及关于妨害风俗之文书、图画之取缔，依立特别规定。

（八）集会结社之自由

此制虽为各国所共同，然亦定以相当之制限。例如《奥国新宪法》第十条第七款，以集会及结社法，定为联邦之法律。德国则分集会、结社为二种，新宪法于第百二十三条，一切德国人民，若平稳安静且不携带凶器者，可不必报告官厅，不必受特别许可，皆有集会之权利，唯屋外集会，则据国法有报告之义务，若集会直接有害公共安宁者，得禁止之。《捷克宪法》第百十三条、《巨哥宪法》第十四条皆同。至结社，则德国于普通人民无特别之规定，唯人民之为官吏者，于宪法第百三十条，一切官吏有宣布其政治上意见之自由及结社之自由，官吏可依据联邦法律设立特别之官吏代表机关。而于"经济生活"一章第百五十九条，凡结社以维持或改善劳动条件及交易条件为目的者，无论对于何人，及对于何种职业，皆保障其自由。可知政治结社，唯限于官吏，而经济结社，则须以改善或维持劳动及交易为条件也。《捷克宪法》第百十三条之规定，结社除其行为有触刑法或有妨平和及公共秩序外，不得命其解散。而第百十四条，与德宪第百五十九条之规定相同。

（九）营业之自由

当世界日益进化，国家自无干涉人民自由营业之理，宪法上即无保障之必要。故现今各国，对于此种已绝少规定。但《德国新宪法》第百十一条，人民有获取土地及为各种营业之权；第百五十一条，通商及营业之自由，依联邦法律所定保障之。《波兰新宪法》第百零一条，各公民得选择职业以立生计，盖以经济生活之秩序，常使各人得营人类相当的生活为目的也。

按，个人权利，如身体之自由、住所之不可侵犯、出版之自由、通信之秘密、集会结社及组织公司之权利，于《波兰新宪法》第百二十四条，规定因公安之必要，对于全国或一地方，一时停止之；而第百二十五条，或因内乱、战争时，大总统得用专断，下令停止此项权利。

第二款　参政权

所谓参政权即国民应享之公权，约而举之，计分为三：

（一）为官吏及就公职之权

此制在各国宪法中皆有明文规定，然或以国籍为限、或以男性为限。自欧战后，在英、美各国，皆许女子有参政权。例如《普鲁士新宪》第七十七条，不问其为男为女，皆得为邦官吏。《德国新宪法》第百二十八条，一切德国人民得从法律所定，应其才能及其役务而就公职，对于女性官吏之例外规定，一切废止。《波兰新宪》第九十六条，一切公民在法律之前皆平等，一切人民得依法定条件而就公职，并不认基于门第或基于阶级所生之特权。此在新宪法上，实为良好之制度。《捷克宪法》尤为进步，其第百二十八条，一切人民，无人种、言语、宗教之别，于法律之前完全平等,且享有同一民权及参政权,对于就任官职或职务及享有荣誉,不加以妨害。

(二) 选举议员及被选举权

此种权利为各国所同,惟自欧战后无论男女皆享有此权。例如《德国新宪法》第二十二条,议员依普通、平等、直接、秘密之选举,并从比例代表之原则,由年龄满二十岁之男子、女子选举之;而第百二十五条,选举之自由及选举之秘密,当保障之(普鲁士规定亦同)。《苏俄宪法》第六十四条,俄罗斯苏维埃联邦社会主义共和国之男女市民,不论其属何种宗教、民族、生国,苟于选举之日,年龄满十八岁以上且有下列资格者(即劳动者、兵卒、农民等),皆有苏维埃之选举权及被选举权(按,"苏维埃"与瑞士之理事会相同)。

(三) 请愿及诉愿之权

此亦为各国通例,然亦有各别规定。例如《波兰新宪法》第百零七条,公民单独或共同对于国家及地方自治体之一切代表会议及官宪,有提出请愿书之权利。《捷克宪法》第百十五条则稍加以限制,其第百十五条,规定请愿权利属于各个人、法人及团体,唯于其目的之范围内,有请愿之权利。而《巨哥宪法》则不加制限,人民有请愿之权,请愿书可由一人或一人以上之个人或一切法人签字,请愿书得向任何官吏呈递。《德国新宪》第百二十六条则与波兰略同,规定一切人民,有用文书请愿或诉愿于有权限之官厅及议会之权利,此权利或一人或多数人共同行之。

按,上列自由权及参政权,在法律上主观分析之:(一) 各个人使国家不行为之身份,即居住、移转之自由,住所及身体不可侵之自由,言论、出版、结社、集会等之自由,在此权限内,能使国家不行为；（二）请求国家行为之身份，即如请愿、诉愿之权是也；（三）得参与国家政务之身份，如为官吏、就公职、行选举等之权利是也。

第三节　人民之义务

人民义务，规定于各国宪法中者，有详略之不同，兹举近今宪法所列举者，略述于下：

（一）当兵义务

在欧美各国皆取征兵主义，唯在中国，则尚行佣兵制。近今各国人民之当兵义务，或另以兵役法定之，而在宪法中则以劳役之义务规定之。例如《德国新宪法》第百三十三条，一切公民有依据法律，为联邦及各邦、公共团体服劳役之义务；兵役义务用《联邦兵役法》定之。而《巨哥宪法》第一百十九条，则规定兵役义务，国民依法一律负担。《捷克宪法》第一百二十七条、《波兰新宪》第九十一条皆同。

（二）忠于国家之义务

此种规定在宪法中亦属仅有，因人民对于国家之尽忠，为当然之责。唯《巨哥宪法》第二十一条，人民俱有保卫祖国、协助国家负担之义务；《波兰新宪》第八十九条，波兰人民以尽忠波兰共和国为其第一义务。

（三）劳动之义务

此制唯苏俄行之，其宪法第十八条，俄罗斯苏维埃联邦社会主义共和国于"不劳无食"之主义之下，宣言一切市民有劳动之义务。

（四）就学之义务

此制在美洲小共和国，如《古巴宪法》第三十一条、《海地宪法》第二四条、《哥斯德黎加宪法》第五一条及欧洲《葡萄牙宪法》第三条,皆亲定人民有受初等教育之义务。而《德国新宪》第百四十五条,就学为一般义务,就学义务之履行,以有八学年以上之小学,并小学卒业之后至满十八岁为止,再入补习学校修学为原则。《波兰宪法》第九十四条,公民须施教育于其子,至少亦负有施以初等教育之义务。

(五) 纳税之义务

此为立宪国之原则。例如《巨哥斯拉夫宪法》第一百十六条,纳税义务普及于全国民。而《德国新宪法》第百三十四条,一切公民,应其资力,依据法律,分任一切公共负担。《波兰宪法》第九十条,人民当缴纳法定之赋课金。

其他如遵守宪法及法律之义务、尊重官宪及其所课之公家义务,如《波兰新宪法》第九十条、第九十三条之规定;人民依据法律就任名誉职之义务,人民以其精神肉体之力为公共福利之义务,如《德国新宪法》第百三十二条及第百六十三条之规定;均非多数国宪法所恒有。

结 论　各国新宪法与三民五权之比较

第一,欧战后世界宪法之新趋势

欧洲大战后,于一九一八年发生革命运动,一部分为民族的、一部分为社会的;就俄罗斯及奥地利、匈牙利之被压迫民族方面观之,是为一种独立运动;从战败国德意志、匈、奥等国观之,即为一种建设民治的政治运动，而同时又为图谋解放与无产阶级专政的阶级斗争。

俄国革命之后，最初曾有民主政治之倾向，当时亦依主权在民之原则，恢复人民一切之自由，用普选方法召集其宪法会议。然未几即与民主政治相脱离，其政权入于共产党之手，而施行其阶级独裁制。惟社会革命之运动，反益促进欧洲各国之民主化。中欧、东欧各国制定新宪之时，对于新制、旧制，民主派与共产党之多数派（鲍尔希维克派①）争论甚烈。总之欧战后，中欧、东欧各国之宪法史，乃一部民主政治与苏维埃政治之争斗史也。

德国革命，具有政治的与社会的二种性质。观于《德国新宪法》，起草者虽已采用民主政治形式之一切要素，但于国家有机体说，仍未抛弃。在一方面似纯采社会主义之原则，已将个人主义之民治观念全行排斥；而在另一方面，则又似仍采法理上的机械说，以完成其国家组织之基础概念。德人向富组织力，俄人向在专制下讨生活，故同经革命，而现在所趋之途径，竟相反也。

中欧及东欧诸国之制宪会议，均欲各自造成一自由国家，但同时又咸具有"鲍尔希维克主义"之印象。故有数种新制度，乃为各国所共有。例如大战中所受经济之苦痛，与俄国革命之经验，土地问题遂引起所有新宪法起草者深切之注意。试按诸《波兰宪法》第九十九条、《巨哥斯拉夫宪法》第二十六条又第四十一至四十三条、《爱沙尼亚宪法》第二十三条等对于财产限制之新形式，便可了解各国宪法学者对于土地问题，若何重要也。

自形式上论之，最近十年来之欧洲诸国新宪法，可以证明民主政治之胜利，虽其本国旧有之制度、习惯、风俗未能完全摆脱，但诸国之革

---

① 即 Большевик，今译为布尔什维克。

命,无论其由于外力之压迫,或鲍尔希维克党人之煽动,要皆能于困难之中订立新法,打破往昔之旧专制观念。即自政治生命言之,此等成文宪法,究为改造国家之要素,可以深信民主政治,已日趋于合理之途径。即于各国宪法及其政治生命之总体测之,纵间有不良之处,亦为政治的而非法律的也。

至其议会制度所暴露之弱点,既不能减少世人对于民主政治之攻击与误解,则应如何改造为民主政治运用之新形式,与夫主权在民之确实保障,实为一大问题。今就各国新宪法之趋势观之,约有五点:(一)议会政治与人民复决、创制权,已交互采用;(二)宪法中兼规定及议会内部之手续法;(三)上院权限之缩减;(四)议会得颁布临时法律,取消行政机关之紧急处分;(五)选举诉讼法庭独立设置。综合数端,要为最近十年来欧洲各国政治建设之新途径也。

第二,世界宪法——三民主义精神之实现

我人以客观之态度,从历史的与社会的眼光,将战后各国之新宪法加以精细及综合之研究,即可明了各国现在之趋向,均在三民主义之人群进化大道上渐次迈进。虽各国进化工作有不少程度之差异,然而进行之方向决不能背道而驰。历史上各种人类争生存之现象,如民族与民族之争、平民与贵族君主之争、劳动阶级与资产阶级之争,并不是极清晰整齐地同时并起,因此多数大政治家往往发为畸形不全的革命理论。唯中山先生在此种纷乱无序中,求其总因,归纳于完整,合于历史行程之革命主义。现在民族、政治、经济三方面之不安和与不平之现象,已经达物极必反之时期,所以民族革命、民权革命与民生革命,亦已

由和缓演进之时期，进而为激烈开展之时期。从战后新现象观察，即可举出客观的例证。

欧战后各国政治上之变动，多数被压迫民族，现在均已恢复其独立自主权，如波兰复兴、捷克独立、土耳其中兴，皆属显著之事实。而其宪法上对于独立自主权，并加以严密之规定，即为民族主义之力量之自然表现。从其政体演进之事实观之，君权政治完全崩溃，如俄、土、德、奥等国，皆由君主而改为共和，更进而求民权充分之发展，且不愿仍沿袭英、美以及欧洲大陆诸邦之虚伪代议政治之覆辙，而有彻底使政府治权附属于民权之趋势。此种趋势具体之表现，即为复决、创制与罢免诸直接民权之应用，此当然又非常明白表现出民权主义之力量。再从经济组织之变动事实观之，其一方面固然从"鲍尔希维克"途径之悬崖勒马，一方面却不愿师承英、美诸国个人主义之故智。于是对于"平均地权""节制资本"此两种原则之实行，德、巨诸国之新宪法上已有多少符合，就此种事实表现之情势观之，即不能不承认此为民生主义之力量。

俄国革命后成立之新宪法，固有与世界特殊之趋势，但绝非鲍尔希维克之自身发生，实为三民主义积极表现。孙中山先生所云"俄国革命之成功，不是鲍尔希维克主义之成功，而为三民主义之成功"，固要非自夸之言也。

第三，民族主义之趋势

民族主义之根据，其力量之坚固，历史之悠久，无论何种强大横来之压力，不能消灭之。自昔专制之君主及帝国主义者，或以军事侵略，或以经济及文化种种压迫与麻醉,结果不能得最后之胜利,试一阅古今中外民族复兴之历史,殆无疑义。

卢梭有言:"国家主权,是有不分性、不让性、永久性与统一性的。"但主权并非抽象名词,其实质所寄,当然在于民族之精神。主权之所以不可分、不可让并永久而统一,即因民族精神以有根深蒂固与历史之因缘,而民族团体又顺乎天理物性之共存共荣,以自然的单位组织而成。

一切法律皆根据物性制定,所以近世宪法要不能外此原则。其开章明义,将民族主权之一种概念定为严正之条文,举例如下:

(一)《捷克斯拉夫宪法》在法条前之一种宣言,有云:"我捷克斯拉夫国民,巩固国民之完全统一,发布公共法律于国内,而以保障捷克斯拉夫之平和发达、促进国内人民之公共福利,且欲为后世子孙确保其自由幸福之故,爰于一九二〇年之国民议会,为捷克斯拉夫共和国议决宪法。"又云:"我捷克斯拉夫国民,于吾辈历史之精神,并于'自由的自治'成语中所包括之近代主义之精神,宣言尽吾辈全力,以谋应用本宪法及吾国一切法律。"而其宪法总则第一条规定,捷克共和国一切权力出自国民。

(二)《波兰共和国宪法》,其开章之宣言:"吾辈波兰国民,沦于奴隶境遇,亘一世纪有半……念历代同胞,追思五月三日荣誉宪法①之光辉传统,为独立运其最善之努力,效命战场,又求统一的、独立的祖国之繁盛,谋其存在权力安全之确实。"而其宪法第二条规定,波兰国中最高之权力属于国民。

(三)《德意志共和国宪法》第一篇,首列"德国国民意欲协和国内民族,并依自由正义,改造国家巩固国本,以维持内外平和,促进社会进

---

① 指由波兰立陶宛联邦(史称波兰第一共和国)于1791年制定颁布的宪法,被认为是欧洲第一部成文宪法,史称《五三宪法》。

步，定兹宪法"。而其宪法第一条，即规定国权出自国民。

（四）《奥地利联邦宪法》第一条，奥地利为民主共和国，其权利出自国民。

其如爱沙尼亚、芬兰、莱多尼亚①、立陶宛等国之宪文，亦有同样之规定。

（五）《爱沙尼亚宪法》第二条，爱沙尼亚为独立共和国，其主权操于人民全体。

（六）《芬兰宪法》第一条，芬兰为主权共和国；第二条，芬兰之主权属于国民全体。

（七）《莱多尼亚宪法》第一条，莱多尼亚为独立民主共和国；第二条云，其主权属于国民全体。

（八）《立陶宛宪法》第一、第二两条，均与莱多尼亚相同。

依上述诸国，已可得其大概。其宪法含有两种要素：一为求贯彻全民族主义，打倒帝国主义；一为以民族主权之学说，纠正其阶级之偏见。总之民族主义在事实上已为各国所公认，而自大战后，民族自决之呼声传遍遐迩，而被压迫民族的反抗运动又有急激之开展。可知民族主义确为一种顺乎理性、不可磨灭的历史之力量。

苏俄固采取马克思理论，绝不信从民族主义，对于民族或国家诸观念完全打破。但按其宪法第一章"权利宣言"，第二条规定俄罗斯苏维埃共和国，以自由国民之自由结合为基础，而组织全国民的苏维埃共和国之联邦。按"自由结合"一语，即其依历史的、自然的组织而成民族与国家，是其理论上虽不取用，而其宪法及事实上，仍以民族主义为依归，固无可疑也。

---

① 即 Latvijas，今译为拉脱维亚。

第四,民权主义之趋势

近世政治演进之趋势,君主之权力殆成弩末。民权主义已充分发展,而战后诸国政治演进之值得注意者,即在推倒君权之后,并非沿袭民治先进国之成法——所谓代议政治之间接民权制,更进一步从事彻底改造而为直接民权制。今就各国规定新宪法,归纳于下列各点,以为证明:

(一) 人民权高于政府权

中山先生从政治学上之大贡献:分别政权与治权为两种。治权属诸政府,政权属诸人民。更分别权能之界限,人民有权,而政府有能。其所发明,价值更超出孟德斯鸠三权鼎立论之上。近世各国新宪法,其显明之趋势,即为提高人民权,压低政府权(La prénaute du pouvoir législatif sur lercacutif①)。例如《德宪》第四十一条,大总统由国民全体选出之。第四十二条,总统就任之际,对于议会须行宣誓:"余誓为德国国民之故,尽余微力,增其利益,除其障害,遵守宪章,顺从法律,从余良心,尽余义务,对于万人皆行正义。"第四十三条,大总统于任期未满之前,可由联邦议会之决议,以三分之二以上之同意,举行国民投票以罢免之。可知大总统选举,由于国民全体选出,其罢免由于国民投票,此为直接民权制之表现,而又为人民权高于政府权之明证。《波兰宪法》第五十四条、《奥国宪法》第六十二条,总统皆须于就任日宣誓。

---

① 原文如此,似应为"La prénaute du pouvoir legislatif sur le pouvoir exécutive"。

(二）创制、复决、罢免诸直接民权之应用

此三种直接民权制,在欧战前各国已有实行者,试征诸法、美、瑞诸国之宪政史而可信。(1)法国当一七九三年间所制成之两次宪法,均经公民复决。当时法人深信卢梭之学说,认定宪法即为民约之复新。故此种系属强制复决权所根据之理论,嗣后遂成习惯。至一八五一年拿破仑三世,亦应用此权,唯更名为公民投票（Plébiscite）,此为关于宪法上之问题。至立法机关所通过之法律草案须印发各省区,在四十日以后,如在过半数省区内,每省所召集之初次会议,有十分之一不提出抗议,该草案即成为法律。(2)美国各州关于州宪上之问题,皆归州民直接讨论。如遇州宪全部修正时,亦必征求民意。迨新宪制成后,复须经人民投票公决,如遇一部分修正,则创制权属于议会,复决权属于公民。其他如伊达荷（Idaho）[①]、Rhode-Island、Colorado、Montana、Utah 等州[②],即普通立法,凡关于财政及选举诸法,皆须经强制复决。而南达哥达州[③]之州宪,当一八九八年,一切法案均可公民创制,唯复决权不为强制而属于自动,此外复有可决公民投票权及会议之公民投票权之试用。(3)瑞士直接民权制在一八〇二年已有萌芽,至一八四八年之宪法,在原则上规定联邦宪法之变更,须经过强制复决,而关于宪法制定,更认其有创制权。即各州之州宪亦有同样规定。若普通立法案,全邦与各州大都渐次行使复决权,即创制权亦皆采用。故瑞士之政治,已日趋于全民政治。欧战以后,各国宪法关于创制、复决诸权,范围更为扩大。德宪第七十三条,凡关于法律案,必付与国民投票,人民更有权请愿,提出精细之法案;第七十五条,国民投票以有权者过半数参加投

---

① 今译为爱达荷州。
② 以上未标中文诸州,今分别译为罗得岛州、科罗拉多州、蒙大拿州、犹他州。
③ 即 South Dakota,今译为南达科他州。

票,令议会之决议归于无效;第七十六条,改正宪法,亦得由国民请愿,用国民投票。故学者称之为"国民的议会政治"。他如奥宪第四一、四三、四四条,《爱尔兰宪法》第四七、四八、五十条,《爱沙尼亚宪法》自第二九条至三十四条、又从八七条至八九条,《莱多尼亚宪法》第七十二条至第八十条,《立陶宛宪法》第一〇三条,均有类似之规定。英国虽为宪政先进国,然所行之代议政治,人民自选举议员以后,即退处于无权地位,此种旧式的政治机器自有改造之必要也。

（三）选举制度之大革新

各国一方面于选举权外应用复决、创制等权,一方面复于选举权之本身为彻底之改革。其改革上约可数点:(1)比例选举制之采用。此功用即在革去历来多数的武断的流弊,因此少数人之意见,亦得在正确此例上为公平、充分之表现。(2)就选举之程序言,则为秘密选举之采用以及选举舞弊之防止。依《捷克宪法》,其选举管理权属于选举特别法庭,而各党因选举之纠纷亦归其审理,即被当选者,如有舞弊情事,仍可由该特别法庭议决撤回。(3)普选之盛行。就其中区别之:一为财产限制条件之取消,二为女选之承认。普选制在美国施行最早,次之则于最近如英、意、德、挪、比、西、丹、瑞等国,皆已采用。女子选举权,在美国各州几已普遍,而在欧洲如英、德、荷、意、比、捷及芬兰、巨哥、罗马尼亚、希腊、土耳其等国,亦皆承认。

第五,民生主义之趋势

民生主义为近世宪法第三种之新趋势。例如德宪第二篇第二章规定共同生活,第四章专论教育问题,第五章则从经济生活立论。在昔宪法,只有关于个人权利的规定,现在则同时制有社会义务之明文。如德宪第二编之标题即为"德国人民之基本权利与基本义务"。其他如巨哥斯拉夫及波兰诸国之宪法,大率如此。个人自由之学说,为近代法学上一种极重要之问题。旧说以为个人之权利为天所赋,但已为社会新观念所打破。现在个人权利,不在空洞原则上加以承认,而实际应在社会职务上谋其保障。法国革命时代之《人权宣言》,固不免有所不足。即俄国鲍尔希维克主义,亦为社会之障碍。而民生主义,在人群进化定例上,实为现代宪法最高之原则。今从《德国宪法》条文内加以分析说明之。

(一)地权之平均

平均地权与节制资本是民生主义之两种重要原则。德国革命后所定宪法于"经济生活"一章第百五十五条第一项:"土地之分配及其利用,由国与州监督之,防其滥用;一切德国人民,皆给以适合于健康之住居;一切德国家族,当设法使其有相当之住居及相当之家产,足以供其需用;而家族之有多数子女者,尤当设法令其如是;将来应当制定之家产法,对于出征军人,当特别加以考虑。"第二项:"土地所有权,若以住居之故,奖励拓殖开垦之故,或发达农业之故,得征收之,世袭财产废止之。"第三项:"开拓土地、利用土地,为土地所有者对于社会之义务,土地价格之增加,不由于势力资本者,当为社会利用之。"第四项:"一切土地之埋藏物,及经济上可得利用之一切自然力,由国与州监督之,私有特权得用法律移为公有。"观于上列各条文,虽属简单,然从此可考见德宪对于土地制度革新之精神,其防止大地主之专横、土地之荒弃与滥用,并以不劳而获之违反社会经济原则之土地剩余价值归于公用,即与中山先生之主张以社会贫富不均,直接间接以土地问题为前提者,直相吻合。

(二)资本之节制

资本之节制,在经济生产上是与奖励劳动、平均地权成鼎足之势力,于《德国宪法》亦有不少之例证。其第六章第八十九条,关于国家经营者:"一般交通所用之铁道,移为国有,并以为统一的交通设备而管理之者,属于联邦任务。"第九十七条:"一般交通所用之水路,移为国有,而管理之者,为联邦之任务……"其属于私人者,则加以限制。如第一百五十六条,凡私人经济之企业,适于社会经营者,联邦得依据法律,准用公用征收之规定,与以赔偿移为公有,各邦及公共团体得参加经济之企业及团体之管理,又得用他种方法,对此加以支配力。第二项:"联邦以公共经济目的之故,认为紧要时,得依据法律使经济之企业及团体立于自治基础下者互相结合,用以确保国民中一切生产阶级之协力,又可令劳动者被佣者参与其事,至于经济的货物之生产、制造、分配、消费、价格、输出、输入,联邦亦得从公共经济原则,加以规律。"第三项:"生产组合、经济组合及其联合体,得从其要求,并考虑其组织及其特性,认为公共经济之一部。"至于遗产之限制,其第一百五十四条第一项:"继承权由《民法》规定保障之。"第二项:"国家于继承时所得之部分,由法律规定之。"又观于第一百五十五条第二项之末段规定废止土地世袭权,可知德宪于遗产制度,已有切实之制限。

(三)劳工之保护

劳动为生产要素之一,战后各国新宪法,对于劳动之奖励与保护,皆有特别规定。例如德宪第百五十七条:"劳动力受国家特别保护,联邦定统一的劳工法。"第百五十八条:"精神之劳动,著作家、发明家、美术家之权利,受国家保护。"第百五十九条:"凡结社以维持或改善劳动条件及交易条件为目的者,无论对于何人及对于何种职业,皆保障其自由……"第百六十一条:"以维持健康及劳动能力并保护产妇,防卫经济上结果之原于年龄、病弱、生活变化者,联邦可设概括之保险制度,并当令被保险者有参与及支配之力。"第百六十二条:"为使世界劳动阶级,全体享有最少限度之一般社会的权利,用国际法规定劳动者之法律关系,联邦亦赞许之。"而第百六十五条第一项复规定:"劳动者、被佣者得以同等权利,与企业家共同制定工资及劳动条件,又得参与生产力之全经济的发展,二者各可组织团体及联合团体。"第二项:"劳动者、被佣者得以保护其社会上经济上利益之故,以其所组织之产业劳动者会议,并经济区域所分割之地方劳动者会议,联邦劳动者会议为法律之代表。"第三项:"地方劳动者会议、联邦劳动者会议,以协力实行全经济的任务,并执行社会化之政策法律之故,得与企业家及其他有关系阶级之代表相合,组织地方经济会议及联邦经济会议……"凡此者皆取劳资协调之政策也。

(四) 社会生活之改善

民生主义,具有衣、食、住、行、育、乐六种要件。《德国新宪法》于第二章则规定共同生活,凡婚姻及维持家族、扶助儿童、养育子弟、保护产妇之种种权利。于第四章规定教育及学校,凡艺术学问教授之自由,以及少年之教育教员之养成、就学之义务、国民教育之基础,又规定学校之构成,皆以适应各种职业之需要为标准,复以德国国民性及国际的协调为精神。而于第五章规定经济生活,第百五十一条第一项:"经济生活之秩序,当使各人得营人类相当的生活为目的,并当适合于正义之原则,各人之经济上自由,在此限界内皆受保护。"第二项:"法律上强制,除防卫权利之侵害及保护公共福利外,一切禁止。"第百六十三条第二项:"一切德国人民常与以机会,使其从事经济的劳动获取生活资料,不有适当之劳动机会者,亦支给必要生活费……"此种在宪法上实为得未曾有,亦足见德国政治特殊之精神矣。

以上所举《德国宪法》之一斑,而于三民主义之趋势已有相当之表见。不特此也,更征诸《巨哥斯拉夫宪法》第三章社会及经济条款,自

第二十二条至第四十三条，其精神几与德国完全相同。而《波兰新宪法》第九十九条，则关于节制资本与平均地权；第百零二条，则关于劳动之保护；第百零三条，则关于儿童之教育；及百十八条至第百二十条，皆关于教育之设施。虽不若德宪之详细规定，亦不少类似之点。

第六，三权宪法与五权宪法

自英国学者陆克（Locke）①氏所主张之国家组织，分为："（一）运用立法权，属诸掌握国家最高权力之各个国民全体，行此权力者为国民所选出之代议士，或国民各个之自身。（二）运用执行权，立于法之下而执行维持其法之权力，凡司法、行政，皆属此范围内，在立法权监督之下，可由一国之元首掌之。（三）运用同盟权及特权，同盟权为宣战、媾和、缔结外交条约等之权力；特权为立法、执行、同盟等权以外一切大权作用范围内之权力，召集国会、决定会期，亦特权之一种。凡此者，皆总统或君主掌之。"按其学说，实以英国国家之组织为标准。故其对于政治权之作用，未免偏而不全。法儒孟德斯鸠，乃继之而倡三权分立之主义，一时风靡全欧。但其时各国宪法，除司法权独立外，于立法、行政并未完全分立。迨美利坚合众国成立，始实行此三权分立之制，即世人所称之成文宪法，嗣后立宪国家大都奉为金科玉律。孙中山先生研究宪法之结果，以为此三权分立之宪法，其不充分之处颇多，以期补救缺点，即美国学者亦有此思想。是以哥伦比亚大学教授希斯罗氏著《自由》一书，主张将国会弹劾权作为独立的权，分为四权。然其说仍未完备，

---

① 即英国政治哲学家约翰·洛克（John Locke, 1632—1704），其自由主义政治学说与政府分权理论对18世纪欧洲启蒙运动影响巨大，代表作为《政府论》。

即以选举而论,以财产为限制,固不合于民治,即普选制度亦不免流弊。于是就希斯罗氏之四权外更加入考试权,合成五权宪法。盖考试、弹劾二权,为中国历来之成法,中山先生即采用之以补救代议制及选举之穷,并列比较图以资参考:

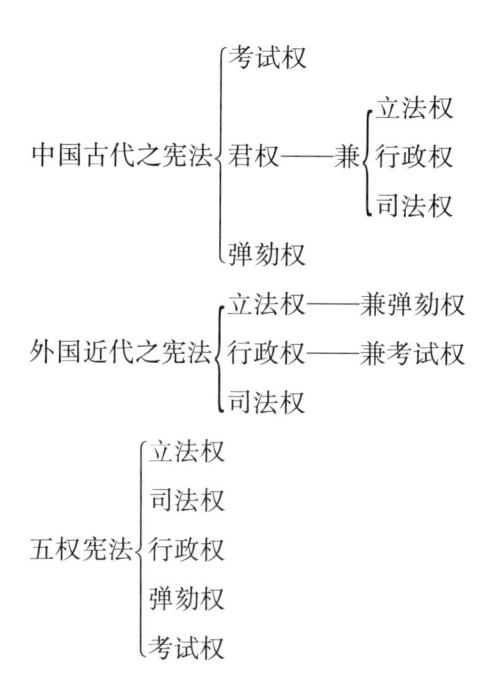

$$
\text{中国古代之宪法}\begin{cases}\text{考试权}\\ \text{君权——兼}\begin{cases}\text{立法权}\\ \text{行政权}\\ \text{司法权}\end{cases}\\ \text{弹劾权}\end{cases}
$$

$$
\text{外国近代之宪法}\begin{cases}\text{立法权——兼弹劾权}\\ \text{行政权——兼考试权}\\ \text{司法权}\end{cases}
$$

$$
\text{五权宪法}\begin{cases}\text{立法权}\\ \text{司法权}\\ \text{行政权}\\ \text{弹劾权}\\ \text{考试权}\end{cases}
$$

宪法为治国机器,人民既直接行使其选举、罢免、创制、复决之四权,故五权宪法如一部大机关,而人民行使之四权,又为机器之制扣,其政治上之运用,至为灵捷而无所阻碍。《建国大纲》所定之建设程序,分为三期,军政停止之日为训政开始时期;迨地方自治完全成立时期,即为宪政开始时期。在此时期中,试行五权之治,设立行政、立法、司法、考试、监察五院,行政院下更分设内政、外交各部。

法律上之婚姻问题[1]

家族之构成,由于夫妇之结合,在我国古代家族制度中已有不少之例证。所谓"男以女为室,女以男为家""有夫妇然后有父子"。可知家庭之组织,即由婚姻而始成立。自昔政治哲学、法律哲学家,尤重视"夫妇为人伦之始"。《诗经》三百篇,以《关雎》一章列于篇首,即"采兰""赠芍"诸章[2],亦在不删之列。在古代婚姻制度上,不特专重当事人之意思,且取婚姻自由之原则,由此可见。且当时施政之方针,必使"内无怨女""外无旷夫",其政策所以谋家室之安全,即所以维持婚姻之制度也。

司马迁云:"自婚姻之礼废,则夫妇之道苦。"盖有感于怨女旷夫之日多也。《周礼》以"仲春之月,令会男女……奔者不禁"。所谓"奔"者,盖提六礼未备者,亦为法所不禁。而所谓"六礼",即纳采、问名、纳吉、纳征(即现代婚约之制)、请期、亲迎(即现代结婚之制)。此种仪式,亦为周代所制定。就中纳征之仪式,用玄纁帛十、皮二(俪皮)送至女家,实为后世聘金财礼所由昉。惟周时纳征之制,尚属简单。至汉时,长安闾里之民,于嫁娶之先,争论财货之多少,遂流于"买卖婚"之制,相沿成俗。男家争妆奁,女家争聘财,此风至近代而益烈。加以两

---

[1] 原载于《现代法学》1931年第1卷第3期,第1—12页。
[2] "采兰赠芍"典出《诗经·郑风·溱洧》,其中有"士与女,方秉蘭(一种兰草)……维士与女,伊其相谑,赠之以芍药"一句,意为男女互赠礼物,表示相爱。作者在此处将其分为两章,当为误。

晋时盛行"门阀"之制,致寒门不得与世族结婚,实为"阶级制度"之表现。于是婚姻制度,成为"贫富""贵贱"各种阶级之问题。

以上所述婚姻制度之不良,其影响及于社会甚巨。贫寒阶级之青年男女,有"壮夫失偶、贫女伤春"之景象。其桀黠者,酿成略诱奸非等罪。或已及婚期至贫无以娶者,更成抢夺为婚(俗称"抢亲")之恶习,罹于法网,已成数见之事实。至订婚、结婚之制,泥于"父母之命、媒妁之言",迨成婚后,或因性情之不合,或因学识之不同等,以致所适不偶,中道一离。至近世而离异之事件,尤层见迭出。又因男女处于不平等地位,为人妻者,受夫权之监督。自唐宋以迄明清,刑律所规定离婚之条件,至为严酷。且只有夫对于妻之离异,称为"出妻",盖未闻妻对于夫之离异者。其出妻之条件有七:(一)无子;(二)淫佚;(三)不事舅姑;(四)多言;(五)盗窃;(六)妒忌;(七)恶疾。

以上列举之条件,即自唐以来刑律所规定之"七出"是也。而所以救济之者,则有"三不去"之条件:(一)与更三年丧;(二)前贫贱后富贵;(三)有所娶无所归。观于后列之"三不去"之条件,虽似属合于理性,然所以出之留之者,皆属于夫权方面。而在妻之一方,固无主张权利之可言也。至孀妇再醮,本为新旧法律上并无限制之规定。乃因宋儒倡为"宁可饿死,不可失节"之说,于是为孀妇者,恐贻讥于名教,为社会所不齿,乃忍抱其寡鹄离鸾之痛苦,以终其天年。在鳏夫方面,有甫及经年,素帷未撤,而彩舆已临门矣。此以人生观言之,实为男女不平等最显著之一例。

至于行为能力,自昔原则上所谓"男子主外,女子主内"。《礼记》所云:"外言不入于阃,内言不出于阃。"其界限至严。《诗经》所云:"惟酒食是议。"妇女仅任中馈之职而已。其结果则已婚之妇女(即妻),在旧《民法》中认为无行为能力。此基于男女不平等之弊害,而为婚姻制度上不良之表见者也。

欧洲古昔,罗马女子嫁入夫家即在夫权之下,而无独立之能力。其在法律上所处之地位,等于夫之未成年子女。故在婚姻存续期间内,无日不受夫之监护。英、法诸国,在十九世纪以前,其习惯不认已嫁女子有独立之能力,称之为"受庇荫之女子"(femme couverte)。其意以为私法上之人格,为夫所吸收,不能不受其庇护也。

法学史家如 Paul Viollet[①] 曾将夫权之历史与父母权之历史间两相应合之处,加以叙说,颇能扼要。其初此两种权利,漫无限制。为父母与为夫者对于子与妻之人格,为绝对的主人。其主权仅从习惯所规定,而绝不受法律的管束。其对于妻若子,握生死、卖遣、责罚、合并(指财产之合并)之全权。

拿坡仑一世在法典起草时,主张禁止妇女在社会上、政治上之一切活动。妇女的作用,只限于产生子女、料理家务。在法典上加入妇顺夫之原则,又要求当结婚典礼时,必正式声明为妻者之此种义务。是以民法上规定为妻者无民事行为能力。就婚姻制度考察之,妇女一经结婚,即舍弃或合并自己之能力,乃至自己的国籍、自己的姓名(按,法国法律原则,妇人结婚从夫之国籍,而历来之习惯称呼,已婚妇皆用其夫之姓名)、自己的自由几皆丧失。即对于所生之子女,其权力亦较夫为薄弱。

迨一八九三年,法国之法律已大加修改。此种制度,凡妻已与夫分居时,完全许其有能力,但对于依法律或契约而与夫析产之妇,尚不给与同样能力。惟近今数十年间,又别立几种特例,渐将"妇女无能"之原则完全废除。在意大利,妇女之无能,虽范围更广,但均属外。就其

[①] 即法国历史学家保罗·维奥莱特(Paul Viollet, 1840—1914)。

《民法典》第一三四条之原则上观之,妇女绝不失其能力。在英国,一八七〇年及一八八二年之律例,所有妇女无民事上动作能力之一切规定,已一律解除。德国法典中,亦无此种规定,为妻者得自由订立契约,而承认两种特例:(1)其行动不得损及其夫权力上之行动;(2)为夫者得法庭之允许,得取消其妻所结有妨害夫妇公共利益之契约。在瑞士《民法典》中,有与此类似之制度,即一律认已婚妇为有能力,惟该法典第一六七条规定一种限制:凡为妻者执行职业或经营生活,若为夫者不与以允许,但其足表示此种行为系为夫妇公益或为全家利益起见,即可得法庭之许可。至婚姻之仪式,在《拿坡仑法典》中,专重形式主义,如关于结婚之能力,关于父母之允许,关于结婚之公布。在订婚两方面,须证明以上各种情形已经成立之文件,送交户籍(civil status)吏。两方面又须将性别、年龄及诞生时之凭照加以证实。其他种种手续及登记费用,至为繁复,为无产阶级所难堪。迨一八九六年至一九〇七年,将此种手续及结婚仪式,渐改简单。但结婚之许可,在法典中规定男子在二十五岁以下,女子在二十一岁以下,全依父母之意旨,反是则不得行正式典礼,或为父母者即得要求取消;若过此年龄,虽无父母允许之必要,亦须经父母之同意。嗣虽加以改良,而各人诞生证书或父母死亡证书,又须经过种种之法律手续,仍不免流于繁复,有经年累月而不得解决者。在此种情形之下,男女间因厌恶其费时伤财,遂多为不正式之结合,以致婚姻上失所保障。

在德国与瑞士,家庭只能干涉幼年子女之婚姻。成丁的年龄,在德国定为二十一,在瑞士为二十。若父母已死或失其权力,只须请求监护人之允许,苟监护人不给以允许,则当事人有控告之权(德国《民法》一三〇四条)。瑞士《民法》于结婚典礼及结婚公布法(第一〇五条至一一九条)最为简便。凡结婚之男女,只须在男子住在地之户籍吏前做书面宣言,表明双方情愿结婚之意思,并将各人诞生证书或未成年者之父母允许书,一并送于户籍吏,此户籍吏即按照本地之法则帮助其公布。而署中之长官,接到结婚愿书,如认为并无反对力之存在,即将公布证书发给。此一对男女得此证书后,六个月以内,即可在任何瑞士之户籍吏面前举行正式结婚。

综以上所述,各国婚姻制度之过程,与我国中古时期以迄近代,其大致相类,试互证而参观之,亦足为研究进化之途径矣。

婚姻制度之改良,在欧洲各国至近数十年,而始有进步。然一般社会主义派之论调,不特反对旧制度(old regime),且主张将婚姻制度根本推翻,以为婚姻本身为有害而并非健全。以理论之,婚姻之事应当为一种根据爱情、根据信心、根据互敬心理的联合。但在事实上,此事竟成为——特别在富人阶级——一种卖式的"交换之施与"(Dout des)。为夫者目的在得妆奁,新妇或新妇之父母注重于夫家的声势地位。故婚礼上表面的尊敬,不过为一种粉饰而已。其言虽不免激烈,而颇为真切。唯勒吐纳(Ietourneau)①则著论驳之,以为婚姻之价值,虽因为贪心与爱财货之心而减少,但不能因是而即推翻其制度。试取国际人口统计会之报告,在法国私生子中,死胎之数目,几比较合法子中之死胎加倍。盖不规则之结合,往往以子女供其牺牲,其流弊滋多。故法律以婚姻为家庭之基础,不得不承认——对于子女之一种最安稳的唯一的保护也。

我国婚姻制度之不良,固为社会所承认。惟经第二次全国代表大会关于妇女运动议决案,已确定男女平等之原则,立法上已有不少之进步。兹就新《民法》关于婚姻问题之种种(婚约、结婚、离婚)规定,与旧

---

① 指法国人类学家查尔斯·勒图诺(Charles Letourneau,1831—1902)。

《民法草案·婚姻编》作为对照比较之如下：

（A）婚约。新《民法》第九七二条至第九七六条规定：婚约应由男女当事人自行订定；唯未成年人须得法定代理人之同意；至婚约不得请求强迫履行；而解除婚约，在当事人之一方如有（一）婚约订定后再与他人订立婚约或结婚者；（二）故违结婚期约者；（三）生死不明已满一年者；（四）有重大不治之病者；（五）有花柳病或其他恶疾者；（六）婚约订定后成为残废者；（七）婚约订定后与人通奸者；（八）婚约订定后受徒刑之宣告者；（九）有其他重大事由者。前项规定……当事人自得为解除时起，不受婚约之拘束（按，旧《民法·亲属编》草案，则全无此种规定，盖不认婚姻为当事人间之自由契约，而认为父母之权利也）。

（B）结婚。新《民法》第九八〇条至九八七条规定：其结婚年龄，以男子满十八岁、女子满十六岁为标准（按，此与旧《民法》同）；又结婚之仪式，则为简单概括之规定，并不言及聘娶，所以杜买卖婚之制也（按，此为旧《民法》所无）；至亲属不得结婚，以直系血亲、姻亲及旁系血亲在八亲等以内，旁系姻亲在五亲等以内……为限（按，旧《民法》以同宗不得结婚，未免失之过泛，不若以亲等计算之明确，其他则大致与新《民法》同）；又有配偶者，不得重婚；及因奸而被判决离婚……不得与相奸者结婚。此种限制，在旧《民法》中亦属从同。

（C）婚姻之无效及撤销。新《民法》第九八八条至第九九七条规定，约略言之，大都违反上列各法条之规定，得请求撤销，惟加以时间之限制，所以维护婚姻之制度、尊重当事人之意思也（按，旧《民法》纯采亲权主义，且无时间之限制，在婚姻自由原则上，不免大相径庭）。至当事人一方于结婚时，不能人道而不治者，他方得向法院请求撤销；但自知悉其不能治之时起，已逾三年者，不得请求撤销（按，此为旧《民法》所无）。又被胁迫诈欺者之请求撤销，则与旧《民法》相同。

(D)离婚。新《民法》第一〇四九条至第一〇五八条,其两愿离婚之规定,与旧《民法》相同。至离婚之条件分为十款,虽与旧《民法》不少类似之点,然亦有旧《民法》所无者。而其偏重夫权之点,则固已删除矣。兹列举比较于下:

新《民法》	旧《民法》
(一)重婚者	(一)重婚者
(二)与人通奸者	(二)妻与人通奸者
(三)夫妻之一方受他方不堪同居之虐待者	(三)夫因奸非罪被处刑者
(四)妻对于夫之直系尊亲属为虐待或受夫之直系尊亲属之虐待至不堪为共同生活者	(四)彼造故谋杀害自己者
(五)夫妻之一方以恶意遗弃他方在继续状态中者	(五)夫妇之一造受彼造不堪同居之虐待或重大侮辱者
(六)夫妻之一方意图杀害他方者	(六)妻虐待夫之直系尊亲属或重大之侮辱者
(七)有不治之恶疾者	(七)受夫直系尊亲属之虐待或重大侮辱者
(八)有重大不治之精神病者	(八)夫妇之一造以恶意遗弃彼造者
(九)生死不明已逾三年者	(九)夫妇之一造逾三年以上生死不明者
(十)被处三年以上之徒刑或因犯不名誉之罪被处徒刑者	

此外夫妻财产制,在旧《民法》中绝无此种规定,而新《民法》则规定甚详,分为法定财产制、约定财产制两款——就中又分为共同财产制与分别财产制。其立法上之精神,系适应社会潮流,采取各国法制,而为确定此种制度,庶配偶之间关于财产上之契约,立于平等地位矣。

法律基于权利之问题[①]

罗马法关于法律之意义，依拉丁语之解释，称为 jus。此文字有时指权利言，有时指法律言。换言之，法律即权利，权利即是法律。而德语之 Recht、法语之 Droit、意语之 Dirito 皆含有法律及权利二义。然夷考此种混合法律与权利之解释，实出于中世纪罗马法后期注释家之意见。至德、法、意诸国之法律，其所以以权利为本位者，因继承罗马法之支配，遂受有罗马法注释家之影响。依拉丁语之意义，其称法律为 jus，虽较为适当，然在罗马当王政及共和时代，其制定法律皆曰 Lex，故罗马法关于法律之意义，并非以权利为单位。关于罗马硕学家塞尔凑士（Celsus）[②]及乌尔比亚奴士（Ulpianus）[③]所下法律之定义，可以证明。

塞尔凑士之言曰："法律者，善及公正之术也。"其所谓善即德（virtus），所谓公正者即正义（justitia）之谓也。

乌尔比亚奴士复引申其说曰："正义者，使人各得其所而有恒久之意思也。"又曰："故谚有之曰：'正真生活，不害他人，各得其所。'"

[①] 原载于《现代法学》1931年第1卷第6期，第1—6页。
[②] 今译为凯尔苏斯。
[③] 今译为乌尔比安。

此定义及格言与德国哲学大家康德（Kant）所下法律定义相类似。康德曰："法律者，一人之自由与他人之自由，依一般规则而不相侵害之谓也。"

其所谓善德正义，所谓不相侵害，各得其所，实为人类生活、社会生存之要素，本其亲爱精诚，维持于不败。故就表面上言之，互相尊重各个人之权利。而就实质言之，亦即各负担其应尽之义务。如果法律仅以权利为目标，则主张个人之自由，扩充其个人之权利，则所谓法律，适为强者张目，弱者被其摧残矣，尚何善德正义之足云？

自卢梭倡言"天赋人权"，主张拥护个人保障权利。继之以法兰西大革命之《人权宣言》，及拿坡仑之法典，个人权利思想在当时最为发达，浸淫既广。故欧洲人士大都富于权利思想之观念，遂认权利观念与法律观念为不可分离。然其后窦骥[①]氏出，其所著《社会权个人权》[②]、与夫《〈拿坡仑法典〉以后私法一般之变迁》[③]及《公法变迁论》[④]等书，踪其学说之主张，直认权利应轶出法律范围之外。虽其说并非一般学者所赞同，然其分析法律与权利之限界，要自有研究之价值也。

英国法系，其受罗马法之支配为最弱，故其法律制定名曰"law"，权利曰"right"，二者厘然个别，初无混合。惟于"law"文字以外，有时用规则（order），有时用条例（statute or rules），其他或称为条款（bill），或称为律例（code），而普通之称法律名词，则皆曰"law"。寻绎其义，绝无权利之意思包含于其中，此英国法与大陆诸国不同之特点也。

我国素以礼教立国，法律上之精神，即以德礼为本，以政刑为末。惟其以德为本也，故古著政治哲学家皆主张重义而轻利。

---

① 指法国法学家狄骥（Léon Duguit, 1859—1928）。
② 现通常译为《社会权利、个人权利和国家的变迁》。
③ 现通常译为《拿破仑法典以来私法的普遍变迁》。
④ 现通常译为《公法的变迁》。

孔子之言曰："君子喻于义，小人喻于利。"又曰："君子怀刑，小人怀惠。"义即义务之谓，利即权利之谓。刑者，法律也；惠者，权利也。唯君子尽其义务，以法律观念为标准；唯小人鹜于权利，纯以权利观念为根据。足征孔子对于义利之界，辨别甚明。而我国法律上之精神，不以权利为本位，其明证也。

孟子之言曰："孳孳为善者，舜之徒也……孳孳为利者，跖之徒也。"舜与跖之区别，即在善与利之间而已。

至于"权"之一字，孟子所谓"权，然后知轻重"。权衡其轻重，盖寓称物平施之意，亦即法律家所谓"鉴空衡平"之意也。可知"权"之一字，并非操纵由我，独揽专制之谓，必公正持平而始可言权。公正持平，即为法律上之要素，而其对象则义务存乎其间矣，后世误解其权、滥用其权，遂为强者征服弱者之工具。实与法律上之精神背道而驰矣。

且吾国"法律"二字由来甚古。《说文》法作为灋，从水，如水之平直也，从廌、去，所以触不正者去之。自汉以前，一切制度皆称为"法"。律之为义，则本于五音六律，盖取和平中正之意，又含有规则之意。自李悝作《法经》六篇，萧何继之作《九章律》，于是"法律"二字，为通用名词。

难者曰：子言法律自法律，权利自权利，斯固然矣。然一观今日之法典，如民法一篇，关于权利问题，最为显明。除债权、物权外，其他尚有种种私权与法律之关系。即以刑法而论，虽属国家之科刑权，然关于个人权利者，谓之个人法益（即法律所赋予之利益），关于社会者，谓之社会法益，亦皆以权利为前提也。质言之，法律以权利为中心，权利实以法律为保障。谓权利即法律，法律即权利，故无不可也。

虽然，此种解释以局部论之，似属言之成理。然苟侈言权利，个人主义之发达必致人欲横流，竞争攘夺之风益炽，法律将失其平均。我国自昔贤哲维持社会秩序之道，所以崇尚德礼，以义务为本位，而排斥权利者，其理由即在于兹。即欧洲权利思想之发达，亦在中古以后。而法律所以解为权利者，系属罗马法后期注释家意见，并非罗马当时，即有此种混合之观念。即自近世社会问题而论，故应以权利为社会组织之单位。然就社会连带之现象观之，要非仅仅主张权利，而置一切义务于不顾，且法律之全部，对于权利观念与义务观念，两方面实相须而成。德国学者卢美林①之言曰："法律为基本观念，权利者不过从法律所生之观念而已。"斯言也，足以打破罗马法后期注释家之意见，而为本问题之确论者矣。

---

① 应指德国法学家古斯塔夫·吕梅林（Gustav Friedrich Eugen Rümelin, 1848—1907）。

独任制与合议制之审判问题[1]

我国法院之编制,以第一审(初级事件)取独任制,第二审至第三审则皆取合议制,而第一审之地方事件,则兼取折中制。折中制云者,依现行《法院编制法》第五条第三款规定:"诉讼案件,系第一审而繁杂者,经当事人之请求,或依审判衙门之职权,亦以推事三员合议庭行之。"所谓折中制度,盖合独任制与合议制兼而有之。此种制度,为清季法律馆冈田博士[2]所主张,征诸各国法例所无,而为我国所独创。

最近国民政府所制定之《法院组织法》立法原则,其第四项规定:地方法院审判案件,取独任制;高等法院审判案件为三人合议制;最高法院为五人合议制。依其说明,旧制高等审判厅以三人合议为原则,第三审案件得加至五人;地方审判厅或为三人合议,或为一人独任。而试办二十年,高等审判厅迄无五人合议之事例,地方审判厅虽有由三人合议庭实施第一审程序者,而揆之实际,殊无必要。兹定地方法院为独任制,高等法院为三人合议制,最高法院为五人合议制,庶为整齐划一。

此种新立法之趋势,核诸旧时所定地方第一审案件取折中制度,已不适用。盖将来法院之组织,关于第一审案件,已无地方、初级之分,实行三级三审制。故凡第一审之审判,概以独任制行之,乃斠若画一矣。

---

[1] 原载于《现代法学》1931年第1卷第8期,第1—6页。
[2] 指日本刑法学家冈田朝太郎(1968—1936),其人于1906年受聘担任清政府法律顾问,曾参与起草《大清新刑律草案》《法院编制法》等。

且以事实上论之,在现今地方法院所行之审判制度,凡第一审之繁难事件(例如命盗案件),皆以独任推事行其审判,固未尝采取合议制度也。

民国十八年(一九二九年)十月,于罗马尼亚所开第二届国际刑法大会,关于审判上之独任制与合议制之问题,其通过之议决案,有足以资参考者。列举于下:

(一)对重罪,一律用绝对之合议制处理之,对轻罪与违警罪之上诉审亦然。以上两种审判用绝对合议制,均无例外。

(二)对轻罪之初审,照原则言,亦应用合议制(意谓其间不免有例外)。

(三)对例外之采纳极当慎重,并须加以严格之限制,施行时并宜逐步缓进,如逐渐扩张初级法院法官之权限。对于关系较小之轻罪,若违反狩猎及森林章程等行为,可任独任制之初级法官受理之。

(四)其他关于独任制初级法院法官权限之扩张,必须待此辈法官确能达到完全之司法独立与尊严,并能得有满足之俸给,俾继起者均能为优秀之士,乃可行之。

按照上列四项之决议案,其第一项前段规定,不问其第一审或第二审,凡重罪之审判,绝对以合议制为必要。第二项所定,即轻罪之初审,亦以合议为原则,其注意合议制度,概可想见。而其对于初级法院独任推事之权限,观于第三、第四项,则加以种种之限制,且斤斤于法官之学识与经验及其俸给,始能任以独任之事权。此无他,盖恐独任制之易流于专擅,或出于躁妄,苟非培植其才能、优厚其待遇,殆足以损司法之独立与尊严。其立法之用意,诚深且善也。

然则独任制之果有流弊,为不足采取乎? 斯又不然。在第二届国际刑法大会中,关于此问题,尚有下列之附加决议案:

・合议制与独任制,相辅相倚,可以并存。
・凡为刑法官者,须以法律家兼心理学家,又兼社会学家。备此三种专门学识之人才,在独任制法官中求之,当优于合议制之法官。
・有时可从合议制法官中推出一人,代表合议制全体法官,实行独任之任务。
・独任制法官,当处理误犯过失犯及情节甚轻之故意犯。而合议制之法庭,则当受理情节较重之故意犯。
・遇有罪状未曾证实,案情须加侦查者,当由独任制法官一人任之。而遇必须互商之事,则由合议制法官数人行之。
・独任制法官,应兼调查、侦查等种种任务,有时并可代表合议制法官之全体,而受全体之委托办理一切。
・在独任制时,凡一切刑事命令,如传票、拘票以及释放之谕知等,均由独任法官一人行之。
・在合议制时,以审判长行使上项职权,并可于合议前或合议后或合议时,从合议法官中派出一人,在庭以内或庭以外,从事单独之工作。
・常例,在上诉法院以及一国最高级之法院,均用合议制。其临时发生之变故,如临刑脱逃等事,亦归合议制法官受理。
・独任制法官,须注意其所判决案件之执行。

观于上列之决议案,从可知独任制之优点,未尝不较胜于合议制。

而法官之人才,或且较合议庭之易于选择。至第一审案件,重在事实上之审理,关于调查一切及进行诉讼,行独任制则责任既专,而不至有所诿卸,亦较合议制为优。

要而论之,主张合议制者,以合议可收集思广益之效,详审周密,而错误之事少,一也;互相监视,而徇私枉法,不能行于其间,二也。主张独任制者,以独任之善,在于权力统一而执行速,指挥便利而责任专,且国家可以省设官之费,而合议制不能也。两者相较,固各有其利弊,然就吾国法院之组织,其新立法之原则,凡第一审案件,既不分地方及初级,为审理上便利计,一律均改为独任制,俾收事半功倍之效。且第一审为"事实审",以独任法官一人司其事,负调查之任务而为判断,易于缜密而灵捷。若第二审为法律与事实兼审,则以三员合议制行之。第三审则为"法律审",以五员合议制行之。盖从其法律点为详审之评议,必取多数之意见而为裁判。此种改制,不可谓非立法上之进步也。

法学思潮之展望[1]

法律科学(science of law)，在术语上具有专名，例如英语俱称之为jurisprudence，德语称之为Juresprudenz。实两名词之源流，皆从拉丁语之jus及pronidence而来[2]。前者解作义理，申言之为法律，后者解作先见，申言之为知识，合之则成为有系统有组织的法律知识，是为法律科学，简称之则为法学。然有时以法学与法律，两者为代用之名词。例如俄国的法学(jurisprudence of Russia)实指俄国的法律，法国的法学(jurisprudence of France)实指法国的法律。质言之，法律者，必具有系统有组织的知识，而自成为一种科学者也。在现代民族社会中之需要法律，且需要众多之法律。良以生存竞争之世界，个人的活动与群众的活动，随在可以发生冲突，避免之法，唯有极力调和。故在一方面，人类行为的可能性尽量扩大；而在他方面，具有行为能力的个人数目日增。其结果：社会唯以法律限制个人，然后他人自由行为得以保障。不过此等制限，如欲达到鹄的，必须明白规定，更须以理性规定。换言之，此等制限，实以法律为其基础。故人类社会之进化与法律之进化，殆有相因而至之理。

法律既为一种有系统有组织的科学，其思想之发达及变迁，当用五

---

[1] 原载于《法轨》1934年第2期，第25—29页。
[2] 源自拉丁语jurisprudentia，其中juris是jus的属格，意为"法律的"，prudentia意为"审慎""先见"等。

种方法研究之：

（一）笃信谨守的研究。此项研究，对于凡一法系中之规则及原理，加以考核注释，以阐明其法律（注释法学派）。

（二）穷源竟委的研究。此种研究，注重法律之起源及发展、制度之变迁以至法理之演进（历史法学派）。

（三）条分缕晰的研究。学者以解剖方法，凡关于法律思想之内容及原理，又以比较方法，寻求此法系与其他法系之异同及优劣（分析法学派）。

（四）哲理的研究。此方法不特探讨法律之制度伦理基础，而且搜求法律之制度及其哲学思想（哲学法学派）。

（五）社会方法的研究。以历史、哲理、分析的学理及社会的实际，加以批评，将法律当作人群的机器研究，而认定法律自身为社会而存在（社会法学派）。

综括言之，第一方法过于拘谨，不合于科学思想，其他四种，均属于科学化，实为研究法律思想之正当方法。分析言之，美国学者尚历史法，英国学者尚分析法，大陆学者尚哲学法，而现代以来复有新学派产生，此学派即为社会法学派。

法律为民族心理之回光返照，读古代陈编，即能略窥先民之状况及其思想；研究近代法家最近工作，即可了解现代重要问题，并推测将来法律之趋势。研究思想之结晶，即在哲学及伦理范围内，所有历代法律思想之变迁，已可发见其进行之涂轨，而遗留于吾人之印象。

凡一种科学，尤其是"形而上学"，必萃聚数千百年之沿革与数千百人之意识，而始卓然成为有系统有组织之科学。法律现象之体样，因乎时间、空间及文化之程度、国民之特性而定。故法律之为物，其元质本为无形,著为成文法规,则由无形而变为有形。有形则易知,无形则难据。盖法律之存在,伏于社会统治力潜势状态之下,欲使民遵依,必须先赋与法律之外形,俾民知所趋避。然法律非必先具形体而后发生者,综其法律思想之变迁,可分为三大时期:

当国家初期之组织、典章制度,俱未完备。关于法律事项,民信即法,其始也起于刑罚争讼,盖生民之初,不能无欲,欲而不得则不能无求,求而无度量分界则不能不争,于是讼狱以起。惟其时法律思想,极为简单,或乞灵于神权,受宗教僧侣之制裁;或依于族长、家长之权力,及祖先以来之习惯。而所谓自然法、理性法,俱有绝对服从之强制力。盖法权虽存,法规未备,是为法律原始时期。

迨民族知识发展,国家组织渐次完备,知无法不足以治国也,乃由先例之积累,归纳抽象的泛则,确定行为之准则。中国当上古唐尧时,其用刑也,画像而示之于民(《尧典》,象以典刑);周代悬象刑之法于阙(《周礼》《晋书·刑法志》《唐律疏议表》);郑人、晋人铸刑书于鼎(《左传》昭公六年及同二十九年)。印度人刻法于椰子之叶;哈姆拉比王刻巴比仑法于石碑①,建立太阳神殿之前;克拉的人②雕土耳其之法于法庭壁上;罗马人揭《十二铜表法》于公布。其时法律思想,已由自然而进于人为法,是为法律成立时期。

近代人文大启,社会之进化与法律思潮之趋势,亦渐呈进步。中国当春秋时代,儒、墨、道三家之法律哲学思想已独树一帜。至战国而法家系统乃以完成,如商鞅、申不害、韩非之徒,皆主张法治。李悝乃纂集以成法典,历汉、唐、宋、明诸朝,各有递嬗以迄于今日。罗马法自十二

---

① 即古巴比伦国王汉谟拉比所颁布法典,该法典被认为是现存世界上最早的一部成文法典。
② 此处可能是指生活于地中海北部克里特岛的克里特人,该岛曾被奥斯曼帝国统治。

至十八世纪间,或由吸收,或由接受,构成大陆法系(continental legal system),成为罗马法之中心。英国则借常法而统一地方的特殊习惯法,而自成一系;美国实师承之而与英国联合,综称为英美法系,故与大陆法系在世界上有两大法系之称。近代复因社会立法问题(social legislation)有改良之运动,是为法律进化时期。

世界各国法律思想之趋势,与时俱进,自十二世纪以至二十世纪之初叶,其间思潮之起伏,变化万端。上述之五种学派,兹分别述明于下:

(1)注释学派,当十二世纪而肇兴,其时日耳曼族南侵,罗马法浸以中断,有意大利法学家保罗那(Bologna)①氏出,演出罗马法之精微,蔚为重镇,安尼利(Irnerius)继之,加以注释,遂为中兴罗马法之功臣。惟此派专以成文法为基础,采赜索隐,旁征博引,从事于章句及其类别。虽为注释派之先河,然其弊也,只知望文生义,不能发生新思想,泥于成规,墨守旧章,迨十八世纪,于是自然法学派取而代之,而英之霍布士(Hobbes)②、法之卢梭(Rousseau)皆主张自由者也。

(2)历史法学派,起于十九世纪,盖自然法派之解放思想束缚,标示理性真谛,其论调殆风靡一时。然纯以主理为法律之标准,其思想非失于偏激,即失于玄奥,法律之基础不免有动摇之患。德之萨维尼(Savigny)、英之梅因(Maine)主张法律为民族发达之渐进结果,故探讨法律之沿革兴废,即能知其精神所在。与其索诸空理,不如求诸过去陈迹,考往知来,为此派之标的。故萨维尼氏之成功,其影响于《德国法典》之编纂者甚巨。而梅因氏所著《古律考》(Ancient Law)③为历史法学派之杰作。自二氏出,此派遂盛。

---

① 此处应系作者把注释法学派滥觞之地博洛尼亚大学(University of Bologna)误当作人名。
② 即英国政治哲学家霍布斯。
③ 现通常译为《古代法》。

（3）分析学派，亦与历史派同时崛兴，以英国为最著。如奥斯丁（Austin）、荷兰德（Holland）①、拍拉克（Pallock）②先后继起，专从法理之研究，其思想反乎自然法派，就现实法律，解剖其组织，分化其成分，注重实验，勿尚独断，为此派之特点。其学说以为法也者，在解答何者为法律，不在解答法律应当如何。"恶法亦法"之说，为一时所传诵，此完全推翻自然法派而独树一帜者也。

（4）哲学派，在古昔希腊之苏格拉底（Socrates）之"客观"说、柏拉图（Plato）之"正谊"说、亚里士多德（Aristotle）之"社交"说，已开法律哲学思想之端绪。其后边沁（Bentham）之"功利主义"、康德（Kant）之主张理性法、黑格尔（Hegel）则以"泛理主义"及"进化主义"为揭橥，成为三大派别。迨十九世纪之后半，德儒伊耶稜（Ihering）③出，一变英儒边沁之个人"功利主义"，而注重"社会功利主义"，彼以为人生者，自己之目的，与他人之利益相结合，确保社会利益，即所以维持个人幸福。史坦来（Stammler）④与康德之学说，虽有承受之渊源，康德主张法律为理性的、形式的，理性的准绳，即法律的准绳，形式的规范，非实质的规范，史坦来则推演之，注重社会利益，与康德之注重个人自由已迥乎不同。彼且表明法律内容之变化，而以一时期之理想为标准，故成为"新康德派"。柯莱（Kohler）⑤氏固继承黑格尔之衣钵者也。唯黑格尔之主张：以法律不必问其是否正当，只须问其是否合理。彼之言曰："合理即实在，实在即合理。"此等论调，皆与从前之哲学思想迥异。柯莱

---

① 即英国法学家霍兰德。
② 即英国法学家弗雷德里克·波洛克（Frederick Pollock, 1845—1937）。
③ 指德国新功利主义法学派代表人物鲁道夫·冯·耶林（Rudolph von Ihering, 1818—1892）。
④ 指德国新康德主义法学派开创者鲁道夫·施塔姆勒（Rudolph Stammler, 1856—1938）。
⑤ 指德国比较法律史学者约瑟夫·柯勒（Josef Kohler, 1849—1919）。

则主张文化为法律基础,法律为文化现象,一社会有一社会之文化,即有一社会之法律,不可强彼就此,无容轩轾。黑格尔之思想虽亦相同,唯其弱点则在单纯的演绎,仅以文化发展为法律准则。柯莱氏则实验地研究各社会文化之必要,倾向于比较法学,以补正其失,成为新黑格尔派。

(5)社会法学派,为近数十年之产物,此派之演进,可分为四期:

(a)实证学时期。根据物理学公例,以为法律现象与一般自然现象相同,社会集团之组织及其运动,应听其自然进化,不能以人力增损之。如葛恩柏洛威(Gumplowicz)[1],则主张此说者也。

(b)生物学时期。以达尔文学说,阐明法律,所谓"物竞天择",于生物然,法律亦不外此例。主张法律之任务,为自然淘汰之指导,"适者生存"之助长。主是说者,则为奈司克(Nietzsche)[2]其人也。

(c)心理学时期。以社会现象之原因,不外心理力之作用,法律现象亦为社会现象之一,故即以社会心理学为法律思想之推究。如基尔克(Gierke)[3]、华德(Ward)[4]、滔特(Torde)[5]等皆主此说者也。

(d)统一综合时期。十九世纪之终至二十世纪之初,法之宾基(Duguit)[6]、德谟克(Demague)[7]、贾孟德(Charmont)[8]、祁尼(Gany)[9],

---

[1] 指奥地利社会学家路德维格·贡普洛维奇(Ludwig Gumplowicz,1838—1909)。
[2] 即德国哲学家尼采(Friedrich Nietzsche,1844—1900)。
[3] 指德国法学家基尔克(Otto von Gierke,1841—1921)。
[4] 指美国社会学家沃德(Lester Frank Ward,1841—1913)。
[5] 指法国社会学家、犯罪学家塔尔德(Gabriel Tarde,1843—1904)。
[6] 指法国法学家狄骥(Léon Duguit,1859—1928)。
[7] 疑为法国社会学家涂尔干(Émile Durkheim,1858—1917)。
[8] 指法国法学家约瑟夫·沙尔蒙(Joseph Charmont,1859—1922)。
[9] 指法国法学家惹尼(François Gény,1861—1959)。

美之荷孟(Holmes)①、波恩特(Pound)②等，其法律思想注重群众利益，以适合社会现状，如弱者保护主义、契约自由之调和、权利滥用之制裁、无过失责任、处分权制限，皆为此派之重要标准。盖以法律不能离社会而求独立，合并而考察之，乃相得益彰矣。

综上所述，各国法律思想之趋势，其变化错综，递演递进，极突飞孟晋之壮观。由注释学派而历史派，而分析派，而哲学派，迄于今日，为社会学派之新兴时期。思潮所至，于文化，于社会，俱呈连带之关系。吾国法律思想，在古代如孔子、老子、墨子三家之学说，皆属哲学思想，且兼有社会学之性质，其思想之解放，则又近于自然法学派。至战国时李悝、商鞅、韩非之徒，则皆属历史法学派者也。若中古时期，汉儒之章句、唐律之疏义，则可称为注释之方法矣。改革以来③，立法之精神，大都适合社会之需要及其状况以制定法律，与二十世纪之法律思想之趋势，盖已隐相吻合矣。

---

① 指美国法学家、最高法院大法官奥利弗·温德尔·霍姆斯(Oliver Wendell Holmes, Jr., 1841—1935)。
② 指美国法学家罗斯科·庞德(Roscoe Pound, 1870—1964)。
③ 应指20世纪20年代末至30年代南京国民政府进行的一系列法律制定与修订活动。

代后记：中华法系的起源与生成

一时代有一时代之学术，面对清末以降内忧外困的局面，救亡图存成为民国知识界的主要基调。对于法学界而言，更面临着旧有法律体系彻底瓦解之时是否完全继受西方法律的抉择。在这样的大背景下，强调中国主体性的中华法系研究开始兴起并蔚然成风，不仅杨鸿烈等众多著名法学家参与其中，长期执掌国民政府司法院的国民党元老居正也撰有长文《为什么要重建中国法系》，中华法系思潮与民国时期的司法改革交织在一起，成为这一时期法学研究的一种底色。学界有关中华法系的研究已有不少，如马小红、刘婷婷主编的《法律文化研究》第七辑（社科文献出版社，2014年），即以"中华法系专题"为题收集了大部分关于中华法系研究的重要论著。中华法系概念的创设、流传乃至受到重视都与民族主义观念的高涨互为表里，既有研究已经从多个角度揭示"中华法系"兴起的民族主义背景。[①] 但同样应当注意的是，这些研究对于其最早提倡者之一丁元普的相关思想论述之考察却十分有限，故编者以丁元普对于中华法系的相关研究为中心，重点从法学角度描述中华法系兴起的过程，介绍法系概念传播

---

① 例如郭世佑、李在全：《"中华法系"话语在近代中国的建构》，《江苏社会科学》2008年第6期，第178—186页；赖骏楠：《建构中华法系——学说、民族主义与话语实践（1900—1949）》，《北大法律评论》2008年第2期，第416—455页；陈灵海：《攻法子与"法系"概念输入中国——近代法学史上的里程碑事件》，《清华法学》2017年第6期，第189—201页；杨瑞：《清季民初法系知识的东学背景及其传衍》，《近代史研究》2022年第2期，第92—106页。

演变的历史以及丁元普等民国时期法学精英如何认识、建构中华法系，代为本书后记。

一、"法系"：流动的概念史

论及中华法系，则应当首先探讨"法系"这一概念的产生、发展以及传播的历史。所谓法系也就是将各国法律按照一定的标准予以分类，以方便进行比较研究，这是比较法学的核心问题。尽管目前法学界对于法系的划分达成了一定的共识——英美法系与大陆法系作为最重要的两大法系，对此可能很少有人会有异议——但法系作为19世纪后期被东西方法学家发明的"传统"，划分标准从来不是一成不变的。因此重新回顾、梳理法系划分的变迁过程，也将有助于我们定位中华法系在法系概念的全球传播图景中的位置。

对各国的法律体系进行分类研究，最早应当追溯至18世纪，也就是分类学（taxonomy）产生的时刻。18世纪中叶，瑞典植物学家林奈（Carl von Linné）对植物进行分类研究，后来发展出一套适用于所有生物的分类体系。分类学背后自然蕴含着进化论的色彩，在这一分类思想的影响下，时人开始对语言等不同的社会现象依据一定的标准进行分类。而法律也概莫能外。[①]

孟德斯鸠（Montesquieu）最早进行了比较法的尝试。他认为制定法律要考虑到很多因素，并尤其重视政体对于法律的影响。因此在《论法的精神》中，孟德斯鸠先花费了不少笔墨阐述法与每一种政体之

---

① 大木雅夫「法圏論に関する批判的な考察」『上智法學論集』23（2）、1980、第7—8頁。

间的关系。他将政体分为共和政体、君主政体以及专制政体,并认为东方各国(如中国和日本)属于专制政体。而一国的法律还要受到地理环境、物质条件等具体因素的影响。在孟德斯鸠看来,"法律应该量身定做,仅仅适用于特定的国家;倘若法律适用于另一个国家,那是罕见的巧合"①。因此,孟德斯鸠进行的比较研究主要是基于国家的区别,尽管他将政体分为三类,但尚未尝试对各国的法律进行分类整合。在法系的维度上开展比较研究,则要等到19世纪后期了。

　　国内学者论及法系,往往认为最早提出法系概念,将法律进行分类讨论的,是日本学者穗积陈重。实际上比穗积陈重更早对法律体系进行分类的是法国学者艾涅斯特·格拉松(Ernest Glasson)。他在1880年出版的一本婚姻法著作中,依据受罗马法影响的程度将欧洲各国的法律分为三类:1. 受到罗马法较多影响的国家,如西班牙、葡萄牙等;2. 很少受到罗马法影响的国家,如英国、俄国以及斯堪的纳维亚诸国;3. 同时受到罗马法和日耳曼法影响的国家,如法国、德国。这一分类方法显然存在不少问题:首先,其比较的对象仅仅局限于欧洲;其次,是否受到罗马法的影响也很难作为各国法律的本质特征,以之划分法系并不恰当。正如帕根德勒(Mariana Pargendler)所指出的,英国与俄国的法律体系迥异,很难将之归为一类。②

　　四年之后的1884年,穗积陈重发表了题为《法律五大族之说》的论文。在文中,穗积将世界主要的法律体系分为"印度法族""支那法族""回回法族""英国法族"和"罗马法族"。较之格拉松的分类,穗积的五大法族说显然更加接近问题的本质,视野也更加开阔,基本囊括了

---

　　① 孟德斯鸠:《论法的精神》,张雁深译,商务印书馆2017年版,第15页。
　　② Mariana Pargendler, "The Rise and Decline of Legal Families", *The American Journal of Comparative Law*, No. 4 (2012), pp. 1047–1048. 也可参见勒内·罗迪埃:《比较法导论》,徐百康译,上海译文出版社1989年版,第23—24页。

世界上主要的法律体系。穗积后来在一篇英文论文中进一步解释自己的分类依据。他首先指出应当依据谱系方法(genealogical method),根据共同的世系或血统(common lineage or descent)来划分法系,各国法律中除去本国固有的本土因素,还有源自外国的部分,那么施加影响与被影响的两个国家之间就有了法律上的"亲缘关系",穗积将法族翻译为"family of law",也正好体现了这一点。①

尽管穗积的论文发表时间稍晚,但应该并未读过或参考格拉松的论文,二人很可能是各自独立开展的研究。穗积1876年赴英国留学,1880年转到德国柏林大学,1881年回到日本,他对于法语以及法语文献应当并不如英语那么熟悉,而且穗积一直对自己学说的独创性非常自豪。他在《法窗夜话》一书中不无愤慨地回忆道:《法律五大族之说》一文发表后,很快就有人质疑其是否为西方某位学者的观点,日本学者引用这一分类时竟然也说是西方学者的观点。② 令人遗憾的是,由于语言与知识背景的差异,格拉松和穗积的研究分别在东西方的研究脉络中没有得到重视。例如中日学界在论及法系的概念史时,几乎不会提到格拉松的研究;而在帕根德勒在《美国比较法杂志》上发表的关于法系概念发展的重要论文,以及《牛津比较法手册》关于"legal family"的介绍中③也完全忽略了穗积的贡献。

同时,既有研究多强调穗积在发明法系概念上的先驱角色,但是对

---

① Nobushige Hozumi, *The New Japanese Civil Code*: *As Material for the Study of Comparative Jurisprudence*, Tokyo: Printed by the Tokyo Printing Co., ltd., 1904, 康奈尔大学所藏,第15—15页。需要特别强调的是"system of law"在穗积笔下局限于某国的法律。

② 参见穗积陈重『法窓夜話』,https://www.aozora.gr.jp/cards/000301/files/1872_53638.html,2022年3月22日访问。

③ Gerhard Dannemann, "Comparative Law: Study of Similarities or Differences?" in *The Oxford Handbook of Comparative Law*, Mathias Reimann and Reinhard Zimmermann eds., Oxford University Press, 2019, p. 394.

于其所划分五大法族的具体理念缺乏关注。实际上,穗积当时深受进化论思想的影响,在《法律五大族之说》一文发表一年后,他又发表了《万法归一论》,在这篇文章中,他指出如同人类社会适者生存优胜劣汰一样,法律也会在这种制度的生存竞争中优胜劣汰。随着人类社会日益发达,交往逐渐密切,优法生存,劣法淘汰。① 在他看来,五大法族之中最先应该灭亡的就是"落后"的"支那法族",且只有"罗马法族"和"英国法族"是先进的法族。② 正因为如此,穗积才会主张日本作为"支那法族"中的一员,应当继受西方法律,以免被世界所淘汰。一方面,这当然也是日本脱亚入欧论在法律领域的一种反映。另一方面还应该看到,法族这一概念毫无疑问也受到了种族概念的影响。如同法系一样,种族这一概念同样是近代建构的产物。比照种族在 13—16 世纪欧洲语言中的词源,完全没有类似如今种族的意涵,之后种族逐渐成为对于人群的一种分类方式,然后借由西方的殖民扩张成为全球性的话语体系。③ 种族概念的普及过程中,恰好与法系结合起来,成为 20 世纪初法系划分的重要根据。如 1913 年,法国比较法学者乔治·索瑟-霍尔(Georges Sauser-Hall)也倡导基于种族来划分法系,提出印度、凯尔特、盎格鲁-撒克逊、希伯来、埃及、日耳曼、拉丁等法系。④

1900 年在巴黎召开的比较法国际大会,被认为在比较法学科发展史上具有里程碑式的意义。⑤ 与会的巴黎大学教授埃斯曼(Esmein)则

---

① 穗積陳重「万法帰一論」『法学協会雑誌』12、1885、第 359—360 頁。
② 穗積陳重「五大法族之説」『法学協会雑誌』1(5)、1884、第 360 頁。
③ Ivan Hannaford, *Race: The History of an Idea in the West*, 1st Edition, Johns Hopkins University Press, 1995, pp. 4-7, 187-368.
④ Mariana Pargendler, "The Rise and Decline of Legal Families", *The American Journal of Comparative Law*, No. 4 (2012), pp. 1052.
⑤ Rodolfo Sacco, "One Hundred Years of Comparative Law", *Tulane Law Review*, Vol. 75(2000), pp. 1164.

提出可以将西方的法律体系划分为四种:1.拉丁法系,包括法国、比利时、意大利、西班牙、葡萄牙等;2.日耳曼法系,包括德国、斯堪的纳维亚诸国等;3.盎格鲁-撒克逊法系,包括英国、美国以及英属殖民地;4.斯拉夫法系;此外还有穆斯林法系。① 这一分类尽管仍未包含全球范围,但也不再局限于欧洲,而且综合考虑了种族、历史、地理等多种因素。

实际上,这一时期欧洲的比较法研究,其主要目的还是在寻找能够普遍适用于欧洲大陆范围内的规则。② 当然,这种追求体现出当时的法学家还是预设各国的法律规则之间存在一些共同的基础,这也成为比较研究乃至法系划分的前提。显然,19世纪以及20世纪初期的比较法学内部,对于法系的划分并未形成共识,对于如何划分也很模糊。

1923年,法国法学家乌尔曼(Henry Levy-Ullman)指出埃斯曼和霍尔的分类过于依赖族群因素,提出一种根据法源和法律发展分为三种法系的方案:1.大陆法系;2.英语国家法系;3.伊斯兰国家的法系。③

而到了1928年,美国法学家威格摩尔(John H. Wigmore)出版了被认为是现代比较法学奠基之作的《世界法系概览》(*A Panorama of the World's Legal Systems*)。他在《世界法系概览》中将各国的法律制度归纳为16个法系,有埃及法系、中国法系、日本法系、大陆法系、英美法系等。威格摩尔认为"只有少数几个民族形成了清晰、完备、系统、

---

① Mariana Pargendler, "The Rise and Decline of Legal Families", *The American Journal of Comparative Law*, No. 4 (2012), pp. 1051.
② K.茨威格特、H.克茨:《比较法总论》,潘汉典等译,法律出版社2004年版,第87—88页。
③ Mariana Pargendler, "The Rise and Decline of Legal Families", *The American Journal of Comparative Law*, No. 4 (2012), pp. 1052.

连续的法律思想和法律方法体系"①。他的划分也并不仅仅局限于民族。他认为有的族群虽然存在却已经抛弃了固有的法系而继受其他法律,与此相对应的是有的法律已经大为扩展,远远超过了本身族群的范围。

威格摩尔自哈佛大学毕业后曾经于1889—1892年执教于日本庆应义塾,讲授英国法,之后长期在美国西北大学工作。也许正是因为在日本工作过的关系,威格摩尔的书中在论及比较法的研究方法时特意提到了穗积的观点:"日本著名法学家穗积陈重教授称它为系谱比较法,即将有共同宗族关系的法律群作为一个比较单位对法律进行比较研究的方法。"②这本书甫一出版就受到中国法学界的重视,民国时期论及法系多会提及威格摩尔的研究,这本书出版于1928年,而在薛祀光于1929年发表的《中国法系的特征及其将来》一文中,就能看到威格摩尔的影响;到了1930年代,丁元普等人在论及中华法系时也都会提到威格摩尔,甚至以威格摩尔作为展开论辩的对手。该书的部分章节也在民国时期就被翻译成中文。

达维德(René David)指出,19世纪西方的基本理念就是"把法理解为国家范畴的现象"③。而法系以及比较法的出现正是说明"法律民族主义的衰落,更确切地说是法律国家主义的衰落"④,法学家开始注意到不同国家法律体系之间的相通性。实际上立法实践中经常也会有以某某国为榜样,或者聘请来自某某国的顾问的情况,因此各国法律之

---

① 约翰·H.威格摩尔:《世界法系概览》,何勤华等译,上海人民出版社2004年版,第2页。
② 约翰·H.威格摩尔:《世界法系概览》,第953页。
③ 勒内·达维德:《当代主要法律体系》,漆竹生译,上海译文出版社1984年版,第2页。
④ 参见勒内·罗迪埃:《比较法导论》,第4页。

间必然存在着共同的基础。

二、中华法系概念的再定位

　　法系概念进入中文语境,是在 1903 年"攻法子"所作《世界五大法系比较论》一文中。① 攻法子开篇就明言其参考了穗积的研究成果,随后对穗积的五大法族进行了介绍。攻法子之后,法系概念逐渐普及开来。但是民国知识界对于法系概念理解较为暧昧,他们并未阐明法系的划分依据为何,很多情况下的表述,与其说是比较法意义下的法系概念,毋宁说是作为中国法律的代称。例如梁启超就提到"近世法学者称世界四法系,而吾国与居一焉"②;董康在 1925 年的一篇文章中也提到"论吾国法系基于东方之种族暨历代之因革,除涉及国际诸端应采大同外,余未可强我从人"。③ 值得一提的是,中华法系这一概念的出现要滞后很多,首先出现的是"中国法系"。最早使用中国法系这一概念的,是 1918 年发表的署名"卢复"的文章《中国法系论》,我们无法确认卢复的身份,但是其随后也被著名的《东方杂志》转载,也可见其在当时所受到的重视。④ 卢复在文章中提到"征诸日本,未维新以前全承受中国法系及维新以后聘请西人编纂新法典,内容取法欧西者半,采中国法系及其习惯者亦半。夫日本全无固有法之可言,尚不能纯采西法"⑤。总体而言,在梁启超等人的笔下,"吾国"的法系与列强存在根

---

① 关于此文以及作者的真实身份已有多篇考证文章,最新研究参见前引杨瑞文。
② 梁启超:《中国法理学发达史论》,范忠信选编:《梁启超法学文集》,中国政法大学出版社 2000 年版,第 69 页。
③ 董康:《民国十三年司法之回顾》,《法学季刊》第 2 卷第 3 期(1925 年),第 110 页。
④ 卢复:《中国法系论》,《东方杂志》第 15 卷第 7 期(1918 年),第 139—144 页。
⑤ 卢复:《中国法系论》,第 10 页。

本差异,是不言自明的事情,因此他们并未着力建构阐发中华法系的独特性质。同时还应指出的是,法系是相同或者相近的法律的总和,本质上是去国家化的,而在梁启超等人的眼中,法系还是与中国牢牢绑定在一起的,这也体现了彼时中国知识人的法学认识。

比较法学上的法系概念真正在中国普及,还需要后来威格摩尔的加持。前述薛祀光1929年的《中国法系的特征及其将来》一文就明显受到威格摩尔的影响,他认为"世界上法系很多,列举之有十五种:埃及法系,巴比伦法系,中国法系……罗马法系,日耳曼法系……欧大陆法系和英米法系"①。清末民初政局动荡,民国立法一直延宕,北洋时期虽颁布了《暂行新刑律》,但是全方位的立法活动还是要到1928年国民政府名义上统一中国之后才真正开始。因而在此时期,关于未来之"新法"应采诸何种法律体系,成为法学界乃至社会上广泛讨论的话题。在这篇文章中,薛氏强调中国国情不同,反对继受西方法律。"我国司法官的头脑,西洋化了已经十几年,我国一部分已经编出的法典,也都是欧大陆法系式的,但是在人民方面,除了大都会的人民和智识阶级能够了解这等西洋式的法律外,一般乡间'百姓',他们所抱的法律观念还不是数千年来中国法系的法律吗?"②他认为中华法系的两个特点:一是法律和道德非常接近,二是刑罚较重。

之后较有影响的就是丁元普的相关研究了。丁元普关于中华法系的第一篇文章于1931年发表在《现代法学》上,题为《中华法系成立之经过及其将来》。文章开篇就提出,"一般法学家称世界各国之法系,其重要者有五:一、中国法系;二、罗马法系;三、印度法系;四、回回法

---

① 薛祀光:《中国法系的特征及其将来》,《社会科学论丛》第1卷第4期(1929年),第32—46页。
② 薛祀光:《中国法系的特征及其将来》,第33—34页。

系;五、英吉利法系。"(参见丁氏《中华法系成立之经过及其将来》一文)从前文论述中可以看出,这里所谓的一般法学家其实就是穗积陈重——穗积的观点虽未在西方法学界掀起太大波澜,但中国近代西学知识的传入多经由日本,丁氏亦曾经留学于早稻田大学,所以对穗积这样一位位高权重的法学家的学说有所了解,不足为奇。丁氏后又援引威格摩尔的研究,介绍其法系划分方式。他也并没有全盘接受威格摩尔关于法系的论述。如在威格摩尔看来,中华法系之中也能看到很多罗马法的因素,因此将中华法系称之为混合系统。丁元普则提出了一套新的划分法系的方法,在他看来,中国历史上"法律哲学家之学说与夫历代法典之制定,蔚然可观",因此"要自成为独立之法系,可断言也"。(参见《中华法系成立之经过及其将来》)由此可见,丁元普将法律思想与成文法的制定作为划分法系的标准。

第二篇文章于 1937 年发表在《中华法学杂志》,题为《中华法系与民族之复兴》。该杂志于 1930 年 9 月创刊,由南京世界学院中华法学研究所编辑,1936 年中华民国法学会成立后升格成为会刊。[①] 当时居正、王用宾、孙科等著名法学家和知名人士均是该杂志的撰稿人。而《中华法系与民族之复兴》得以在该刊发表,一方面可见丁元普在民国法学界的影响力,另一方面也说明丁元普在中华法系研究浪潮中的中坚位置。

此后系谱学意义上的法系概念普及开来。如刘哲明确指出,日本大化改新之后的法律是受唐律影响而成,他的文章题目可谓一目了然:《受中华法系支配的日本中古民刑事法》[②]。而之后程树德、陈顾远等

[①] 参见裴艳:《〈中华法学杂志〉研究——兼谈民国后期法学民族主义话语》,《中国政法大学学报》2011 年第 1 期,第 5—11 页。
[②] 刘哲:《受中华法系支配的日本中古民刑事法》,《法学丛刊》第 2 卷 4 期(1933 年)。

著名法学家纷纷参与到这场声势浩大的中华法系研究浪潮之中,阐发中华法系与其他法系的不同之处。

回顾民国时期中华法系的论述,其中固然不乏民族主义思想影响之痕迹,然而也应该认识到:比较法作为一门相对较新的学科,法系的研究其时正在进行之中,关于法系的划分标准以及概念实质远未达成共识并固定下来。民国时期的法学界实际上也参与到这一流动的概念的再生产过程中。正如帕特里克·格雷(Patrick Glenn)所指出的,法系概念的产生本身就服务于民族主义,使得国家成为法学理论与实践中无法回避的概念。[①] 威格摩尔的观点之所以能在中国大行其道,可能也是因为他是较早将中国法系视为独立系统的西方学者。

三、民国时期知识人对中华法系的阐发

中华法系的概念在 1930 年代逐渐确定,其内涵也在民国知识人的阐发中愈加丰富起来,这也是近代中国知识转型的一个侧面。本节重在以丁元普的论述为例探讨民国时期法学界构建中华法系的种种努力。

首先是利用传世文献建构早期法律传统。此前学者常常论及中华法系的出现是民族主义的产物。而这种对于中国法律过去的重新阐发实际上也是民国时期重构中国历史叙事、建构中华民族宏大工程的一部分。民国时期是中华民族认同建构的关键时期。随着民族国家观念

---

① H. Patrick Glenn, "Comparative Legal Families and Comparative Legal Traditions", in *The Oxford Handbook of Comparative Law*, Mathias Reimann and Reinhard Zimmermann eds. , Oxford University Press, 2019, p. 425.

的传入,知识精英通过各种各样的方式尝试建构国族认同,其中对于国族历史的重构就是一个重要的环节。人们对于历史的认识存在于许多的面相与层次,随着现实利益与时代需要,有些被隐藏,有些被强调。这种选择性的集体记忆是由社会精英所倡导,并借由印刷品等媒介传播推广开来。人们对于过去的选择、阐释乃至夸张虚构,都是创造传统以加强自身认同的一种方式。① 借由重构历史叙述而加强国族建构,在民国蔚成风气。诸如黄帝、长城等一系列符号被知识精英们重新拿来,剪辑拼贴一番,加以铺陈叙述,以体现过去的中华民族早已存在。② 而中华法系也可以理解为这样一个社会工程在法学领域的具体实践。

"为了创造一个令人信服的'民族'的象征,必须重新发现并拥有一个有价值并且独特的过去。"③因此,法制史研究也就成为中华法系研究的核心与关键。其中比较困难的就是如何认识中华法系的起源时期。民国时期虽已有甲骨文的发现,但是上古时期的出土文献总体上并不丰富,人们对于先秦历史的认识还是主要以传世文献为主。如丁元普即尝试利用《周礼》等文献中的记载,描述先秦时期各项制度。为了说明中国不落后于人,丁元普特意引述《周礼》对于"小司寇""朝士"等官职的记载,将之与西方的议会相提并论。他指出,"所谓'国危''国迁''立君'三者,国家之大事也,故决之于万民,召集于外朝而询之。且议场之法律极严整,列席发言皆有规则"(参见《中国法制史》第二章)。这种观点当然不足为信,众所周知,先秦典籍中未见征引《周

---

① 参见王明珂:《华夏边缘:历史记忆与族群认同》,浙江人民出版社2013年版,第29—31页。
② 可以参见沈松侨对于黄帝神话的研究。
③ Anthony Smith, "The 'Golden Age' and National Renewal", in *Myths and Nationhood*, George Schopflin and Geoffrey Hosking eds., Routledge, 1997, p. 36.

礼》，虽然传统上认为《周礼》为周公所作，但当代研究多认为其成书于战国时期，所描述的内容也与周代官制相差甚远，应当说是一种理想中的政治制度。先秦三代还有《周礼》中的记载可以附会，秦代以降，君权渐趋集中，议会自然无法凭空造出来，于是丁元普改为强调三权分立："中古时立法之权，不在民而在官，然犹与行政权分立。"（《中国法制史》第二章）

方才已经提及穗积法族论中所隐含的进化论观点，这种直线进化的时间概念与进步意识确立了现代化叙事的合法性。在这样一种欧洲中心主义的叙事中，中国自然被视为落后的、过时的。因此为了给中国形象去污名化，对于中华法系的建构就不仅需要证明西方有的中国都有，还要说明中国优于西方。民国知识人对于先秦法律的探索，也是重在强调中国法律创设之早于其他各国。例如卢复强调，子产铸刑书的时候，罗马的《十二铜表法》还没有问世，而英法等国更是远未建国。[①]丁元普谈及清末司法改革，则叹息道"迨清季改订新刑律，转取资于日本。呜呼！是盖礼失而求诸野也"。显然在丁氏心目中，中国是礼仪之邦，司法改革向日本学习，是求之于野的行为。19世纪以来，西方人眼中的中国法律往往是残酷、恣意的。对此，丁元普在《中国法制史》第六章中特别强调中国刑罚反而较西方文明："论者谓'劓刵椓黥，蚩尤之刑也'，其法殊伤残肢体，大背人道，非文明国家所宜有……然考东西洋各国，其在上古之世，若罗马，若日耳曼，若日本，其施于身体之刑，有断舌、断唇、抉目、剥皮等制，其酷虐较我国古代且尤过之，固不能独为华夏病也。"

其次是如何划分法系。自法系概念诞生以来，对其理解一直存有

---

① 卢复：《中国法系论》，第2页。

歧见,这一问题的本质就是如何认识各法系之间的核心差异。1918年最早倡导"中国法系"的卢复就认为不能全盘西化,强调要建立适合自己国情的制度。"适国情者为文明,不适国情者为野蛮,"他因而感叹,"夫法律之文明与否,以何者为准绳乎。"①在他看来,"法律之渊源"和"习惯学说"构成了各国法律的基础,这些内容因各国国情、历史传统与社会不同而各有不同,因而法律也各异。丁元普则从法学思想之变迁及古今法典之因革两方面阐发中华法系的特点。就法学思想而言,主要处理的是儒家思想与法律的关系。丁元普将礼所代表的儒家思想视为一种自然法,这种论调在民国时期较为常见。② 丁氏进一步指出,中国法律变迁的整体趋势可以概括为"在公法上则由自然法而进于人为法,在私法上则由宗法而衍为国法",认为"儒家之论法也,皆以道德为体,以法律为用",这里的道德也就是礼的基础,丁元普明确表示"礼为自然法,法为人为法"。礼是规范人们行为的社会秩序,而法律则是惩罚违反社会秩序的行为。因此法律的强制力在于国家,而礼的强制力则来源于社会。在丁元普看来,传统中国在成文法之上还有更高层次的法律,这就是礼,"中华法系传统之精神,固由于礼刑一致之观念",刑所代表的成文法实际上是礼的理念与价值的体现。他认为礼治的思想产生于孔子之前,并引用《尚书·皋陶谟》中"天秩有礼,自我五礼有庸哉……天讨有罪,五刑五用哉"一语,说明礼是"天秩",在儒家看来,天是万物主宰,是正当性的最终来源,也是人行为的准则与依据。(《中华法系与民族之复兴》)而随着历史的发展"昔之礼乐政刑,

---

① 卢复:《中国法系论》,第8页。
② 陈顾远也认为"从法学的基本认识来看,儒家是世界最早的自然法学派",不过陈氏也认为儒家思想也体现了历史法学派等色彩。参见陈顾远:《儒家法学的价值论》,《陈顾远法律文集》,商务印书馆2018年版,第143页。

今则咸纳于法律之范"①。

再次,中华法系建构中的民族观念也存在张力。尽管清末以降中华民族观念在逐渐确立并迅速传播开来,民国时期的法学家亦为三民主义鼓与呼,但是在民族观念上,却似乎还是坚持华夏或者汉族本位。所以丁元普会认为"五代至宋,外族杂糅。辽、金、元三朝,以满蒙种族入主华夏,几视律为无关重要。故此时代,中华法系日即于衰微"(《中华法系与民族之复兴》)。而唐代战胜外族,震烁古今,由于法律是民族精神之体现,所以他认为唐律是高峰,之后中华法系才逐渐衰微,这不仅仅是因为"以例附于律,已失法治之精神",应该也有汉文明衰落的因素。这一观点可能也有威格摩尔的影响,其论及中华法系时还是集中于汉文明,在他看来,只有中原文明是中国人,其他的都是征服者。② 费孝通曾经用"从自在到自觉"概括中华民族意识的发展历程。作为一个"想象的共同体",中华民族这一概念在近代被创造、宣传并逐渐深入人心。国族意识的萌发与兴起和中华法系概念的创制并行发展。因此在中华法系概念问世之初,还会有较为狭隘的国族意识,而中华法系研究也是国族意识建构的一个环节,两者互为促进。

应当看到,这些民国时期的法学家们在认识到传统文化与西方文明之间的紧张关系之后,一方面带着强烈的民族主义情感试图证明中国并不落后,因此努力在自身历史中寻找现代性,一直追根溯源建构传统文化中的现代价值;另一方面却还是没能摆脱法系概念的框架,其关于中国现代性的叙事还是在西方的框架中展开,力图证明西方有的中国都有,在法系的参照系下讲述中国故事。

① 卢复:《中国法系论》,第4页。
② 约翰·H. 威格摩尔:《世界法系概览》,第112页。

四、中华法系的现在与可能

法系概念本身也在不断发展,然而如何划分法系,依然是一个未尽的课题,法国法学家曾经总结出法系的划分标准有 14 个之多。① 大木雅夫指出,法系的分类与研究的客体、主体以及时代的因素都有关系。② 实际上从本体层面区分不同的法系,往往会陷入莫衷一是的困境。为此,法国著名比较法学家达维德从法律实践的角度提出划分法系的一种方法,即如果一个人接受某种法律教育并进行实践,当他实践另一种法律并不困难时,那么这两种法律可能可以归类为同一法系。另一方面,如果不同的法律建立在完全相反的哲学、政治或经济基础之上,追求完全不同的社会目标,那么也是不同的法系。③ 对此笔者深以为然,例如就司法而言,中华法系即因为中国特殊的国情与法律意识而与众不同。

固有法律传统的影响深入人心,中华法系曾发挥影响的各个国家尽管全面继受了西方法律体系,但是很多潜在的特质仍然难以改变。例如达维德指出,"在日本,欧洲式的各种法典虽已制定施行,但一般来说,人民并不重视;他们避免诉讼,法院本身也鼓励诉讼当事人和解,

---

① H. Patrick Glenn, "Comparative Legal Families and Comparative Legal Traditions," in *The Oxford Handbook of Comparative Law*, Mathias Reimann and Reinhard Zimmermann eds., Oxford University Press, 2008, p. 437.
② 大木雅夫「法圏論に関する批判の考察」、第 4—6 頁。
③ James Gordley, "Comparative Law and Legal History," in *The Oxford Handbook of Comparative Law*, Mathias Reimann and Reinhard Zimmermann eds., Oxford University Press, 2008, p. 761.

并发展了一些独具一格的办法来施行法律或免予施行"①。中国传统社会为了实现"无讼"的理念,通过宗族、里甲、乡绅等多种机制调解纠纷,在诉讼过程中国家与社会之间也并非完全区隔,正如黄宗智在其关于"第三领域"的论断中所阐述的一样,社会机制仍然在发挥作用,使得诉讼过程中会调解结案或者撤诉,这与当下纠纷解决的多元化机制不谋而合。

民国时期法学家强调中华法系的一大特点是礼入于刑。礼就是社会道德的体现,而在当代司法实践中,已有论者谈及伦理道德对于司法裁判的影响,例如同一犯罪行为的主客体双方不同,可能会造成在量刑上有所不同。实际上,将法律与道德割裂也是不现实的,这不仅无法体现社会主义法治的优势,而且也将造成社会舆论热点,以至影响司法的公信力。② 事实上,将社会主义核心价值观载入《民法典》,也是将法治与德治融合在一起的表现。20世纪80年代发布的《最高人民法院最高人民检察院关于当前办理盗窃案件中具体应用法律的若干问题的解答》中就提到"要把偷窃自己家里或近亲属的,同在社会上作案的加以区别";其后,最高人民法院和最高人民检察院在对于《关于〈要把偷窃自己家里或近亲属的同在社会上作案的加以区别〉如何理解和处理的请示报告》的批复中又进一步指出,"对此类案件,一般可不按犯罪处理"。这也是传统法律文化对于现代司法过程的影响。

正如甘阳所论及,当代中国存在三种传统的并存,也就是数千年以来形成的传统文化,1949年之后强调平等、正义的传统以及改革开放

---

① 勒内·达维德:《当代主要法律体系》,第32页。
② 崔永东、宋宝永:《伦理道德观念影响司法裁判的理论探究与实证分析——以刑事司法为侧重》,《法学杂志》2021第3期,第103—105页。

以来形成的新传统。① 近代以来,救亡图存一度成为历史的主色调,由此出现了要打破一切传统文化、倡导全盘接受西方秩序的思潮。这些理念虽未成为历史发展的方向,却始终暗流涌动,新时期类似的声音也不绝如缕。而借由中华法系的相关研究为线索,如果能够促使我们进一步深入认识、理解传统法律文化,那么对于新时期构建中国特色社会主义法治理论将不无裨益。

---

① 参见甘阳:《通三统》,生活·读书·新知三联书店2007年版,第3—49页。

图书在版编目(CIP)数据

中华法系与中国法研究：丁元普法学论著选/丁元普著；史志强编校．— 北京：商务印书馆，2022
（华东政法大学70周年校庆丛书）
ISBN 978-7-100-21097-3

Ⅰ．①中… Ⅱ．①丁… ②史… Ⅲ．①法律体系—中国—文集 Ⅳ．① D909.2-53

中国版本图书馆CIP数据核字（2022）第068407号

权利保留，侵权必究。

华东政法大学70周年校庆丛书
中华法系与中国法研究
丁元普法学论著选
丁元普 著　史志强 编校

商 务 印 书 馆 出 版
（北京王府井大街36号　邮政编码100710）
商 务 印 书 馆 发 行
南 京 新 洲 印 刷 有 限 公 司 印 刷
ISBN 978-7-100-21097-3

2022年7月第1版　　开本 880×1240 1/32
2022年7月第1次印刷　印张 13⅛
定价：78.00元